美国低碳经济政策
转向研究

RESEARCH ON CHANGES OF AMERICAN LOW

CARBON ECONOMY POLICY

门 丹 著

社会科学文献出版社
SOCIAL SCIENCES ACADEMIC PRESS (CHINA)

总　序

　　作为人类探索世界和改造世界的精神成果，社会科学承载着"认识世界、传承文明、创新理论、资政育人、服务社会"的特殊使命，在中国进入全面建成小康社会的关键时期，以创新的社会科学成果引领全民共同开创中国特色社会主义事业新局面，为经济、政治、社会、文化和生态的全面协调发展提供强有力的思想保证、精神动力、理论支撑和智力支持，这是时代发展对社会科学的基本要求，也是社会科学进一步繁荣发展的内在要求。

　　江西素有"物华天宝，人杰地灵"之美称。千百年来，勤劳、勇敢、智慧的江西人民，在这片富饶美丽的大地上，创造了灿烂的历史文化，在中华民族文明史上书写了辉煌的篇章。在这片自古就有"文章节义之邦"盛誉的赣鄱大地上，文化昌盛，人文荟萃，名人辈出，群星璀璨，他们创造的灿若星辰的文化经典，承载着中华文明成果，汇入了中华民族的不朽史册。作为当代江西人，作为当代江西社会科学工作者，我们有责任继往开来，不断推出新的成果。今天，我们已经站在了新的历史起点上，面临许多新情况、新问题，需要我们给出科学的答案。汲取历史文明的精华，适应新形势、新变化、新任务的要求，创造出今日江西的辉煌，是每一个社会科学工作者的愿望和孜孜以求的目标。

　　社会科学推动历史发展的主要价值在于推动社会进步、提升文明水平、提高人的素质。然而，社会科学的自身特性又决定了它只有得到民众的认同并为其所掌握，才会变成认识和改造自然与社会的巨大物质力量。因此，社会科学的繁荣发展和其作用的发挥，离不开其成果的运用、交流与广泛传播。

　　为充分发挥哲学社会科学研究优秀成果和优秀人才的示范带动作用，促进江西省哲学社会科学进一步繁荣发展，我们设立了江西省哲学社会科学成果出版资助项目，全力打造《江西省哲学社会科学成果文库》。

　　《江西省哲学社会科学成果文库》由江西省社会科学界联合会设立，资助江西省哲学社会科学工作者的优秀著作出版。该文库每年评审一次，通过作者申报和同行专家严格评审的程序，每年资助出版30部左右代表江西现阶段社会科学研究前沿水平、体现江西社会科学界学术创造力的优秀著作。

　　《江西省哲学社会科学成果文库》涵盖整个社会科学领域，收入文库的都是具有较高价值的学术著作和具有思想性、科学性、艺术性的社会科学普及和成果转化推广著作，并按照"统一标识、统一封面、统一版式、统一标准"的总体要求组织出版。希望通过持之以恒地组织出版，持续推出江西社会科学研究的最新优秀成果，不断提升江西社会科学的影响力，逐步形成学术品牌，展示江西社会科学工作者的群体气势，为增强江西的综合实力发挥积极作用。

祝黄河

2013 年 6 月

摘　要

全球气候恶化与资源匮乏已经成为不争的事实。为了保护人类赖以生存的环境，世界各国举行了多次的能源环境会议，并取得了一定的成果。从1992年《联合国气候变化框架公约》中的减少全球50%温室气体排放的目标，到2005年人类以法律形式限制温室气体排放的《京都议定书》的生效，到2007年的"巴厘岛路线图"，再到2009年轰轰烈烈的哥本哈根全球气候峰会的召开，以及2012年多哈联合国气候变化大会的顺利闭幕，无不体现人类在环境问题上意识和行动的进步。

美国一向对低碳经济持不温不火的态度，但是奥巴马总统上台以后情况有所变化，不但在国际上充当"领袖"，而且积极投身于低碳经济的建设。2009年，奥巴马总统积极参加了哥本哈根会议，并在国内宣布全面废除布什政府消极的气候政策，同时，通过颁布《2009美国复苏与再投资法案》，使低碳发展项目成为经济刺激计划中的重要一部分。2012年11月，奥巴马总统的成功连任，某种意义上被视为低碳经济的胜利。然而，表面现象的改变将引发更深层次的思考：美国低碳经济政策出现的这种趋势性转向的原因是什么？国内国外的因素是否可以完全解释美国低碳经济政策的转向？是否有更深层次的原因主导着美国低碳经济政策的趋势和变化？转向后，也就是奥巴马总统第一任期内的四年中，美国低碳经济的政策定位和经济绩效如何？

根据上述分析逻辑与路径，研究主体部分的主要内容如下。

第一章绪论部分一般性地介绍了研究的背景及意义、文献综述、拟解决的问题、创新点和研究方法等内容。其中，在文献综述部分，对美国低碳经济政策作了较为详细的考察。

第二章是低碳经济政策的相关理论问题及全书构架。在界定低碳经济政策内涵及结合低碳经济相关分析理论基础上，提出分析美国低碳经济政策转向原因的"三层级"分析框架。

第三章通过对美国近几届政府的低碳经济政策的历史演进研究，发现美国低碳经济政策从奥巴马总统执政开始出现了积极倾向。

第四章到第六章分别从国际的激励与约束、国内的激励与约束、国家发展战略角度三个层面对美国低碳经济政策转向的原因进行探析。认为国际层面和国内层面决定了政策转向趋势，而这种积极的趋势正是因为迎合了危机之后美国的国家发展战略调整，使政策最终得以制定与实施。

第七章从对外政策和对内政策角度对美国低碳经济政策转向后的政策定位和内容给予探讨。认为美国低碳经济政策分为对外层面和对内层面。对外层面，包括国际合作、国际融资、碳关税三个方面；对内层面，包括应对气候变化、加强能源安全、清洁能源、清洁汽车和建筑以及排放权交易五个方面。

第八章对奥巴马执政以来美国低碳经济政策的经济绩效进行考量。研究发现，虽然没有通过全局性的《2009 美国清洁能源与安全法案》，但是美国在低碳经济方面在默默地行动着，并且成效已经凸显。

第九章对美国未来抑或说长期以来碳减排的阻力进行了分析，对奥巴马第二任期内美国低碳经济政策做出了预判，并在此基础上给出了中国的应对方案。

通过分析，得出以下主要结论。

首先，美国低碳经济政策的转向源自国际国内两方面的激励与约束。其中国际原因主要是：国际舆论和减排的压力；日本、欧洲国家低碳经济强劲的发展对美国构成了威胁；国际制度条件和国际碳市场条件的日趋完善为美国低碳经济发展提供了有力的平台。国内原因主要是政治上的党政斗争、利益集团博弈和地方"自下而上"的推动，以及经济上的寻求新的增长点、极端气候成本和能源结构风险等因素。

其次，美国低碳经济政策的转向绝不仅由国际和国内两方面因素所驱动，实际上还有一层原因是低碳经济政策的转向趋势正好迎合了金融危机后美国国家发展战略的调整。因此，三方主体共同博弈，最终推动了美国低碳经济政策的转向及后续的发展。

最后，美国低碳经济政策转向以后，即奥巴马执政的第一任期内，效果已经开始凸显。在碳减排方面，美国碳排放总量、部门碳排放量以及按能源种类划分的排放量较之前历届政府出现了较大的下降趋势。在能源结构方面，总能源消费量出现明显下降趋势，其中煤和石油的消费量首现降低趋势，可再生能源和核能消费量呈上升趋势，页岩气革命更是为美国带来了巨大的能源供给。在低碳技术和产业方面，清洁能源专利激增，低碳技术利用率较高，新能源产业投入不断加大并发展迅速。在碳交易方面，碳市场稳健发展，区域碳交易成果显著，加州等已经开始启动碳排放权交易。综上所述，美国的石油对外依存度 2009 年开始首降至 50% 以下，能源独立性增强；同时绿色就业数量已达到 300 万人/年。

目　　录

第一章　绪论

第一节　研究背景

低碳经济缘起于全球气候变暖。随着人们碳减排意识的不断增强，它不但成为国际经济和国际政治的重要议题，而且正改变着人们的生产和生活方式，引领着未来经济发展的方向。

气候和环境是人类赖以生存及可持续发展的基础。近百年来，全球正经历着一场以气候恶化为主要特征的全球变化。对此联合国政府间气候变化专门委员会（IPCC）不断对此进行跟踪评估。综合 1990 年、1995 年、2001 年和 2007 年的四次评估报告可知，地球变暖的主要原因是温室气体的增加，而二氧化碳是最主要的人为温室气体。由于化石燃料的使用，全球大气中二氧化碳的浓度已经从工业革命前的 280ppm 上升到 2005 年的 379ppm。如果二氧化碳等温室气体的排放无法得到控制，预计今后 20 年气温的上升幅度将达到每 10 年 0.2 摄氏度，并且由此引发的全球气候变化将从冰河与永久冻土减少、大洋生态系统变化、湖泊及河流的水温上升、陆地生态系统变化、海水酸性化等方面对人类健康、生产和生活环境产生影响。

随着对碳排放与气候变暖的因果关系的更加确认，联合国不断召开会议，以期减少全球的碳排放量。1992 年 6 月 150 多个国家制定了《联合国气候变化框架公约》，设定 2050 年全球温室气体排放减少 50% 的目标。1997 年 12 月，《联合国气候变化框架公约》第三次缔约方会议（COP 3）通过了旨在限制发达国家温室气体排放量以抑制全球变暖的《京都议定书》，2005 年 2 月 16 日《京都议定书》正式生效。这是人类历史上首次以法规的形式限制温室气体排放。2007 年 12 月 15 日，联合国气候变化大会在印尼巴厘岛最终通过了"巴厘岛路线图"，其主要内容包括：大幅度减少全球温室气体排放量，未来的谈判应考虑为所有发达国家（包括美国）设定具体的温室气体减排目标；发展中国家应努力控制温室气体排放增长，但不设定具体目标；为了更有效地应对全球气候变暖，发达国家有义务在技术开发和转让、资金支持等方面向发展中国家提供帮助；在 2009 年底之前，达成接替《京都议定书》的旨在减缓全球气候变暖的新协议。2009 年 12 月召开的哥本哈根会议虽然只达成不具法律约束力的《哥本哈根协议》，但形成了控制温室气体排放的政治共识，明确了世界经济社会发展的低碳化方向，确认了国际合作应对气候变化的原则和体制。2010 年 11 月 29 日，墨西哥坎昆联合国气候变化大会达成两项成果，内容涉及为发展中国家适应气候变化提供资金、技术帮助以及《京都议定书》第二承诺期。

面对国际会议的召开和国际公约的制定，碳减排已然成为一种现实。鉴于此种发展趋势，世界各国纷纷开始制订低碳经济计划。在全球的石油竞争仍在继续之时，一场悄无声息的碳博弈战争已经拉开帷幕。低碳经济首现于包括英国在内的欧洲老牌工业国家，主要原因在于其在 21 世纪失去了与美、日、韩甚至"金砖四国"博弈的核心竞争力后，欲抓住应对气候变化进行产业革命的机会，占领下一个经济制高点。它们积极确立明确的减排目标，建立对二氧化碳排放进行严格管制的政策体系和碳排放交易制度，并完善相应的技术及能源配套体系。例如，2007 年 3 月各成员国通过了欧盟委员会提出的一揽子能源计划，同年年底通过了欧盟能源技术战略计划，明确提出鼓励推广低碳能源技术，并单方面承诺到 2020 年将温室气体排放量在 1990 年的基础上减少 20%。英国于 2008 年颁布实施的《气候变化法案》使英国成为世界上第一个为温室气体减排目标立法的国家。此外，美、日、德、澳等发达国家及包括中国在内的发展中国家纷纷加入低碳经济行动中。

虽然美国也举起了低碳经济这面大旗，但其历届政府对低碳经济的重视程度不尽相同，呈现一种上下起伏的波形运动状态。和以往相比，美国克林顿政府虽然签署了《京都议定书》，但是由于共和党的阻挠未能采取实质性的行动，只是在1993年达成了"气候变化行动规划"这一自愿计划。在2001年，小布什政府以"减少温室气体排放将会影响美国经济发展"和"发展中国家也应该承担减排和限排温室气体的义务"为借口，退出了《京都议定书》。2009年，面对金融危机与气候危机的双重压力，奥巴马政府好似与历届政府背道而驰，一上任不但在国际上积极参加2009年的哥本哈根会议，而且在国内宣布全面废除布什政府消极的气候政策、正式任命气候问题特使、把经济刺激计划中数量可观的资金用于开发清洁能源、提出《2009美国清洁能源与安全法案》等。他继承了《京都议定书》的思路，以总量减排方式为美国设定了温室气体减排的具体目标和时间表，主张利用"限额—交易制度"（Cap-and-Trade）来实现温室气体减排目标。同时，奥巴马政府希望把美国未来的经济安全、气候安全、能源安全统筹起来考虑，通过增加"绿色岗位"来缓解国内的就业压力，将新能源产业继续建设成为美国未来的支柱产业，最终达到维护美国全球利益的目的。

综上所述，当碳排放与气候变暖的因果关系已确定，当世界各国尤其是发达国家为寻求新的经济增长动力而进行碳博弈，当美国这一世界超级大国一反常态积极投身于低碳经济建设，目光不得不聚焦于此，由此也就形成了本书的基础。

第二节 选题的意义

本书选取低碳经济政策为研究主体，以美国为研究对象主要出于下面几点考虑。

一 理论意义

本书欲为低碳经济理论的进一步完善做出贡献。随着全球气候变暖的趋势，以煤、石油、天然气为代表的传统能源的不断减少，加之全球金融危机的重创，低碳经济已然被各国视为未来经济增长的新动力，并且是人类可持续发展的必由之路。实际上，"低碳经济"一词2003年出现于英国的《我们未来的能源——创建低碳经济》白皮书，距今只有 10 余年。虽然"低碳经济"是最近国际政治经济中使用频率最高的名词之一，近几年对其研究不断涌现，但是低碳经济的理论体系还不够完善，包括其理论基础、含义、核心要素、涉及范畴领域、实施手段、对经济社会的影响途径等方面，都尚处发展阶段，还没有形成一套自己独有的完善的分析方法及理论体系。本书试图在研究美国低碳经济政策过程中对涉及的低碳经济各方面，包括低碳经济政策进行梳理，以期对相关内容进行系统的阐述。

二　现实意义

本书可以为中国低碳经济政策的出台和实施提供借鉴。虽然中国在经济发展水平、人均温室气体排放量与人均 GDP 上与美国这样的发达国家有巨大差异，但中国在经济及能源开发的某些方面，同欧盟相比，与美国存在更为相似的温室气体减排问题。首先，中美都是以化石能源为基础的国家，这使两国在全球气候变化面前都将承受沉重的能源替代负担。传统能源支撑的经济产业模式不可能在短时期内完全转变。因此，经济增长与控制气候变化间的矛盾与冲突将长期存在。反观欧盟，在能源利用效率和新型能源技术运用方面，都已经占得先机，其经济发展与温室气体减排开始呈现良性互动。这就是美国和中国对约束性减排义务顾虑重重的最大原因。但美国作为发达国家，其强大的技术能力、活跃的制度创新机制和强大的国际影响力，都可以使其较快地解决减排问题，中国可以从其中有所借鉴。

本书有助于中国更好地应对美国经济战略的转变。世界低碳经济长期以来呈现欧盟作为领头羊的格局，但是近期出现变动的迹象，原因在于美国奥巴马总统上台以后，一改历届政府对低碳经济不温不火或坚决反对的态度，大打低碳经济之牌。这一现象非常值得关注。如果美国的用意在于所谓的保护环境或气候，抑或帮助美国金融危机后进行国内经济再生、创造就业、创造新的市场需求，那么中国还不需十分担心。但如果美国发展低碳经济是出于经济战略的转变，欲寻求新能源技术等，以期从发展中国家获得更多的技术转让费用，或制造更加隐蔽的贸易壁垒，那么就需要注意了。由于中国是个发展中大国，与美国的经济往来密切，经济政治联动效应较大，如果是后一种情况，中国经济一定会受到影响。所以，研究美国低碳经济政策的出台目的、内容及约束条件等就显得尤为重要。

本书可以为今后中美能源与气候合作提供美方的背景资料。随着世界全球化趋势的日益增强，国与国间的相互依赖性日益紧密，必然会使得中美间合作更加深入。近些年，中国政府十分重视气候和能源问题，并将低碳经济作为经济发展的重要内容，力求获得绿色增长及可持续增长。中国不但在发展中国家中创新性地以国家名义提出《中国应对气候变化国家方案》，而且在 2009 年的哥本哈根会议上主动提出较高的减排目标。而奥巴马总统也十分重视能源与环境问题，期望快速推进美国的可再生能源产业及技术的发展。这为中美两国在低碳领域的合作带来了机遇与挑战。毋庸置疑，中美能源与气候合作中虽具有共同的目标，但某些时候可能会存在各自的利益诉求，不可能一帆风顺，所以更应做到知己知彼。因此，研究美国低碳经济政策将为此提供一些背景资料。

综上所述，美国低碳经济政策作为研究对象既具有理论价值，又具有现实意义，还能为今后中美能源与气候合作提供美方的背景资料，有多方面的研究意义。

第三节　国内外相关研究文献综述

一　低碳经济相关概念综述

"低碳经济"概念首先由英国在《我们未来的能源——创建低碳经济》的白皮书中提出：低碳经济是通过更少的自然资源消耗和更少的环境污染，获得更多的经济产出；低碳经济是创造更高的生活标准和更好的生活质量的途径和机会，也为发展、应用和输出先进技术创造了机会，同时也能创造新的商机和更多的就业机会。但英国并没有界定低碳经济的概念，也没有给出可以在国际上进行比较的指标体系。随后，理论界从不同研究角度提出了各自不同的解释。①

---

① UK Energy White Paper: Our Energy Future-creating a Low Carbon Economy, 2003, http://webarchive. national archives. gov. uk/ + /http:/www. berr. gov. uk/energy/whitepaper/2003/page21223. html.

维基百科对其的解释为：低碳经济（LCE）亦称低化石能源经济（LFFE），是一种向大气中尽可能少地排放温室气体的经济形态。Charles Levy（2010）在工作论文"A 2020 Low Carbon Economy & A Knowledge Economy Programme Report"中认为：目前对低碳经济没有统一的界定，最好将其定义为减少大气中碳排放的一系列活动，包括提高化石能源效率（如使用混合动力车）、避免或减少向大气中排放温室气体（如碳捕捉和碳封存技术）、鼓励向低碳集约制度转型（如碳金融和碳交易）等。澳大利亚 Ernst 和 Young（2010）在"Business Opportunities in a Low Carbon Economy"中认为低碳经济包括以下内容：使用清洁、安全、可负担的能源资源；使用或管理过程有效、零碳或低碳的基础设施、建筑产品或服务；高效低碳的交通；引导消费者将资源纳入购买决策的考虑范围；重视材料的循环或再利用；在就业创新和多样性方面对经济驱动能快速地做出反应，例如碳价；具有较高的技能发展设施来适应未来的劳动力需求；建立可持续的公共和私人采购体系。

然而，在中国国内低碳经济也没有形成约定俗成的定义，现有的解释和诠释不尽相同。总体来说，将现有文献归类，可发现主要有三大类："方法论"、"形态论"和"革命论"。

"方法论"，又称为"目的论"。认为既然全球气候变化的主要元凶是以二氧化碳为主要代表的温室气体的结论已经得到证实，那么防止气候恶化的最直接的方法就是通过各种手段和措施减少温室气体的排放，从而保证人类社会的可持续发展。庄贵阳（2005）、付允等（2008）、何建坤（2009）是此观点的主要代表。他们认为减少碳排放的主要手段是技术创新和制度创新。反推可知，只有减排手段得到创新与改进，才会进一步使气候变化得到缓解，进而实现人类的清洁与可持续发展。可见，"方法论"的观点目的明确，直指问题中心。

"形态论"则以发展经济学为框架对低碳经济予以定义。此派观点认为，低碳经济应该是经济发展的排放量、生态环境代价及社会经济成本最低的经济，是低碳发展、低碳产业、低碳技术、低碳城市、低碳生活等经济形态的总称，也是一种以调节全球生态系统为目的的人类可持续发展形态。对此，中国环境与发展国际合作委员会（2008）、潘家华等

（2010）、牛文元（2009）、贺庆棠（2009）、方时姣（2009）等做出了很好的阐释。

"革命论"认为低碳经济将是人类经济发展方式的变革，将会为人类发展方式带来革命性的改变。低碳经济是以"低能耗、低污染、低排放"为主要特征的经济发展模式，是人类继农业文明、工业文明后的又一大进步。低碳经济实际上是人类对于现有发展模式的反思，是一场影响人类生产生活方式、价值观念的全球性经济革命。中国国家环境保护部部长周生贤（2008）、袁男优（2010）成为此观点的主要代表。

综上所述，学界虽无定论，但可以明确的是，低碳经济是一种正在兴起的新经济模式。它以减少温室气体排放（绝对量或相对量）为目标，以"三低"（低能耗、低排放、低污染）为基本特征，以能源技术创新、制度创新、发展观念创新为手段，以低碳社会、低碳市场、低碳产业为依托，并将能源消耗、经济发展、生活方式变革与环境保护融为一体，最大程度地节约资源并提高能源利用效率，以减少温室气体排放对气候变化的影响，最终实现人类社会、经济和环境的可持续发展。

二　美国低碳经济政策综述

（一）国外研究

1. 美国低碳经济政策之气候行动

面对极端天气的加剧，世界各国不得不对此展开一系列的行动，自然会带动学术界有关此方面的研究，相应地，对美国气候变化政策的研究亦呈不断上升趋势。

保罗·哈里斯（2000）主编的论文集 *Climate Change and American Foreign Policy* 可称之为研究美国气候政策变化的原因和相关体系的开山之作。文集在评价美国气候政策的基础上，对影响美国参与《联合国气候变化框架公约》和签订《京都议定书》的总统与国会、非政府组织、外交和国际谈判等因素进行了分析。其中，加里·布林纳（2000）的《国会与气候变化政治》一文通过对老布什及克林顿政府时期美国的气候政策进行研究，发现总统与国会的权力分立是造成美国气候政策制定和执行缓慢的主要因素。很多情况下，总统在与国会的博弈中以失败告终。雅各布·帕克（2000）在《改变气候政策：从科学的默默无闻到外交的突出表现》中认为商业利益集团及环保组织也将构成美国气候政策的重要影响因素。此外，米歇尔·贝特西尔和保罗·哈里斯（2000）将研究的视角从国内因素扩展到国际因素，认为国际因素在美国气候政策制定中不能被忽视。贝特西尔（2000）通过分析美国参与《联合国气候变化框架公约》《京都议定书》的谈判进程发现，国际气候变化规范实际上迫使美国去重新思考"什么才是国际社会中的一个合法成员"这一问题。面对国际气候规范的压力，美国不得不调整气候变化政策以提升其国际信誉。[1]

随着时间的推移，美国总统的更换，很多学者的研究也开始具有时代性，并且研究工具和理论也越发科学与合理。安德烈亚斯·米斯巴赫（2004）借用经济学的分析方法，利用调节学派和公共选择模型两种理论工具，对美国气候政策的内容和影响美国气候政策偏好的因素进行了深入的探讨。拜伦·W. 丹尼斯和格伦·萨斯曼（2010）在研究中，从政治交流、立法领导、管理操作和环境外交等角度，将奥巴马总统和小布什总统上任后的第一年中在应对气候变化方面的努力进行了对比，发现两者的政治言论不同，奥巴马总统更倾向于在气候变化问题上有所作为，并试图通过"排放权交易"手段解决问题。保罗·R. 布鲁尔（2012）探讨了美国气候变化问题上的政治两极化，通过数据统计得出共和党与民主党领袖及公众在气候变化问题上均存在不同态度，党派两极化构成美国气候新政的一大挑战。

2. 美国低碳经济政策之能源领域

能源问题是低碳经济中一个重要方面，任何人、任何国家均不可能脱离能源谈低碳。因此，为了有效地减少二氧化碳的排放，学术界在减少化石能源使用、提高能源效率、可再生能源应用方面涌现了一大批颇具价值的研究成果。

从时间顺序看，学术界最初的焦点集中在减少碳排放的重要性方面；

---

[1]　Paul G. Harris, "Iinternational Norms of Responsibilitv and US Climate Change Policy," in Paul G. Harris ed., *Climate Change and American Foreign Policy*, New York: St. Martin's Press, 2000, pp. 225 – 239.

之后开始关注碳减排的途径，并逐渐从减少化石能源使用转移到提高能源效率上。美国世界资源研究所（World Resources Institute，WRI）（1996），通过对排放原因的研究与分析，得出全球温室气体排放的80%来自人类的生产、生活与运输过程的结论。Perry（1997）等人分析了美国能源局应对气候变化的政策措施，评价了政府在二氧化碳海洋储存方面所做的社会和政治努力的效果。Thomas R. Caster（1998）认为美国必须通过提高能源效率来减少碳排放。在美国，1/3的碳排放来自电力行业，而由于电力行业的特殊性，许多能源在输送过程中产生损耗，因此促进电力行业技术进步、消除能效提高的障碍对美国的低碳发展尤为重要。

此后，可再生能源成为学界重点研究的又一领域。John A. Turner（1999）发表的《可实现的可再生能源的未来》文章中强调了可再生能源发展的必要性，同时还给出了美国未来可再生能源发展的路线图。William Sweet（2006）的著作《戒除碳习惯：全球变暖和可再生能源及核能的实例》是关于能源与气候关系的又一力作。[1] 此书在对传统化石能源发电的经济成本和收益进行分析的基础上得出结论：虽然并没有明确的数据和证据证明当代人类的活动将会给我们的子孙后代带来较为恶劣的影响，但也无法排除这种后果存在的可能性。因此，未雨绸缪非常重要，各国应快速启动并加速发展以低碳技术和"零"碳技术为核心的低碳经济。B. G. Rabe（2006）在名为《力争上游：可再生能源投资组合的扩张》的研究报告中同样强调了可再生能源的重要性，认为当时美国正在推行的可再生能源战略不仅可以改善美国的环境和气候，而且可以带来经济利益。Arjun Makhijani（2007）在《无碳和无核：美国能源政策的路线图》一书中提到，世界正面临着全球气候变化、石油出口国之间的政治动荡、核武器扩散、核电厂的安全性和废物处理等问题，美国必须发挥领导作用，转向"零"二氧化碳排放的能源经济。而实现这一目标的途径便是使用包括风能、太阳能、生物质能、微藻、地热能和潮汐发电在内的可再生能源。Paul R. Epstein和William Moomaw等（2008）在《低碳发展的有效之路》中分别从利用自我修复力强的清洁能源、加强低碳城市建设、加固

---

[1] 马建英：《美国气候变化研究述评》，《美国研究》2010年第1期。

自然生态系统三个角度对美国低碳经济措施进行了阐述。Frank 等
（2009）比较了 70 年代能源危机后美国和德国的可再生能源政策，研究
表明，两国的政策差异性来自每个国家偶然发生的具有独特的制度性和社
会结构性质的历史事件。Miguel（2009）等从激励形成和税收信贷的角度
分析了美国可再生能源战略的演变。研究认为，为促进可再生能源产业的
发展，需要将获得广泛支持的能源产权多元化政策与稳定的融资计划结合
起来，这种结合对于可再生能源的快速部署极为关键。Paul（2009）论述
了美国从环境领导者到环境落后者的政策变迁，总结了美国气候变化的能
源政策。美国参议院能源和自然资源委员会（2012）在《美国能源创新
报告》中呼吁美国积极推进能源技术创新。他们认为传统能源的使用在
未来将会十分昂贵，而气候的恶化、能源的匮乏将会增加今后经济安全的
成本，因此，美国需要新一代能源技术的创新来迎接未来经济和社会发展
的挑战。

　　3. 美国低碳经济政策之建筑、交通、生活消费领域

　　国外对与美国低碳经济政策相关的建筑、交通、生活消费进行专门研
究的不多。根据美国国家环保局（EPA）的分析，美国通过强制性的最低
能源效率标准来确保建筑节能工作的开展，这些最低能效标准一般都以强
制性的法律法规的形式颁布执行。这些标准在不同的州有不同的具体要
求，在各州必须达到相应的建筑节能标准。例如，在加州就实施了《住
宅建筑物能源规范》。在交通节能方面，据统计交通运输部门产生的温室
气体排放占美国总温室气体排放的 29%，其中的 62% 来自客车和轻型货
车。2006 年，美国发布轻型卡车燃料经济性新法规，对原美国企业平均
燃油经济性标准（Corporate Average Fuel Economy，CAFE）方案进行改
革，同时提出相关影响分析及环境评估。企业平均燃油经济性标准，在美
国《2007 能源独立与安全法案》的法案中被提高到 35 英里/加仑，自
2020 年，新机动车辆的燃油经济性都将比现有水平提高 40%。法案同时
还要求扩大公司燃料经济性标准的产品覆盖范围，要求中型、重型卡车和
作业车也制定此标准，并制定出各种先进技术车辆的购买优惠政策。
2009 年 5 月，奥巴马提出了新的全国汽车节能减排计划，该计划规定了
2016 年前各汽车生产商出产的轿车和卡车的平均油耗。9 月 15 日，奥巴

马正式宣布，在全国实行新的汽车及轻型卡车排放及油耗标准，这一标准将会促使在美国销售的汽车满足平均油耗在 2016 年达到每加仑 38 英里的目标。

　　4. 美国低碳经济政策之碳税与排放权交易

　　在低碳经济政策工具方面，国外学者更多的是从应对美国气候变暖的经济激励手段，如碳税、碳排放权交易等入手进行研究。

　　在碳税的研究方面，William D. Nordhaus（2007）发表《是否征税：减缓气候变暖的手段》。William 利用模型将命令控制手段与经济激励手段进行了比较，得出了后者较前者具有较大优势的结论，因此，给出了在解决气候恶化问题上美国应采取碳税手段的政策建议。2008 年 Gilbert E. Metcalf 多次撰文，旨在强调美国征收碳税的必要性。其中，包括美国国家经济研究局发表的名为《减少美国温室气体排放的碳税设计》《美国征收碳税的政策建议》的工作报告，以及美国气候变化科学项目中名为《减少美国温室气体排放的碳税研究》的研究报告。

　　在碳排放权交易的研究方面，Sergey Paltsev、John M. Reilly、Henry D. Jacoby 和 Angelo C. Gurgel 等人（2007）在《美国总量管制与排放交易提案的评估报告》中对美国欲实施的总量控制计划进行了评估和模拟，并作出展望。Robert N. Stavins（2008）发表《美国应对气候变化的限额—交易制度研究》《减少美国温室气体排放的有效措施：限额—交易》等多篇文章，提出和分析了科学上合理的、经济上适用的、政治上可行的碳减排方法，并通过对交易成本、交易体系等进行分析，给出了降低成本不确定性的政策建议。Nathaniel O. Keohane（2009）在文章《限额—交易：使用可交易的许可证来控制美国的温室气体》中介绍了适合美国的排放权交易机制，并将之与碳税手段进行对比，最后得出结论：排放权交易在配额的发放上具有较大的灵活性、排放权交易在碳减排的总量上具有可控性等特点决定了排放权交易手段优于碳税手段。Meredith Fowlie（2010）在美国国家经济研究局的名为《总量控制计划中的配额分配调整》的工作论文中提出总量控制计划会使美国企业在国际竞争中处于不利地位，就此 Meredith Fowlie 针对美国联邦政府有关排放权交易的初始配额分配给出了政策建议。

（二）国内研究

国内关于美国低碳经济政策的研究不多，散见于一些著作及相关文献中，主要体现于对美国气候政策的研究，对美国能源及新能源政策的研究，对低碳建筑、低碳交通、低碳生活消费政策的研究以及一些关于国外低碳经济的综合研究当中；专著更是少见。

1. 美国低碳经济政策之气候行动

从政策角度来看，董勤（2007）的《美国气候变化政策分析》、李海东（2009）的《从边缘到中心：美国气候变化政策的演变》和杜放等（2010）的《美国解决全球气候变化政策解析》都对美国应对气候变暖政策的历史、发展变化、现状进行了剖析。此外，在政策转向的原因上我国学者也做出了解释。赵行姝（2008）在《美国气候政策转向的政治经济学解释》中同样以双层博弈模式作为理论工具，认为美国气候政策的最终走向是民主、共和两党及产业界利益集团博弈的结果。刘卿（2010）在《论利益集团对美国气候政策制定的影响》中认为美国传统产业利益集团、新兴产业利益集团和公益性利益集团之间的博弈不仅影响国会气候立法进程，也影响政府气候决策和司法部门对有关气候问题的判决。王维、周睿（2010）在《美国气候政策的演进及其析因》中运用波特的"钻石模型"分析了美国气候政策变化的原因，认为政策会影响到"钻石模型"的四个要素，而美国的气候政策必须不能降低由四个要素组成的钻石体系的竞争力，而这恰恰左右了美国的气候政策。

从具体措施来看，国内学者多集中在美国的碳税制度和总量控制与排放权交易制度的研究上。在碳税方面，苏明、傅志华、许文等（2009）对发达国家征收碳税的背景、措施和效果进行了考察，并在此基础上给出了中国发展碳税的政策建议。王彬辉（2012）在《美国碳税历程、实践及对中国的启示》一文中指出美国虽然从 20 世纪 90 年代开始就筹划并研究通过碳税减少温室气体排放，然而碳税在美国的发展历程却相当缓慢。此外，王彬辉还就美国碳税的具体政策措施及实施进行了分析，对中国具有借鉴意义。在排放权交易及碳市场方面，全球变化与经济发展项目课题组 2002 年组织专家对美国的温室气体减排方案进行了深入的研究，并最终形成报告。报告介绍了美国温室气体减排新方案（排放权交易）的具体内容，并对该方案进行了初步的评析。报告指出美国欲将该种以经济激励手段为特征的新方案推广至世界范围，使其成为未来温室气体排放的主要手段。胡荣、徐岭（2010）对美国碳排放权制度及其交易体系进行了研究，同年韩鑫韬（2010）在《中国金融》发表文章介绍了美国碳交易市场发展的经验。陈怀连（2011）将中美碳排放交易进行了比较，试图寻找美国的先进做法和先进经验，为中国的碳排放权体系构建提供宝贵意见和建议。

2. 美国低碳经济政策之能源领域

吴巧生（2008）在《突破能源约束的国际比较及对中国的启示》中从美国出台的相关法案或政策的演变过程解释了布什政府的能源安全战略。樊瑛、樊慧（2008）的文章《美国2007新能源法案的政治经济学分析》介绍了起始于1975年的美国能源政策及法案演变，着重评析了《2007能源独立与安全法案》的核心内容，指出美国能源战略调整重点是放在需求管理层面，其主要措施集中在如何提高能源效率、推动能源节约、加快发展新能源等方面。高静（2009）在《美国新能源政策分析及我国的应对策略》中认为美国推行新能源政策，既有其全球战略考虑，也有发展经济，引领美国走出经济衰退的目的。美国新能源政策的路径是：奥巴马竞选主张—制定政策—国会立法—新能源外交。同时，杨玉峰（2009）和高建、董秀成、杨丹（2010）等学者通过对奥巴马能源新政的内容和提出背景进行研究，发现此次新政的主要目的是在摆脱石油依赖的基础上确保美国的能源安全与生态安全，途径是推进低碳经济、提高能源效率及发展可再生能源。而由于世界经济的联动性，美国的这些政策势必会对中国经济产生影响，因此中国应该化挑战为机遇，以低碳经济为契机，实现绿色发展，推进可持续发展。此外，秦治来、朱庆华、管清友、马建英、唐彦林、金名、孔祥永等从国家战略角度分析了小布什时期到奥巴马时期美国能源政策转变的战略意图，以及其对未来中美政治与经济关系的影响。

3. 美国低碳经济政策之建筑、交通、生活消费领域

低碳建筑、低碳交通、低碳生活消费构成了低碳城市的主要方面，国内学者在其专著或文章中对于美国上述方面略有提及。例如，熊焰（2009）的《低碳之路：重新定义世界和我们的生活》，邢继俊、黄栋、

赵刚（2010）的《低碳经济报告》，孙桂娟等（2010）的《低碳经济概论》，龚伟（2009）的《奥巴马政府气候变化与能源政策评析——兼论其对中国的启示》，王彬（2010）的《发达国家低碳经济转型的实践及其对中国的启示》等。现将主要结论总结如下。

在低碳建筑方面，在美国，有利于节能减排的建筑材料将会被美国国家环保局授予"Energy Star"的标识。环境保护局规定政府部门必须采购具有"Energy Star"标识的产品。同时，美国能源部长提出"把你家的屋顶涂成白色""给屋顶降温"的"白色屋顶计划"。计划中说道："如果各国将所有房子的屋顶都刷成白色，将人行道变成水泥色而非深色调，其效果将相当于减少全世界道路上所有车辆 11 年排放的二氧化碳总量。"此外，顺应"零排放"主张，美国也陆续推出降低贷款利率、减税等政策鼓励房地产开发商建造节能建筑。

在交通运输方面，2008 年 3 月 19 日，奥巴马总统宣布 24 亿美元援助计划，推动插入式混合动力汽车发展。奥巴马表示，援助计划的目标是在 2015 年有 100 万辆插入式电动汽车投入使用。为鼓励消费，可享受 7500 美元的税收抵扣。2009 年 2 月，在 7870 亿美元的经济刺激方案中，政府拿出 35 亿美元用于鼓励先进车用电池研究和低油耗车型消费。其中，20 亿美元用于支持汽车企业研发新型车用电池和电池系统；6 亿美元用于到了年限的公务用车换成新能源车，3 亿美元用于更新旧柴油车，4 亿美元用于为联邦和地方政府购置节能新车。此外，地方也积极推行《先进电池生产企业税收抵免法案》，以加快新能源汽车的发展。

在生活消费方面，垃圾发电引起了美国的兴趣，因此相继建起了垃圾发电站。有的垃圾发电站的发电能力高达 100 兆瓦，每天处理垃圾 60 万吨。此外，LED 由于具有节能环保、寿命长、体积小等特点被广泛用于指示、装饰、背光源、普通照明和城市夜景等领域。从 2000 年起，美国共投资 5 亿美元实施"国家半导体照明计划"。据悉，在美国，若 55% 的日光灯被 LED 取代，每年能节省 350 亿美元，减少 7.55 亿吨二氧化碳排放量。

4. 各国低碳经济的综合研究

蔡林海（2009）的《低碳经济大格局：绿色革命与全球创新竞争》

部分章节分析了美国发展低碳经济的中长期战略及其实施现状，并对布什和奥巴马执政时期的低碳技术创新和低碳产业创新进行了研究。张焕波（2010）的专著《中国、美国和欧盟气候政策分析》也有部分章节分析了美国的能源与气候政策、碳排放与可再生能源的关系。此外，关于美国低碳经济的研究也散见于黄海（2009）的《发达国家发展低碳经济政策的导向及启示》，陈岩、王亚杰（2010）的《发展低碳经济的国际经验及启示》，张所续（2010）的《发达国家发展低碳经济对我国的借鉴》，王彬（2010）的《发达国家低碳经济转型的实践及其对中国的启示》，陈柳钦（2010）的《低碳经济演进：国际动向与中国行动》等文章中。其中大部分的研究主要集中于奥巴马时期，并从国际经验的角度进行阐释，认为美国低碳经济政策以《2009 美国复苏与再投资法案》和《2009 美国清洁能源与安全法案》为主要政策支撑，实施于发展清洁能源、减少能源消耗、推行"总量管制与排放交易"制度等方面。

三　对已有文献的评述

由以上分析可知，目前国内外学者对美国低碳经济政策进行全面及战略性探讨的不多，尤其是国内对美国低碳经济政策的研究多停留在政策描绘的层面，并且这些研究一般散见于专著或期刊中的很小的一节，多以国外低碳经济政策背景形式出现，而且对奥巴马执政后美国低碳经济政策转向的研究较少。这些研究多指出美国低碳经济政策包括 2005 年《能源政策法》、2007 年《低碳经济法案》、2007 年《美国气候变化法案》、《2009 美国复苏与再投资法案》及《2009 美国清洁能源与安全法案》等，但未就此做成体系的分析。然而，没有体系的描述只能是"只见树木，不见森林"。所以，本书对美国低碳经济政策的体系做了深入的探讨。当然，得出结论并非空穴来风，而是基于对已有文献的梳理及深入的思考。

第四节　结构安排

本书希望通过在研究宏观经济学、环境经济学、发展经济学以及制度经济学等相关学科理论的基础上，对金融危机后（奥巴马上台后）美国低碳经济政策转向的原因、定位及经济绩效进行分析和考察。

第一章为绪论部分。首先，本书的研究背景是基于这样一种逻辑：气候恶化与碳排放的因果关系确定—国际公约的制定和国际会议的召开—全球碳博弈悄然开始—奥巴马推行低碳革命。其次，在确立选题意义的基础上，本书对美国低碳经济政策进行了综述，并在此基础上找出可以突破和创新之处。

第二章是低碳经济政策的相关理论问题及论文架构。首先，提出低碳经济具有经济、政治与资源环境三重属性，并在三重属性的基础上对低碳经济政策的内涵进行了界定。其次，对低碳经济及低碳经济政策的理论框架进行了探讨，对新政治经济学和国际政治经济学在分析美国低碳经济政策转向问题时的适用性进行了考量。最后，在国际政治经济学双重博弈分析框架的基础上，结合美国的实际情况提出"三层级"分析框架，认为美国的低碳经济政策转向是国家发展战略、国际因素、国内因素共同作用的结果，由此奠定本书总体分析的结构性基础。

第三章通过对美国近几届政府的低碳经济政策的历史演进进行研究，发现美国低碳经济政策从奥巴马总统执政开始出现了积极倾向。具体为：在克林顿时期美国低碳经济处于温和状态，其在国际上签订了《京都议定书》，并在国内推动低碳发展。布什时期，美国退出了《京都议定书》，采取非常消极的态度。与前两届总统相比，奥巴马总统上任之初就表现得相当积极，不但在国际上立志充当"领袖"，而且在国内也积极推行相关政策。

第四章从国际层面分析美国低碳经济政策转向的激励与约束。本章认为四点因素逼迫并激励美国的态度变化。首先是国际减排的压力；其次是各国的博弈，即欧盟、日本等国低碳经济领域高调强劲的发展；最后提出国际减排机制、国际碳市场也为美国低碳经济的发展提供了良好的平台。

第五章从国内层面分析美国低碳经济政策转向的激励与约束。本章认为，在政治方面，国内的党政斗争、利益集团博弈、奥巴马旗下的绿色团队等因素对美国的政策取向有一定的影响。此外，危机后的经济急救、不断增加的气候成本以及长期存在的能源结构风险构成经济方面的激励与约束。至于哪种因素占主导地位则无从考究，因为美国历来是多元主义国家，其政策的出台和制定具有相当的复杂性。

第六章提出了美国低碳经济政策转向的国家发展战略原因。认为美国国家发展战略的调整对美国低碳经济政策的转向得以实现起到了决定性作用。如果说国际和国内原因起到推波助澜的作用，那么国家发展战略则决定了是去是留。可以说，低碳经济政策转向正好迎合了美国的发展战略调整，所以得以实现。

第七章对美国低碳经济政策转向后的政策定位给予探讨。认为美国低碳经济政策分为对外层面和对内层面。对外层面，包括国际合作、国际融资、碳关税三方面；对内层面，包括应对气候变化、加强能源安全、清洁能源、清洁汽车和建筑以及排放权交易五个方面。

第八章对奥巴马执政以来美国低碳经济政策的经济绩效进行考量。研究发现，虽然没有通过全局性的《2009 美国清洁能源与安全法案》，但是美国在低碳经济方面在默默地行动着，并且成效已经凸显。

第九章对美国未来，抑或说长期以来碳减排的阻力进行了分析，对奥巴马第二任期内美国低碳经济政策做出了预判，并在此基础上给出了中国的应对方案。

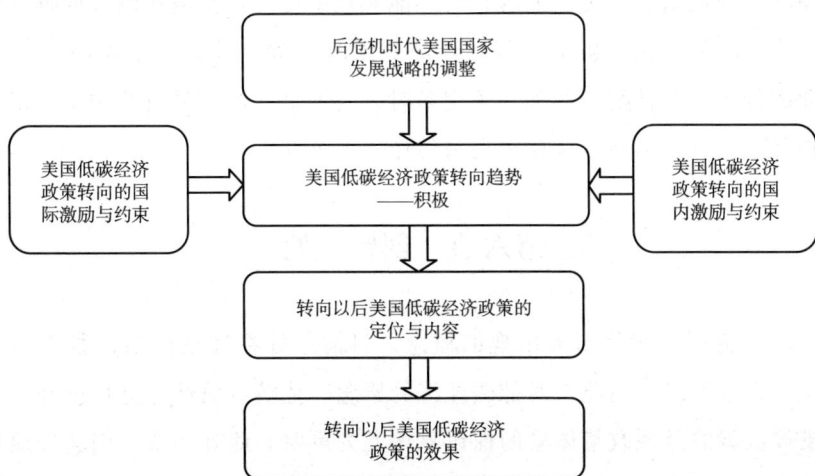

图 1-1 本书的全景式布局

第五节   研究方法

（1）实证分析与规范分析相结合。在政策分析中，实证分析方法旨在解决政策"是什么"以及它是"如何产生的"的问题，不涉及对政策优劣的主观评价。而规范分析方法旨在解决政策"应该是什么"以及"应该怎么制定"的问题，它注重研究与帕累托最优相比的政策的福利效果，以及追求政策的各种政治活动而导致的社会资源的流失。由于对美国低碳经济政策的研究是一个复杂系统的工程，因此本书在研究政策的原因以及形成过程时，主要采用实证分析方法；而对政策设计以及实施效果评价时，主要采用规范分析方法。

（2）比较分析法。在分析美国低碳经济政策转向的国际激励与约束时，本书不止一处用到此方法。例如，在分析国际低碳经济博弈对美国的激励作用时，比较分析了 G 20 国家金融危机后的绿色刺激计划，同时还根据 Vivid 低碳竞争指数与普华永道低碳完成指数排名制作出散点图，对 G 20 国家的低碳经济发展进行了比较与排名。

（3）案例分析法。本书在分析美国低碳经济的国内原因中的"自下而上"推动力时，以美国的加州为例，对此做出解释。同时，还分析了各州在能源供给、可再生能源融资、能源效率提高、交通运输方面推进低碳发展的案例。在分析美国低碳经济效果时，举硅谷的例子说明美国 IT 产业的低碳技术转型。在提到碳交易时，芝加哥气候交易所的例子一定会被提及，它对美国乃至全球碳交易的作用不可泯灭。

第六节   创新之处

（1）低碳经济是新兴出现的概念，目前还处在理论前沿，很多相关理论还存有争议。因此，对低碳经济的概念、范畴、属性等进行梳理，对于支撑低碳的经济政策体系的探讨显得尤为重要。此外，本书创新性地对低碳经济政策进行了定义，认为低碳经济政策分为对外政策和对内政策。其中，对外政策包括支持低碳的贸易政策、支持低碳的投资政策和支持低碳的金融政策。对内政策主要包括应对气候变化的政策、低碳的能源领域政策、支持低碳的产业政策、支持低碳的财政政策和金融政策。

（2）约翰·伊肯伯里（G. John Ikenberry）的分析模型和罗伯特·D.普特南（Robert D. Putnam）的"双重博弈"框架可谓国际政治经济学的经典。本书在两者的基础上提出"国家战略层次—国际层次—国内层次"的三层级分析框架。认为美国低碳经济政策的制定不只是由国际和国内的约束决定，还有一层原因是低碳经济政策的转向趋势正好迎合了金融危机后美国国家发展战略的调整。因此，三方主体共同博弈，最终推动了美国低碳经济政策的转向及后续的发展。

（3）构建了美国低碳经济政策与美国国家发展战略的关系。认为美国低碳经济政策取向服从并服务于其国家发展战略，而其国家发展战略决定了美国低碳经济政策的具体定位，即美国国家发展战略是美国低碳经济政策的充分条件，而美国低碳经济政策是美国国家发展战略的必要条件。

（4）对美国低碳经济政策转向后（即奥巴马第一任期的四年内）美国的低碳经济政策效果进行了创新性的考察。具体从碳减排趋势、低碳产业和技术趋势、能源结构趋势、碳市场发展趋势、能源独立性、绿色就业等方面对美国低碳经济政策的绩效进行了数据上的说明与解释，并得出明显结论，即奥巴马执政四年内美国低碳经济政策经济效果凸显。而以往的研究只停留在对奥巴马执政后美国低碳发展的预测上。

第二章 低碳经济与低碳经济政策理论体系构架

研究美国低碳经济政策转向的问题，首先要对低碳经济的属性有深入的把握，并对由此所延伸出的低碳经济政策的概念进行清楚的界定。而理论是概念的扩展和延伸，鉴于低碳经济既是国内问题又是国际问题，既是经济问题又是政治问题，因此新政治经济学和国际政治经济学中的理论工具是分析的不二选择。由此，也就在双重博弈模型的修正下，产生了本书的三层级分析框架。

第一节 低碳经济的三重属性与低碳经济政策界定

一 低碳经济的政治、经济与资源环境属性

低碳经济缘起于碳排放增加引起的全球气候变暖，其目的是通过全人类的努力将大气中的温室气体保持在一个相对稳定的水平上，从而防止气候变暖带来的威胁人类生存环境的后果。在这个过程中，需要技术创新的支持、需要经济结构的调整、需要能源效率的提高、需要新兴产业的兴起，由此决定了低碳经济的经济属性。然而，世界"竞争与合作"的本性决定低碳经济必然具有政治属性。在世界多极化格局下，"低碳"一词在不断冲击着各国的政治神经，每个国家都在虎视眈眈、跃跃欲试。此外，碳这一物质本身的特性决定了其环境资源属性。因此，低碳经济具有政治、经济和资源环境三重属性。

（一）低碳经济的政治属性

经济利益背后的科技话语权和法律话语权必然引发全球政治话语权的

争夺，由此奠定了低碳经济的政治属性。在世界多极化发展格局下，面对近些年不断爆发的经济危机带来的世界经济不景气，面对自己经济优势的不断下滑，面对新兴国家经济发展对自己世界主导地位的挑战，发达国家试图寻找新的方法来重振雄风，而低碳经济正是使它们的想法合法化的不错选择。

"碳政治"发端于一套环保理念以及由此形成的环境政治。随着欧盟的成立，环境政治加速兴起，进而为欧洲的"近现代生活方式"提供了一种特别的话语建构，并建立起对美国和其他国家的优越感和使命感。人们对环境问题的认识起初仅限于河流污染、土地污染、空气污染和固体废弃物污染等局部性问题，这必将使欧洲"绿党"的环境政治局限于欧洲内部，阻碍其推行"环境世界主义"理念的步伐。因此，为了将局部问题扩展成为全球问题，欧洲选取了"气候问题"作为主要的政治话题。之后将之科学化，即构建出人类毁灭与全球气候变暖、全球气候变暖与人类活动之间的连带因果关系。而中间的纽带环节就是二氧化碳过量排放而导致的全球气候变暖。由此，导出了"碳政治"的核心内容。在科学化认定后，接下来的任务就是将这套科学理论推向国际。于是1988年，在欧洲人的推动下，世界气象组织和联合国环境规划署共同建立了联合国政府间气候变化专门委员会。但是，一个科学的政治理念如果没有国际法律规则作为支撑将无法实现稳定、长期及可持续的政治及经济收益。因此，1992年各国签署的《联合国气候变化框架公约》将科学理念转化成政治共识。虽然没有形成具有法律效力的文件，但是推动了"碳政治"的国际推广。之后的《京都议定书》把《联合国气候变化框架公约》中的"软法"转化为承担法律义务的"硬法"，并进一步不知不觉将发展中国家纳入"硬法"的框架下。

"碳政治"必将引起全球新一轮的争霸。低碳经济是基于全球气候变暖危及全人类生存的道德关怀，实际上是新技术革命背景下全球政治和经济利益的再分配。一方面新技术革命背后隐含着巨大的政治经济利益；另一方面"碳"这种物质经过国际法律建构之后，具有了引发金融扩张甚至金融革命的潜力。"碳政治"不同于传统"南北问题"，世界因此形成三大阵营：欧盟、美国为首的"伞形"国家集团和发展中国家（通常为

77国集团＋中国）。目前的国际"碳政治"规则是由欧盟国家主导的，但欧洲人担心美国按照大国政治的思路另起炉灶；而美国能否另起炉灶，中国与77国集团的态度具有决定性作用。而中国和发展中国家显然要维持目前"于我有利"的国际法框架。奥巴马执政之后，利用金融危机的契机，摆脱了石油能源集团的影响，名正言顺地搞"绿色振兴计划"，把大笔资金投入到新能源技术开发利用上，并利用其超级大国的优势，尤其利用其掌握金融技术和法律技术的优势，积极卷入全球"碳政治"，推动"碳政治"向对其有利的方面发展。因此，可以预见，围绕"碳政治"的世界三大阵营博弈将成为今后国际政治的核心逻辑。

（二）低碳经济的经济属性

低碳经济带来的是人类对经济发展模式的再思考。从1962年卡森的《寂静的春天》开启了世界环境运动，到1972年罗马俱乐部的《增长的极限》中人口无限与资源有限的理念的探索，再到1987年《我们共同的未来》可持续发展模式的提出，人们逐渐意识到经济增长与经济发展的区别，并且对旧有的发展模式进行深刻的批判和反思。此次温室气体排放导致的全球气候变暖及低碳经济概念的提出给人类敲响了警钟，使人们认识到必须放弃传统的工业化模式，寻求新的经济发展模式，即发展低碳经济。

首先，低碳经济的逻辑起点在于低碳技术的发展。研究表明，减少大气中二氧化碳的途径主要有四大类：提高能源效率、开发可再生能源或清洁能源、发展碳捕捉和碳封存技术及植树造林。毋庸置疑，每一方面的实现均依赖于技术的创新与发展。其中，提高能效意味着必须寻找新的制造和加工方式，如新的水泥制造、钢铁制造、交通运输中的节能减排技术；清洁能源，如风能、水能、太阳能、生物能、地热能，由于其受季节和天气的影响较大，就更离不开相关技术的发展。而碳捕捉和碳封存技术也有待开发和利用。其次，单靠低碳技术，低碳经济不能取得实质性的进展，因为低碳经济表面看是"温室气体"减排，但背后隐藏着转变传统工业模式的深刻含义。这个过程中必须伴随着传统经济结构的调整、能源效率的提高、新兴产业的发展等，其中必然带来生产模式、消费模式的改变。最后，在国际经济学框架下，低碳经济将会衍生新的国际贸易和国际金融形式与问题。在国际贸易方面，新兴的国际贸易壁垒方式"碳关税"正在发达国家的酝酿之中。在国际金融方面，鉴于温室气体的公共物品属性，低碳可被界定成"分配各国排放权"的问题。

（三）低碳经济的资源环境属性

低碳经济的发展举世瞩目，它在应对全球气候变化的同时，也成为遏制"生态环境恶化"的法宝。这是因为人类生态环境的恶化在很大程度上决定于人类经济活动的内容及其发展方式。根据联合国政府间气候变化专门委员会第四次评估报告给出的数据，自 1850 年以来，人类以化石能源为支撑系统的工业化活动对全人类赖以生存的地球生态环境系统产生不良影响。换句话说，随着世界工业经济的发展、人口的剧增、人类欲望的无限上升和生产方式的无节制，温室气体排放量越来越大，地球臭氧层正遭受着前所未有的危机，全球灾难性气候变化屡屡出现，即使人类曾经引以为豪的高速增长或膨胀的 GDP 也因为气候变化和环境污染而"大打折扣"。

综上所述，在经济全球化和环境问题全球化的双重背景下，低碳经济正从资源环境问题演变成一个涉及全球环境、世界经济、国际政治的复杂问题，并对未来世界的政治、外交、投资、金融、贸易、能源市场配置、能源技术开发、能源结构转型等产生影响。

二 三重属性下低碳经济政策内涵的界定

低碳经济政策是一个科学的政策体系。本书将其划分为对外低碳经济政策和对内低碳经济政策。低碳经济的政治、经济、资源环境属性决定了其既是一个国际问题，也是影响一国经济发展的国内问题。因此，一国在制定低碳经济政策时，必然会考虑其国际战略目标和国家宏观经济走向。在多重激励与约束下，最终形成其政策路径的选择。

（一）对外低碳经济政策

低碳经济的根源是碳排放引发的气候和环境恶变问题。气候和环境不同于普通商品，其非排他性和非竞争性决定了其公共物品属性。普通商品可以简单地说在某一地区或区域内具有公共物品属性，而气候和环境的公共物品属性在某种程度上具有国际性质。因为，气体本身的性质决定其流动路径可以是局部地区，也可以是全球范围。国际政治性质的存在，必然引发其经济利益的争夺，低碳经济也不例外。从这个角度看，对外低碳经济政策主要包含以下三个方面内容。

一是支持低碳的国际贸易政策。低碳经济的国际贸易政策主要是碳关税引发的新一轮的绿色贸易壁垒。一国通过向其他未达到减排要求的国家收取特殊的关税，达到借口保护本国国内相关产业及获得更多经济利益的目的。

二是支持低碳的国际投资政策。国际投资政策包括两大方面内容。一方面是《京都议定书》框架下的清洁发展机制（CDM）项目，即发达国家通过资金和技术援助的方式与发展中国家展开合作抵消其减排义务。另一方面是哥本哈根气候峰会上发达国家与发展中国家达成的协议，即发达国家承诺在 2010～2012 年向发展中国家提供 300 亿美元的资金支持。

三是支持低碳的国际金融政策。《京都议定书》为国际碳市场的发展提供了很好的制度平台，全球碳市场正在稳步发展。随着国际碳排放交易机制的日渐成熟，在碳市场中扮演次要角色的国家，一定会抓紧制定政策，争取碳的定价权。

（二）对内低碳经济政策

如果说低碳经济在国际范围内更凸显政治属性，那么其在国内则更显示出经济属性。低碳经济的发展必然服从并服务于一国的宏观经济政策。因此，对内低碳经济政策主要由应对气候变化政策、能源领域政策、支持低碳的产业政策、支持低碳的财政政策、支持低碳的金融政策五部分构成。

一是应对气候变化的政策。全球气候变化日渐凸显，极端天气频现。短短的几年内，全球已经遭受包括飓风、海啸、水灾、雾霾在内的多种灾害。因此，一国的低碳经济政策必须将应对气候变化放在首位，让其为国民健康、稳定地生活保驾护航。

二是低碳经济的能源领域政策。发展低碳经济主要的目的就是"节能减排"。低碳能源以能源结构的改变和能源效率的提高为主要途径，而能源效率的提高，传统能源使用率的降低，新能源使用率的上升会在战略上增强一国能源的安全性和独立性。

三是支持低碳的产业政策。能源效率的提高离不开传统能源产业，风能、太阳能、水能、地热能的发展离不开可再生能源产业，低碳的发展更会带动并衍生出新型低碳产业和环境产品与服务业。而这必然涉及产业结构的升级问题、产业组织问题、产业布局问题和产业技术问题。

四是支持低碳的财政政策。政府在推进低碳经济发展的过程中，一定会采取一定的经济激励手段，而其中最常见的便是政府的财政支出政策和税收优惠政策。政府的财政支出主要用于低碳技术的研究、开发与利用。税收手段则很大程度上用于低碳相关产业的税收优惠。当然，也以"碳税"的形式用于惩罚过度碳排放的企业和个人行为。

五是支持低碳的金融市场政策。碳排放权交易市场是利用市场激励手段应对气候变化的有效手段之一。低碳金融市场是其中的核心元素，分为直接融资市场和间接融资市场。目前，世界各国都在借着低碳经济发展的契机建立和完善自己的碳市场，并促进低碳金融衍生品发展。因此，支持低碳的金融市场政策是低碳经济发展的引擎。

第二节 低碳经济及政策的理论框架

低碳经济以环境经济学、可持续发展理论、循环经济等为理论依托，以新政治经济学、国际政治经济学、公共物品理论、科斯定理和公共选择理论为政策研究的理论工具。

一 低碳经济的相关理论

（一）低碳经济与环境经济学

随着人类经济和社会的发展，生态恶化、资源枯竭、环境污染问题不断凸显，环境与经济增长之间的矛盾和冲突不断加剧，某种意义上这些因素也促进了环境经济学的诞生与发展。环境经济学是经济学与环境科学的交叉，即利用经济学的研究方法研究环境问题。它将环境价值理论、均衡理论、公共物品理论、外部性理论、发展战略理论、演化经济学理论作为其基础理论和研究方法，并以客观存在的环境系统作为研究对象，以环境与经济的协调关系作为研究核心，最终达到环境与经济相互促进、共同发展，以最小的环境代价实现最大的经济增长，以最少的劳动量获得最佳的经济和社会效益等目的。

发展低碳经济的直接目的是减少碳排放，某种意义上与环境经济学有内容上的交叉。目前环境经济学已经较为成熟，因此环境经济学为低碳经济的发展和研究提供了良好的基础。首先，环境经济学为低碳经济的研究提供了一定的分析思路，即如何在较少的碳排放下获得更快的经济增长，如何在较少的能源使用下获得更快的经济增长，最终在低碳条件下实现人类经济社会的良性发展。其次，环境经济学为低碳经济提供了有力的分析工具。减少碳排放，除了采用控制命令等手段外，还需要经济手段，例如碳税和排放权交易等。碳税和排放权交易的分析则离不开公共物品理论、外部性理论等。此外，在分析国家间的低碳能源战略时，环境经济学中的发展战略理论以及博弈论等分析工具也是很好的借鉴对象。

（二）低碳经济与可持续发展理论

"可持续发展"一词在国际文件中最早出现于 1980 年由世界自然保护同盟在世界野生动物基金会的支持和协助下制定和发布的《世界自然保护大纲》，指的是对资源的一种管理战略，即如何仅将全部资源中的合理的一部分加以收获，使得资源不受破坏，而新成长的资源数量足以弥补所收获的数量。[①]"可持续发展"的实际意义是人们希望寻找到一条能使人口、经济、社会、环境、资源长期相互协调的发展之路。它既能促进经济增长、社会进步，又能满足人类对生活水平不断提高的欲望，在保护好环境使其不超过地球的承载能力的情况下，又能保证对后代人的需求不构成危害。

可持续发展把发展与环境作为一个有机的整体，其基本内涵如下。首先，肯定经济增长的必要性。可持续发展并不意味着就要保护目前的资源储备，降低经济增长的速度，而是要肯定经济增长。但是强调在发展过程中需要重新审视如何推动和实现经济增长，只有采取良性的发展模式，最终才能使人类得到全面的发展。其次，揭示了发展与环境的辩证关系。环境与发展是紧密联系的，环境保护需要经济发展提供资金和技术，环境保

---

①　胡筱敏、成杰民、王凯荣主编《环境学概论》，华中科技大学出版社，2010，第 19 页。

护的好坏又是衡量发展质量的指标之一。经济发展离不开环境和资源的支持，发展的可持续性取决于环境和资源的可持续性。最后，更强调全面发展而不仅是经济增长。传统的经济发展模式是一种单纯追求经济无限"增长"，追求高投入、高消费、高速度的粗放型增长模式。这种发展模式是建立在只重视生产总值而忽视资源和环境的价值，无偿索取自然资源的基础上的，是以牺牲环境为代价的。这样的"增长"必然受到自然环境的限制，造成贫富的两极分化，导致与生态环境之间的矛盾日益尖锐。然而，可持续发展强调的是发展的整体性、协调性和综合性，寻求的是经济、社会、环境、资源、人口的全面发展。

可持续发展理论对于低碳经济理论的深化和完善起到较大作用。低碳经济强调的是大力发展清洁能源，降低温室气体排放，从而避免气候恶化带来的危害，保护人类赖以生存的自然环境，最终走上绿色经济发展之路。而可持续发展的核心恰恰是人类经济、社会、资源等的健康、全面、可持续发展。因此，可持续发展理论成为低碳经济的重要理论依托，而低碳经济的发展是实现人类可持续发展的有效途径。

二　低碳经济政策相关理论

（一）新政治经济学

低碳经济关系到人民的日常生活，关系到国家能源结构的转变、技术和产业发展及就业率的提高，更关系到国家能源、安全等战略。因此，低碳经济政策不但是一个经济问题，也是政治问题和资源环境问题。然而，低碳经济政策是由各国复杂的政治经济关系所决定的。这就需要运用新政治经济学的分析方法和相关理论去理解其中各种政治经济力量的复杂博弈过程。

政治经济学很早就把环境政策纳入自己的研究范围之中。率先提出外部性理论的庇古指出，企业排放污染物，污染了周围的环境，产生了负的外部性。在这一过程中，由于企业并没有为之付出代价，所以企业从中受益。但是其产生的负面影响损害了他人的利益，使他人的福利受到损失。这是因为为防止其产生危害，政府部门一定会投入资金进行环境治理，而政府收入来源于税收，所以纳税人利益受损，无法使整个社会达到帕累托最优状态。解决此类问题的方法是将外部成本内部化，即将治理污染的费用纳入企业的生产成本中，并将其转嫁给消费者，最终由购买者来分担治理污染的费用。

新政治经济学产生以后，把"理性经济人"假设运用到政治领域，用经济学的方法来研究政治问题。在环境政策上，新政治经济学家也积极给予关注，如对政府在环境决策过程中与利益集团关系的分析。新政治经济学认为，政府的行动决不仅仅是由纯粹的福利最大化目标所驱动，即政府与大众的利益并不总是一致。政府作为政治主体之一，往往会为了实现自身的特殊目标而行动，如提高政府威望、增加连任可能性、扩大政府预算等，其决策非常容易受到其他政治因素的影响。因此，新政治经济学通过研究政治系统中各个主体的相互作用来分析环境保护政策制定的进程、环境政策的选择及环境目标的实现。它有助于更好地解释为什么实际政策的制定和执行往往偏离那些运用环境经济学模型所得出的最优环境政策。因此，新政治经济学可以成为低碳政策分析的有力工具。

（二）国际政治经济学

国际政治经济学有两种研究路径，分别是：由内而外的路径，即国家为中心；由外而内的路径，即国际力量影响国内政策选择。早在 20 世纪 70 年代，就有学者提出，不能忽视国际经济环境对国内政治经济的影响。彼得·卡赞斯坦（Peter Katzenstein）在《国际关系和国内结构：工业发达国家的对外经济政策》中认为，国际关系的内部化和国内结构的外部化在对外经济政策决策过程中有同等重要性。而最突出的当数彼得·古勒维奇（Peter Gourevitch）的研究。[1] 他提出的"颠倒的第二种意向"，突破了传统国际政治领域视国家为单一行为体的研究模式，指出了国际力量影响国内政策选择的中介环节，从而奠定了国际政治经济学研究思路由外而内转型的基础。[2] 国际政治经济学的这种由外而内的分析思路为本书的研究提供了一个很好的思路，即美国低碳经济政策的制定看似是一国的国

---

[1]　百度百科，http：//baike.baidu.com/view/527184.htm。
[2]　百度百科，http：//baike.baidu.com/view/527184.htm。

内政策，但是它不只受到国内因素的激励与制约，同时受到国际因素的影响，因此应从多重角度对政策的出台进行分析。

（三）公共物品理论

公共物品是经济学中的重要概念，与之相对的是私人物品。所谓公共物品，指的是那些具有消费上的非竞争性和非排他性的物品。非排他性，是指一旦公共物品被提供出来，即使那些没有为它付过钱的人也很难被排除在享受它所带来的利益的人之外。消费的非竞争性，是指一个人对公共物品的消费不会降低其他人所能拥有的消费量。介于公共物品和私人物品之间的混合产品则具有公共物品的部分特质，属于准公共物品。由于纯粹的公共物品一般比较少，在许多情况下准公共物品也被当作广泛意义的公共物品来对待。环境公共物品通常是指各种环境物品以及环境服务，如清新的空气、纯净的水体、宜人的生态景观、富于美感的野生动植物、舒适的旅游环境等自然物，还有由某些行为主体提供的公共环境设施（如人工防护林）、环境保护（如治理污染）、环境政策（如水价体系）、环境制度、环境信息等。① 由于公共物品的"非排他性"和"非竞争性"特点，其在配置和利用中通常陷入低效率甚至无效率。"公地悲剧"就是最著名的例证。"公地悲剧"以及相类似的滥用问题都是在公共物品的使用环节发生的，而在公共物品的供给和维护环节还引发了"搭便车"的问题。只要涉及公共物品，每一个消费者都有"搭便车"的愿望，从而可能使为公共物品提供的资金不足，进而产生严重的供给不足。

（四）科斯定理

针对外部性和资源稀缺等问题，美国经济学家科斯于 1960 年发表了一篇经典论文《社会成本问题》。在该论文中科斯强调了产权与市场对解决污染问题的重要性。② 他认为，在产权界定明确且可以自由交易的前提下，如果交易成本为零，那么无论最初将产权分配给污染者还是被污染者，均不影响资源配置效率，且资源配置将达到最优（科斯第一定理）。然而在存在交易成本（即交易成本为正）的情况下，不同的产权界定会

---

① 陈喜红：《环境经济学》，化学工业出版社，2005，第 24 页。
② 〔美〕R H. 科斯：《社会成本问题》，上海三联书店、上海人民出版社，2000，第 15 页。

带来不同效率的资源配置（科斯第二定理）。也就是说，科斯解决问题的思路是将污染中的外部性问题转变成产权问题，然后再讨论什么样的产权配置能达到帕累托最优。这一理论为解决环境污染问题提供了新的思路。

从科斯定理出发，我们得出结论：市场之所以能决定资源的最优配置关键在于有界定明晰、可以执行而又可以在市场上转让的产权制度。一旦产权被清晰地界定，且得到有效的制度保障，市场就会自动发挥杠杆作用，实现环境资源的最优配置。因此，科斯定理成为排污权交易制度实施的直接理论基础。

（五）公共选择理论

公共选择理论是二战后兴起的一门学科，属于西方政治经济学范畴。其实质为经济学与政治学的交叉理论，即用经济学的研究方法和相关工具来解决政治问题，其代表人物是詹姆斯·布坎南和戈登·塔洛克。公共选择理论认为人类社会存在两个市场：一个是经济市场，一个是政治市场。前者是厂商与消费者进行交易的场所，后者则是政治家、党派、利益集团、民众之间的博弈行为。在政治市场上，各个参与人根据自己的激励与约束，做出自身利益最大化的抉择。一般情况下，整个过程有两个前提条件。第一个是"集体性"，即个人抉择被排除在考虑之外。只有在多人的情况下，才可以产生集体决策，进而产生公共决策。第二个是"规则性"，即在决策过程中是存在多种规则的，各个参与主体会根据自身的偏好选择有利于自己的规则。由此，决策最终产生。美国低碳经济政策的制定和出台，受到总统、利益集团、公众舆论等各方面力量的影响，因此公共选择理论是分析美国低碳经济政策出台原因的有力分析工具。

第三节　美国低碳经济政策分析的理论框架

一　双重博弈模型

20世纪80年代之后，随着国际政治经济学的发展，对于一国对外经济政策的分析日益深入国家和社会两个层次中。其中，国家主要是指政治权威的构造，如政府官僚和政党；而社会则主要指与生产关系有关的构造，如产业、金融、劳动等。

1988 年，约翰·伊肯伯里等美国学者整理分析了美国对外经济政策（主要是贸易政策）的理论框架，将其分为三个路径，分别是体系层次（国际层次）、社会层次和国家层次。其中，国际或体系层次将美国贸易政策视为美国与其他国家行为体实力对比的产物。社会层次强调美国社会中主导集团或阶层的利益偏好，以及各利益集团或政党争斗对政策制定的决定性影响作用。而国家层次则突出了长期存在的国内结构性关系和政府官员本身对政治制定的约束。他们指出，国家是社会和体系两个层次之间的重要自变量或干预变量，对于对外经济政策的分析应该突破传统的体系层面，深入国家这一“黑匣子”中进行剖析。

1988 年，罗伯特·D. 普特南在《国际组织》夏季号上发表了《外交与国内政治：双层博弈的逻辑》一文。1993 年，他又与埃文斯（Peter B. Evans）、贾柯布森（Harold K. Jacobson）等学者合作，主编出版了《双刃外交：国际谈判与国内政治》一书。该书围绕双层博弈这一核心理论进行了广泛的案例研究，内容涉及中程核武器等安全议题、谷物出口等经济议题，以及人权等其他议题，从而将双层博弈理论的研究进一步引向深入。在此前后，不同学者对双层博弈理论进行了理论修正和实例验证，使该理论逐渐成为研究国际经济谈判的重要分析框架。

“获胜集合”是双层博弈理论的内在逻辑。普特南把国际谈判的进程分为两个阶段，即第一层次或国际层次的谈判阶段和第二层次或国内层次的批准阶段。第一层次形成的协议必须得到第二层次的批准才能真正得到实施。但是，第一层次和第二层次的时间顺序并不是绝对的。在多回合的国际谈判中，上述两个层次往往处于互动和循环的过程中。在国家层次，国内不同利益集团通过向政府施加压力，实现利益最大化；而在国际层次，各国政府在力图最大限度地满足国内压力集团要求的同时，实现对本国不利结果的最小化。

二　双重博弈模型的局限性

第一，约翰·伊肯伯里的体系层次、国家层次、社会层次模型，在研究美国低碳经济政策方面具有局限性。将美国低碳经济政策的产生套入此框架，在体系层面（国际层面）上，代表一国与他国行为主体实力的比较。那么，美国低碳经济政策的国际层面可以视为美国与包括欧盟国家、日本在内的其他国家低碳经济发展的实力对比。社会层次代表利益集团、党政斗争在政策制定中的作用。将美国低碳经济政策带入此框架，结论是很符合。因为美国低碳经济政策的制定一方面受到民主党与共和党斗争的影响，另一方面受到传统工商业、新兴产业、非政府组织等利益集团的影响。国家层面，代表国内结构性关系和政府官员本身对政治制定的约束。答案也是肯定的。美国的低碳经济政策受到国内能源结构、气候恶化等结构性因素的影响。然而，国际层次的约束、国内层次的约束及社会层次的约束，就足以解释美国低碳经济政策的态度吗？恐怕未必。因为低碳经济本身的性质和处于起步阶段的状态决定了其实施成本较大、财政投入较多、收益较少等特点。美国长期以来以世界霸主自居，单单国际社会低碳经济发展趋势的凸显和国内的问题不足以撼动其对低碳经济的态度。一定还有其他影响因素，即美国的国家发展战略。因此，仅仅套用约翰·伊肯伯里的理论框架的分析不是很深入。

第二，罗伯特·D. 普特南的双重博弈模型是国际政治经济领域的重要模型。但是其在分析美国低碳经济政策方面也具有局限性。首先，双重博弈模型主要分析一国的外交政策。而美国的低碳经济政策不仅仅指向国外，在国内也有一定相应的配套措施。其次，双重博弈模型实际上是两层级模型，即国际层次和国内层次。根据以上分析，国际层次和国内层次是美国低碳经济政策定位的必要条件，但并非充分条件，其中的国家战略原因必须加以解释。

三　美国低碳经济政策的三层级分析框架

本书在借鉴约翰·伊肯伯里和罗伯特·D. 普特南的研究基础上，提出"国家战略层次—国际层次—国内层次"的三重博弈框架。

"国家战略层次"包括美国的国家安全战略、国家能源战略、国际竞争力战略及"软实力"战略。国家战略构成美国低碳经济政策指向的深层次原因。

"国际层次"指美国低碳经济政策转向的国际激励与约束。激励主要是国际社会已经为低碳经济发展提供了很好的制度条件和市场条件。约束主要指其他国家低碳经济的发展与美国低碳经济发展形成实力的对比，对美国各个战略构成威胁。

"国内层次"指美国低碳经济政策转向的国内激励与约束。分为两方面内容：一是政治方面的原因，即党政争夺、利益集团等方面的制衡与推动。二是经济因素，即金融危机、气候恶化成本及能源结构风险方面的原因。

具体如图 2 - 1 所示。

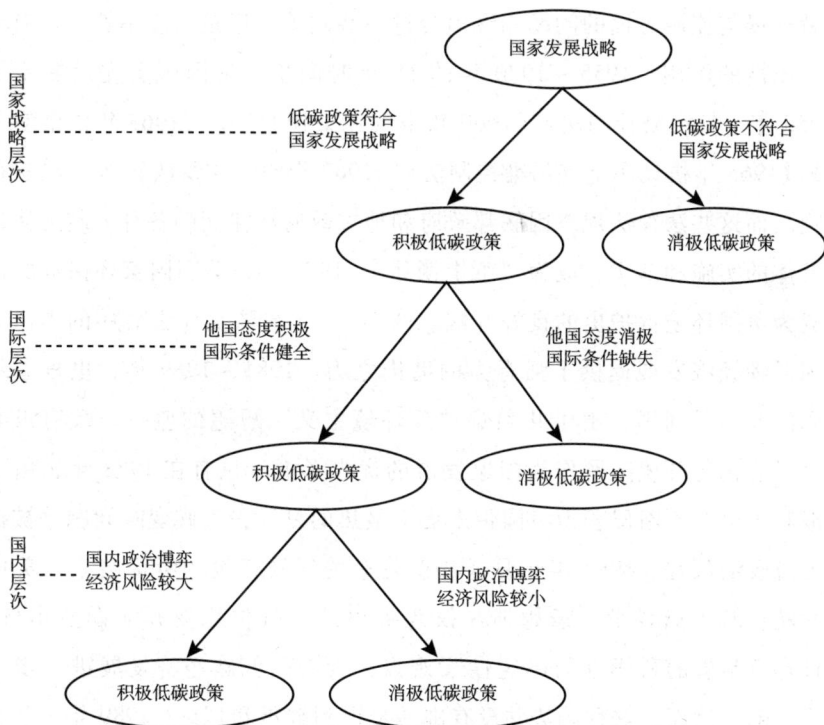

图 2 - 1　美国低碳经济政策的三层级分析框架图

第三章　美国低碳经济政策的转向

美国对低碳经济政策的态度可谓起起伏伏。克林顿政府之前的历届政府就气候与能源方面的问题相继出台过一些政策,但是力度不够,没有起到实质性的作用。1955~1970 年的 15 年时间里,美国国会先后制定了《1955 年空气污染控制法》《1960 年空气污染控制法》《1963 年清洁空气法》《1965 年机动车空气污染控制法》《1967 年空气质量法》等多项法律法规。而这些法律法规终因联邦政府和地方政府法律间的各种分歧无法得到具体的实施和落实,成为"纸上谈兵"。1970 年,美国国家环保局的成立成为美国环境保护史的良好开端。两年后,《清洁空气法案》的提出为美国低碳经济发展提供了强有力的助推之力。1981~1989 年,里根总统任职的 8 年时间里,由于共和党"反环境主义"思想的盛行,政府没有将气候恶化与环境问题作为国家发展的优先考虑。只有在 1988 年,由于热浪和干旱的不断侵袭为美国带来史上最热的夏天,气候变暖问题才被提上主流政治议程。1988 年 6 月,参议院有关气候变暖的听证会上,美国国家航空航天局科学家詹姆斯·汉森提出的"气候恶变并非偶然事件,并且具有足够的科学性与确定性"观点,为美国低碳经济发展进一步奠定了基础。然而,这种趋势并没有进一步得到继承和延续。1989 年,老布什就任美国总统,仍然保持经济发展的优先战略,在气候与环境问题上迟迟没有采取行动,可谓"第二个里根"。但是,克林顿总统上台以后,对气候和能源问题开始加以重视,并在国际减排问题上采取相对温和的态度。然而,接下来的小布什政府退出《京都议定书》的行为让全世界大跌眼镜。8 年后,奥巴马总统上台以后,面对金融危机的重创,在找寻下一个经济拉动力量的十字路口,他选择了重返世界气候舞台中心,发展低碳经济。

第一节　克林顿的温和低碳经济政策

克林顿执政时期，"经济、民主与安全"构成其发展战略的三大支柱，因此当时美国经济增长速度超过了60年代，创造了当时近30年来美国经济发展的奇迹。但是，在这样的发展战略框架下，难能可贵的是美国将气候与能源事务定位在了国家政治的高度，虽然其中夹杂着维护经济利益与保护环保市场等种种目的，并自始至终都坚持了经济优先的原则，但相对于之前的老布什等历届政府及之后的小布什政府的消极态度来说，其所采取的行动和主张总体上还是积极的。

一　国际态度：温和并签署《京都议定书》

（一）积极签署《京都议定书》

克林顿政府在发展低碳经济方面做出的最大成就在于在其执政期间最终成功签署了《京都议定书》，而《京都议定书》的签署过程异常艰辛。

1993~1995年，可谓克林顿总统低碳经济政策的"无为"阶段。虽然上任初期便认识到了气候与能源问题的重要性，并欲参与国际气候行动，但是一方面由于受到民主党和共和党国会议员的反对，另一方面不能够动员起有力的公众支持，其偏好的气候政策未能得到实现。

1995~1996年，由于国际形势和国内因素的变化，美国政府有关气候与能源的政策开始发生变化，即出现相对积极的倾向。一方面，国际上《联合国气候变化框架公约》第二次缔约方会议（COP 2）公布的评估报告显示气候变化必然会损害全人类的利益，并要求美国制定新的具有法律约束力的减排方案及目标；另一方面美国国内民众的呼声不断增强，反对国会消极的低碳经济政策，转而支持积极的环境规制措施。在双重激励下，克林顿政府积极承认了COP 2报告的科学性，并开始了其在国际上的"有为"阶段，为美国签署《京都议定书》奠定了一定的基础。

1996年末，美国开始涉足国际碳排放议定书的制定，虽然某种程度上做出了一定的妥协，但其自身利益最大化的前提仍显而易见。克林顿政府认为有关碳减排的国际议定书应该包括以下因素：减排目标的具体性、减排目标的灵活性以及发展中国家的参与性。其中，减排目标应为中期目标，具有可查性和可实现性。同时，减排目标应该具有灵活性，并期望通过国家项目得以实施。然而，美国并没有考虑发达国家的历史减排问题，并要求发展中国家相应地承担国际碳减排任务。此外，美国还给出了《京都议定书》中国际碳排放权交易与联合履约机制的雏形，即通过市场和项目手段减少全球碳排放。

1997 年初，克林顿政府对《京都议定书》的最终确定给出了自己的建议。在向《联合国气候变化框架公约》秘书处提交的文件中，美国就先前提出的问题做了进一步的完善与重申。在发达国家方面，美国提出"排放预算"（Emission Budget）机制，即发达国家可以根据自己每年的排放量，储存其排放配额或借贷其排放配额。此外，美国政府对碳减排的相关程序给出了意见与建议，以确保测量的准确性、审核及监督的规范性。在发展中国家方面，美国提议在《联合国气候变化框架公约》下推动发展中国家履行其承诺。此外，美国对国际碳交易再次进行了重申，认为应该开展国家间碳排放权交易，通过市场手段实现各国的碳减排目标，并于不久对关键因素进行了详细的说明。但是，其中不乏对本国利益的坚守，及对发展中国家的无理要求。

1997 年 6 月 25 日，美国参议院以 95:0 票通过了"伯德·哈格尔决议"，决议要求美国政府不得签字同意任何"不同等对待发展中国家和工业化国家的有具体目标和时间限制的条约"，因为这会"对美国经济产生严重的危害"。然而面对如此压力，出于美国环境外交复兴的考虑，1998 年 11 月 12 日，美国副总统戈尔在《京都议定书》上签了字。但是考虑到参议院当时的态度不可能通过该条约，在这种情况下，克林顿政府没有将议定书提交国会审议。国会的强硬态度令克林顿政府在气候变暖国际合作中所做的任何承诺都成为泡影。

（二）积极的国际低碳行动

克林顿总统上台之初，便对全球碳减排问题持积极态度，宣布到 2000 年美国会将其碳排放总量降至 1990 年的水平。在执政初期的几年中，克林顿总统首先提出英热单位税（British Thermal Unit，BTU）方案，即通过燃烧释放热量的计算对企业主体征税，以期达到减少碳排放的目的。不久，又提出了旨在促进美国工业发展和提高能源效率的全国性气候行动方案。然而，迫于国会的反对和压力，克林顿政府屡屡受挫，步步妥协。直至 1995 年 12 月形势出现变化，克林顿政府突破重重阻力，凸显出其在碳减排问题上的积极作为。其中的标志性事件是总统公开承认并认可了 COP 2 报告的科学性与可信性，由此拉开了美国相对积极投身国际碳减排的帷幕。此后的第三次至第六次缔约方会议上，均能看到美国的身影，开启了美国在国际碳减排中的"有为"状态。

1996 年 7 月的第二次缔约方会议上，美国副国务卿蒂姆·沃斯的演讲标志着美国的国际态度由以往的消极开始转向相对温和。他强调："政府间气候变化专门委员会的努力成为国际关切的基础，这让我们明确美国的观点，即科学要求我们采取紧急的行动。美国将采取灵活的和成本有效的并且以市场为基础的解决方案。"美国就国际碳减排机制的设定提出了自己的四方面建议。首先，国际协议应集中在具有约束力的中期而非长期目标。其次，由于经济具有波动性，国际减排应具有灵活性。再次，强调推动减排的合规性，并建立完善的核查机制。最后，重申了美国的立场和发展中国家的参与问题。虽然没有具体提出本国的减排目标和时间表，但是可以看出美国政府并不排斥制定具有约束力的减排目标，这较之前历届政府已经是一个较大的进步。

1997 年 12 月的第三次缔约方会议之前，克林顿总统便在一次讲话中承诺将会使美国 2008～2012 年的碳排放量降至 1990 年的水平。虽然较之前他在 1993 年宣布的 2000 年将美国碳排放量降至 1990 年的水平略显宽松和灵活，但是暗示出美国在碳减排问题上开始接受短期目标的制定。然而，所有的一切并非无任何条件。克林顿政府仍然强调发展中国家的参与将会成为美国在任何国际条约上签字的前提。1997 年，第三次缔约方会议在日本京都召开。美国较为重视，并带来了其强大的由各个相关部门官员及不同团体组织成员组成的团队。然而会议并非想象中的一帆风顺。谈判之初，各国的观点及建议存在较大差异，其中矛盾最为突出的是欧盟和美国。美国反对欧盟雄心勃勃的减排目标，并继续坚持碳排放权交易，认为温室气体应为 6 种而非欧盟所说的 3 种。面对僵局，美国副总统赶到京都，呼吁美国代表增强谈判的灵活性。他指出："我们的代表团如果能够达成一项综合计划，这项计划具有现实的目标和时间表、市场机制和关键的发展中国家的有意义参与，那么代表团应该表现出更多的谈判灵活性。"美国强调减排目标的折中方案，引来其他国家的相对妥协与让步，使得各国立场逐渐趋近，逐步达成多项共识，最终迎来了《京都议定书》的签订。根据《京都议定书》的规定，到 2008～2012 年将温室气体排放量减至 1990 年的 93%，由此美国的国际碳减排行动又向前推进了一大步。

在第四次缔约方会议之前，克林顿总统就碳减排问题作出表态，认为全球气候恶化将会给人类带来巨大的威胁。同时，总统再次强调碳排放引发气候恶化的观点具有科学性和可靠性，如果迟迟不采取行动，将会影响人类的可持续发展。1998 年 11 月，第四次缔约方会议在布宜诺斯艾利斯举行，最终达成《阿根廷公告》。此公告成为美国联邦政府回绝美国国会及工业集团等反对派的有力政治催化剂。公告达成的当天，美国透露，次日会在纽约签署《京都议定书》。美国副财长艾森史德给出了签署理由："在采取这一行动的同时，我们重申我们的承诺，即在此协助各国解决气候变化带来的挑战。我们坚信《京都议定书》的签署将符合美国环境、经济和国家安全目标。"在美国的带动下，60 多个国家的代表随后也在《京都议定书》上签字。此举受到普遍的欢迎，并受到各环保组织的称赞。

虽然表面上看，《京都议定书》的达成实际上是在京都的第三次缔约方会议上，然而随后的局势发展表明协议是附着很多"无形条款"的。在后京都时代的谈判中，即从第四次到第六次缔约方会议，美国在一些关键问题上还是总体稳定的，但是越来越趋向具体化。在这些问题上，相对于欧盟等国，美国还是更加倾向于通过建立市场机制来解决全球碳减排问题。其中，具有里程碑意义的会议为 2000 年 11 月的第六次缔约方会议（海牙会议）。此时，美国一方面坚持排放权交易机制，另一方面要求以碳汇的手段达到减排目标。碳汇是当时美国实现其《京都议定书》中所承诺目标的最好方式，因为美国可以利用较低成本来帮助其他国家进行植树造林，以此来抵消美国的排放量，换取更大的排放。由此可见，美国仍然从本国利益最大化角度出发，坚持固有立场，避免任何与其国内经济发展相悖的国际行为。但总体上看，美国政府还是非常热衷于签订预期的《海牙议定书》的。在此期间，克林顿总统也试图劝说欧盟中的一些反对国，使其接受由英国副首相约翰·普雷斯科特提出的折中建议。在某种意义上，第六次缔约方会议被看做一个小小的"机会之窗"。

二　国内态度：相对积极

克林顿就任总统不久，便显示出了其在国内低碳经济方面的积极性。美国完成了从以前历届政府"是否减排"到"何时减排、如何减排"的蜕变。然而，政策的出台和实施过程也不乏重重阻力。

《1992 年能源政策法》很大程度上体现了民主党的能源政策框架，而克林顿总统也很好地继承了这一政策。法案以提高能源效率、充分利用可再生能源和减少环境污染为主要侧重点，非常完美地迎合了总统克林顿与副总统戈尔选举之初的政策偏好。克林顿总统根据戈尔关于二氧化碳及气候变暖的政策主张，不但制定各项减排措施，而且将碳减排优先定位在能源效率、可再生能源、替代燃料汽车等领域。

1993 年 6 月，克林顿总统组织召开"政府气候变化会议"，并于 4 个月之后发布的《气候变化行动计划》中首次设定了"到 2000 年将碳排放量减少 1.09 亿吨"的减排目标。克林顿政府起初试图通过税收（对燃料征收 Btu 税）手段作为碳减排的突破口，旨在增加税收收入，减少联邦预算赤字，并间接达到节能减排的目的。然而，此措施一经宣布，就遭到产业集团及消费者的广泛批评，最终只有小幅增加联邦汽油税部分得以留存，其余部分均以失败而告终。在税收手段失败以后，美国开始尝试倡导排放权交易手段。1998 年，总统经济顾问委员会公布了名为《京都议定书及气候变化之总统政策》的评估报告，并对美国碳减排的成本进行了评估。该报告指出，如果利用排放权交易等市场激励手段抑制二氧化碳的排放，美国达到《京都议定书》设定的减排目标成本仅为 GDP 的 0.5%，不会对美国经济发展造成明显影响。

此外，克林顿政府在新能源利用及能源效率提高方面也制定了一系列的政策及措施。其宣传方案鼓励使用可再生能源，强调提高能源利用效率，倡导开发替代燃料汽车，号召在发电和交通方面多利用天然气。具体表现为：能源部逐渐把研究开发基金和政策动议从煤炭的研究开发项目转向强调能源效率的提高、再生能源的供给及开发利用可再生能源汽车；支持联邦资金用于开发能够提高炼油生产率的新技术；支持重新核算正在运行的核电站，继续研究高反应堆技术；与本国汽车行业合作，开发具有更高燃料效能的汽车技术等方面。但是，克林顿政府的某些努力先是受制于联邦预算，无法增加研究开发费用和提供税收补贴；而后又受制于共和党人控制的国会，其限制克林顿政府提高车辆设备效率标准的努力，也不让克林顿政府为开发可再生能源和研发替代燃料汽车（天然气、电动和混合动力汽车）提供较大的税收激励；最后又受制于电力部门实施重组和竞争方案的意外加速，从而使克林顿政府无法利用针对受规制的垄断部门的"综合资源规划"（Integrated Resourcing Planning，IRP）来补贴高效率能源、可再生能源和电动车的基础设施。

表 3 - 1　1993 ~ 2000 年克林顿执政时期美国低碳经济政策列表

年份	政策名称	政策手段	政策范围
1993	清洁城市	自愿手段;经济手段	交通运输
1994	替代燃料免税	经济手段;财政/金融激励	交通运输;能源部门
1994	部落能源计划	经济手段;咨询与教育	电力、可再生能源及建筑
1996	精明增长计划	研究开发;经济手段	多部门政策
1997	碳封存项目	研究开发	碳捕捉与存储
1998	智能能源"学校"	信息/教育;咨询/援助	建筑
1999	可再生能源和分布式系统集成计划	研究开发	传统能源与可再生能源发电
1999	清洁燃料资助计划	经济手段	交通运输
1999	能源效率和可再生能源国际活动	自愿手段;研究开发	多部门政策
2000	公共伙伴关系——拯救气候	自愿手段;研究开发	工业部门
2000	生物质能研发计划	监管手段;经济手段	可再生能源发电

资料来源：国际能源署（International Energy Agency，IEA）。

第二节 小布什的消极低碳经济政策

就低碳经济问题，小布什政府在国际层面的减排态度显得相对消极。不过，在国内层面虽然仍然漠视温室气体减排问题，却积极推行了一系列减排措施。

一 国际态度：消极并退出《京都议定书》

2001年小布什就任美国总统，在气候变化方面表现出消极与无为的态度。同年3月13日，布什总统在给几位参议员的信中，表明抛弃他在竞选时做出的管制发电厂二氧化碳排放的承诺，并且显示出反对《京都议定书》的态度。3月28日，美国国家环保局局长惠特曼以议定书不符合美国国家利益为由，作出声明并宣布美国将退出《京都议定书》。此次声明可谓美国退出《京都议定书》的最明确表示。同一天，小布什总统宣布美国放弃执行《京都议定书》。他说："《京都议定书》是无效的、不适当的，对美国是不公正的……我们不打算接受有损我们的经济并给美国劳动者带来伤害的计划。"① 此言一出，犹如给国际气候合作投下一枚重磅炸弹，引来国际社会一片哗然。布什政府单方面宣布退出《京都议定书》，标志着美国在气候问题态度上的另一个拐点。

2001年6月，小布什政府内阁在关于气候变化战略审查的初步报告中提出了美国拒绝《京都议定书》的理由。

第一，《京都议定书》某种意义上排除了发展中国家需承担的减排义务，因此对于应对气候变化是无效的。2001年3月13日，布什总统在给几位参议员的回信中表明了他对《京都议定书》的反对态度。他说："我之所以反对《京都议定书》是因为它排除了世界上80%的部分，包括主要的人口中心，例如中国和印度。"② 《联合国气候变化框架公约》谈判以来，以美国为首的少数发达国家就一直试图套压发展中国家承担减排或限

---

① 阎静：《后冷战时期美国环境政策与国家安全战略评析》，《南京农业大学学报》（社会科学版）2008年第3期。
② 周放：《布什为何放弃实施〈京都议定书〉》，《全球科技经济瞭望》2001年第10期。

排义务。虽然公约先确立了共同但有区别的责任原则,强调发达国家应率先采取行动应对气候变化及其不利影响,但美国仍继续以气候变化是全球性问题为由极力要求发展中国家也"自愿承担"限制温室气体排放任务。

第二,《京都议定书》中减排目标的设定并非以科学为基础。小布什政府对全球气候变化科学性的质疑主要体现在以下两个方面:一方面,对二氧化碳与气候变化的因果关系表示怀疑;另一方面,对气候变化是否将对全球产生巨大影响持怀疑态度。美国将矛头指向了联合国政府间气候变化专门委员会的研究报告及成果,不但质疑联合国政府间气候变化专门委员会报告的准确度,而且认为报告的结论只是推论而非事实,缺乏严谨性。总之,虽然全球气候恶化已成为不争的事实,并被科学家广泛论证和认可,但是仍无法阻止小布什总统对其缺陷的质疑。

第三,《京都议定书》目标的合适性值得进一步论证与探讨。小布什政府认为美国要实现《京都议定书》所规定的减排目标,即 2008~2012年温室气体排放量比 1990 年下降 7%,无论如何都是巨大的挑战,当时现有的市场经济机制不可能自动完成这个任务,需要强有力的政策干预,这将使美国的经济付出巨大的和不必要的成本。小布什政府认为,过多的保护环境规定很有可能阻碍经济增长,尤其要求电力企业减少二氧化碳排放,势必会推动发电厂的能源消费由煤炭转到天然气,造成电价上升。

第四,《京都议定书》会阻碍全球及美国的经济发展。美国政府强调:就美国而言,如果实行带有碳交易的《京都议定书》将会造成 2010年后美国 GDP 1%~2% 的减少;而就其他国家而言,其减排目标也很难得以实现。2002 年 2 月 14 日,布什总统在发布新的环境方案时指出:首先,《京都议定书》将给美国带来较大的减排成本,相当于 4000 亿美元的经济损失和 490 万个就业岗位损失;第二,由于发展中国家参与性缺失,因此整个协议有失公平性。"作为负责捍卫美国人民和美国工人福祉的总统,我不会使我们的国家委身于一项将使几百万国民失去工作的糟糕条约。"此外,从其他国家购买减排配额来实现美国的减排目标势必将会使美国陷入依赖他国的不利境地。

二　国内态度：相对积极

退出《京都议定书》之举使美国陷入国际社会的强烈谴责。但是，就国内而言，小布什政府深知低碳经济的优势与巨大潜力，因此美国并没有停止提高能源效率和发展可再生能源的脚步。在小布什总统执政期间，美国制定了一系列有关低碳经济的法律法规和激励措施。

（一）相关政策

当时的美国国会中有很大一部分人对全球气候变暖与人类温室气体排放间的因果关系的科学性持怀疑态度，因此当时有关低碳经济政策的制定也是从消除此种疑虑开始的。

2001 年 5 月，针对此种疑虑小布什总统要求美国国家科学总院的国家研究委员会（NRC）对气候变化的认识情况进行调查和研究。国家研究委员会在调查报告中得出结论："过去几十年观察到的气候变化很有可能是人类活动造成的，但我们不能排除其中有些较大的变化也是自然变异性的反映。"

2001 年 6 月，联邦政府发表内阁气候变化工作小组临时报告，小布什总统宣布要实施"全国气候变化技术计划"（NCCTI）。此计划获得了联邦政府的大笔拨款，旨在开展气候变化研究和其他活动，它预示着美国意图在气候变化技术上取得世界领导地位。小布什总统声称："我们将制订'全国气候变化技术计划'，以加强高校和国家实验室的研究，促进在应用研究上的合作，完善温室气体排放监测技术和扶持先进技术示范项目。"

2002 年，小布什提出 2002～2012 年温室气体减排 18% 的目标（不具约束力），联邦政府为此推出了"行业自主创新行动计划"（Climate VISION）、"气候领袖"（Climate Leaders）、"能源之星"（Energy Star）和"高效运输伙伴计划"（Smart Way Transport Partnership）等项目，全部都是由企业通过与政府合作，自愿减少温室气体排放量，这些项目运作至今。

同年，小布什政府将 1990 年启动实施的"美国全球变化研究计划"（USGCRP）与自己制订的"气候变化研究优先行动计划"（CCRI）合并，并命名为"美国气候变化科学计划"（CCSP），由美国商务部主导。不久，又制订了"美国气候变化技术计划"（USCCTP），由美国能源部主导。前者主要负责制定联邦政府所扶持的研究项目的战略方法，后者建立旨在提高能源效率、发展减排技术和二氧化碳回收与储藏技术的一个统一协调的方案。

2003 年 7 月，CCSP 制订战略计划，并确立了 5 项研究目标：①加深对地球过去和现在的气候和环境及其自然变化的认识，加深对所观测到的气候及环境变化原因的理解；②改进引起地球气候和相关系统变化的强迫量化研究；③减少未来地球气候和相关系统变化预测的不确定性；④了解自然和人为管理生态系统以及人类系统对气候和全球变化的敏感性和适应性；⑤探索新知识的用途并识别其局限性，以管理与气候变化相关的风险和机遇。[①]

此后，面对国际和国内社会有关碳减排的强大呼声与巨大压力，美国开始加大其推行低碳经济政策的力度。2005 年 6 月，《关于制定约束性减排目标的决议》的通过标志着美国参议院告别了"伯德·海格尔决议"的立场。两个月后，美国又通过了《2005 国家能源政策法案》。法案创新性地提出将金融工具应用到美国可再生能源的发展中，并尝试在不增加减排成本的基础上对气候变化进行研究。此后，小布什政府又相继提出《2007 能源独立与安全法案》《2007 低碳经济法案》《2008 气候安全法》等，在时间上将美国的碳减排目标进一步推进。

此外，在国际合作方面，资助对发展中国家有关减缓气候变化的技术转让并帮助发展中国家加强应对气候变化能力建设，投资 2500 万美元用于支援发展中国家建立气候观测系统；提供全球环境基金，用于支持向发展中国家转让温室气体和二氧化碳吸收技术及相关培训；为美国国际发展署提供资金，用于支持向发展中国家转让环保技术；美国加强在气候变化问题上的双边和多边国际合作，与欧盟、日本、加拿大、中美洲等国家和地区签订了合作协议，合作涉及全球和地区气候模式、温室气体减排技术和碳循环技术研究、降低碳技术研究、能源的合理利用、环境立法、可持续发展等。

---

① 王守荣：《美国气候变化科学计划综述》，《气候变化研究进展》2011 年第 11 期。

（二）相关政策的特点

1. 倡导自愿减排措施

小布什在国际会议上多次提到各国应该采取自愿减排的方式，在国内的各项政策中也如其所言，并将其体现于国内的多项政策中。例如，2002 年 2 月 15 日，布什政府提出了美国温室气体"自愿减排"计划，宣布对那些自愿减排的商业企业予以税收激励；此外，《2005 国家能源政策法案》主张依靠税收优惠、补贴等奖励手段来激励公众自愿使用节能产品，降低能耗，而不是以行政手段强迫公众进行节能。为了鼓励自愿减排，政府积极加强与企业间的合作，例如能源部与通用汽车等公司合作，研发以氢为原料的电池技术，并投资 5 亿美元与西门子、西屋等公司合作研发燃料电池技术；完善自愿减排登记制度，提高登记制度测量方法的精确度和可靠度，同时提倡商业、企业界和个人在减排方面采取灵活的减排指标和措施，鼓励企业和个人采取创新的方法，以减少温室气体的排放。

2. 重视能源效率及新能源发展

小布什任期内美国就提高能效及清洁能源的发展推出了多项政策。从《21 世纪清洁能源的能源效率与可再生能源办公室战略计划》，到 2003 年美国能源部出台的《能源部战略计划》，再到《2005 国家能源政策法案》，不但把"提高能源利用率"上升到"能源安全战略"高度，而且通过税收政策、各种标准、优惠政策和科研力量等各项措施促进低碳经济的发展。一方面，大力发展低排放二氧化碳的优质能源天然气，采用先进技术增加天然气的产量，减少在政府公共土地上开发天然气的限制，增加天然气的产量；另一方面，重新审视核电能的利用与发展，修改相应的核法规和标准，采用税收政策激励核能的生产，缩短核选址、建造和运行审评及发照时间。同时，积极开发利用清洁能源，2003 财年的财政预算中投入 5.5 亿美元用于清洁能源的税收优惠，并在之后的 5 年内将投入增加至 45 亿美元，其中包括太阳能、风能和生物质能、氢能、燃料电池汽车、联合电热系统等行业的税收优惠。

3. 重视低碳技术创新

小布什政府时期对于低碳技术的重视主要体现在"美国气候变化

技术计划"（CCTP）中。此方案拥有六大战略目标，这六大目标是：①提高能源效率并减少基础设施的排放量。②减少能源供应端的排放量。③碳回收与储藏技术。④减少非二氧化碳温室气体的排放量。⑤提高监测温室气体排放的能力。⑥促进基础科学对技术发展的贡献。与此同时，小布什政府还相应在不同行业推出了一系列的低碳技术发展与创新项目。在生产制造节能技术方面，2008 年 10 月，能源部向能源集约型产业提供为期 3 年、总额 2600 万美元的经费用于能源效率提高技术的研发，以达到减少温室气体排放及在 2015 年前将美国制造业轻度缩减 25% 的目的。在太阳能技术方面，根据小布什总统"阳光美国计划"（Solar America Initiative），能源部在 2008 年 9~10 月对新一代太阳能发电技术提供了 1760 万美元的研发投资并对与蓄热式集光型发电技术有关的 15 项研发项目提供了 6760 万美元的资助。在生物质能技术方面，小布什在执政期间先后推出"生物质研发计划"（Biomass Research and Development Initiative，BRDI）、"全球生物能源伙伴关系"（Global Bioenergy Partnership，GBP）、"国际生物燃料论坛"（International Biofuels Forum，IBF）、"先进生物燃料的生产补贴"（Grants for Production of Advanced Biofuels，GPAB）等政策措施，旨在通过自愿手段、财政金融等经济激励手段、研究开发等手段推进美国生物质能发电技术的研发，提高生物质燃料的利用率。在替代燃料汽车技术方面，2009 年 1 月，能源部为替代燃料汽车技术的研发项目提供了 1500 万美元的资助。

第三节　奥巴马的积极低碳经济政策

奥巴马的上任可谓"生不逢时"，上任之初就面临 2008 年的世界经济危机，当时他最迫切的任务就是收拾美国金融危机的残局。在这种情况下，奥巴马通过何种途径重振美国经济成为各个国家不断热议的话题。全世界不断发出疑问：奥巴马将剑指何方？美国路在何处？事实证明：绿色革命（即低碳经济）毋庸置疑成为奥巴马重塑美国经济实力的几大措施之一。

一 国际态度：活跃

奥巴马总统上任之初，除了在国内大搞绿色革命外，最夺人眼球的是其在国际上的积极态度。和美国之前历届政府在气候问题上无为与消极的态度形成鲜明反差的是，奥巴马总统在某种意义上将自己打造成全球"气候领袖"，积极投身于绿色经济，并大打清洁能源合作之牌，不但积极参加国际能源与气候会议，而且积极促成双边的能源气候合作（见表3-2）。

表3-2 气候变暖问题上奥巴马与小布什总统的比较

事件	小布什总统	奥巴马总统
选举活动中的态度	富有同情心的保守派，减少规章制度，强调环境友好，降低碳排放	气候变化是21世纪的重大问题，因此是其日常工作中的重要组成部分
气候变暖的威胁性	持质疑态度，怀疑其科学性	同意其威胁性，并认为迟早会发生
对于科学证据持有的态度	认为具有不确定性，因此一直推迟采取行动	认为科学界对此问题已达成共识，气候变暖是亟待解决的问题
《京都议定书》的基本原则	反对此协议，认为其具有缺陷，并会阻碍美国经济发展和就业	支持此协议，努力促成《后京都议定书》
目标偏好	支持以市场为基础的方法和主张企业自愿减排行为	主张工业中采取强制性及限额和交易的方法
美国关于全球气候变暖的方案	支持单边、独立行动	支持多边行动，主张国际合作
美国在全球气候变暖中的地位与作用	由于丧失了领导权，受到国内外谴责	正在寻求国际合作以解决该问题

资料来源：Byron W. Daynes, Glen Sussman. Economic Hard Times and Environmental Policy: President Barack Obama and Global Climate Change. Presented before the 2010 Annual Meeting of the American Political Science Association, September 2-5, 2010, Washington, D. C. 。

（一）国际气候领袖

1. 国际气候谈判

2009年12月，哥本哈根世界气候大会在丹麦首都哥本哈根召开。发达国家和发展中国家领导人齐聚一堂，同意以国际透明的方式共同采取行动，限制温室气体排放。这在世界气候大会的历史上具有里程碑的意义。在会议之前，美国就宣布将积极参加此次会议，并为缔结新的有关气候变化的国际公约起到"领导作用"。同时，奥巴马政府对中期和长期的减排目标做了积极的承诺。美国提出了 2020 年将比 2005 年削减 17%、到 2050 年削减 83% 的目标。这标志着美国已经开始向积极的方向转变。

表 3 - 3   美国承诺到 2020 年减少温室气体的排放量

基准年	绝对值变化	人均收入变化	经济变化的温室气体排放强度
1990	-4% 包括 LULUCF -3% 不包括 LULUCF	-29% 包括 LULUCF -28% 不包括 LULUCF	-47% 到 -54% 包括 LULUCF -47% 到 -53% 不包括 LULUCF
2000	-21% 包括 LULUCF -16% 不包括 LULUCF	-34% 包括 LULUCF -29% 不包括 LULUCF	-46% 到 -52% 包括 LULUCF -42% 到 -49% 不包括 LULUCF
2005	-17% 包括和不包括 LULUCF	-27% 包括和不包括 LULUCF	-37% 到 -43% 包括和不包括 LULUCF

注：LULUCF——Land Use, Land - Use Change and Forestry（土地利用，土地利用变化和林业）。
资料来源：美国能源信息管理局（U. S. Energy Information Administrstion, EIA）。

2010 年 11 月，坎昆气候大会召开。最终，各缔约方一致同意将在应对气候变化的资金、技术和透明度工具方面积极支持并延续《哥本哈根协议》。美国国务院称："任何国家，不论大或小，富裕或贫穷，都无法摆脱气候变化的影响。这是一个全球性问题，奥巴马政府致力于领导全球的温室气体减排工作，投资于清洁能源技术，走向未来的可持续增长。"[①]

2011 年 12 月德班气候大会之前，奥巴马总统在联合国大会上表示："为了保护地球，人类必须采取行动解决气候恶化问题，必须挖掘科学的力量去拯救稀缺资源。我必须继续在以往哥本哈根和坎昆会议成果的基础上，继续努力，取得进展。总之，为了子孙后代的幸福，人类必须转变能源发展方式，推进可持续经济发展。"在德班气候大会上，美国和国际社会采取了重要的行动使坎昆协议的关键要素得以实施。同时，组建工作组，启动绿色援助基金，即 2010 ~ 2012 年 3 年内在气候变化项目上发达

---

① U. S. Department of State Dipolmacy in Action，http：//www. state. gov/e/oes/climate/cop16/index. htm.

国家向发展中国家提供 1000 亿美元的资金。此外，会议发起谈判，要求达成一项于 2020 年起开始生效的法律文书，奥巴马总统认为美国将在此法律中占有重要的国际领导地位。

2. 其他国际会议

（1）主要经济体论坛。2009 年 4 月，奥巴马上台不久就参加了两个重要的国际性会议，分别是"主要经济体能源和气候论坛"（Major Economies Forum on Energy and Climate）的第一次预备会议和第五次美洲国家首脑会议。前者由中国、欧盟、澳大利亚、印度等 17 大经济体参加，并在华盛顿举行，之后在意大利博洛尼亚举行了峰会。最终，会议在控制温室气体排放、发展清洁能源技术和帮助不发达国家减排资金援助等方面达成了共识。后者旨在加强美洲间各国的低碳经济合作。会议的一大亮点是奥巴马总统提出的"美洲国家能源和气候合作计划"（Energy and Climate Partnership for the Americas，ECPA）。总统的愿景在于分享信息和制定解决方案，以实现集体的能源和气候目标。ECPA 成员国提供自愿和灵活的框架，在开发可再生能源、提高能源效率、使用清洁高效的化石燃料、减少能源贫困建设、建设能源基础设施、气候变化减缓与森林土地可持续发展等方面推进合作，促进美洲包括巴西、加拿大、墨西哥、秘鲁等在内的各个国家和组织间的低碳经济发展合作。

（2）北美领导人峰会。2009 年 8 月，在墨西哥城市瓜达拉哈拉举行的第五届北美领导人峰会上，美国、加拿大和墨西哥三国最终达成了《关于气候变化和清洁能源的北美领导人宣言》，各国重申应对气候变化的紧迫性和必要性，强调在过去北美领导人宣言为北美地区的环境保护、可再生能源开发、能源效率提高提供了宝贵的双边合作平台。三国领导人提出"低碳北美"的愿景，并就以下几点达成共识：①制定和执行减排的中期和长期目标；②发展各自的低碳增长计划；③强调金融工具在减排行动中的作用；④增强减排计划的国家和地区执行力；⑤加强减排测量与核实工作的推进；⑥推进排放权交易制度；⑦推进"气候友好"关系和低碳技术合作。2012 年 4 月的第六届北美领导人峰会上，美国、加拿大、墨西哥三国又达成《北美领导人联合声明》（Joint Statement by North

American Leaders)，用以增进三国经济福祉，实现经济社会安全，并承诺继续努力推进绿色基金、气候融资计划及清洁能源合作计划，以应对全球气候变化的挑战。

（3）联合国气候变化首脑峰会。2009 年 9 月，联合国气候变化首脑峰会上，奥巴马总统就应对气候变化的紧迫性、发展清洁能源、提高能效、对发展中国家提供帮助等方面做出了表率与承诺。在会议上，奥巴马总统强调："所有国家都有责任应对气候变化的威胁。美国已经在国内采取了前所未有的行动，包括实施清洁能源解决方案、历史性的投资、减少对石油的依赖、创造就业机会等。在国际上，美国将致力于气候变化问题上的双边和多边合作，同意参加哥本哈根气候大会。"此外，奥巴马总统呼吁发达国家在国际碳减排问题上起到表率作用，帮助发展中国家、贫困国家最终走上能源与气候的可持续发展之路。

（4）清洁能源部长级会议。2010 年 7 月，全球首次清洁能源部长级会议，即世界各国能源部长的高级别会议召开。会议由包括奥巴马在内的"主要经济体论坛"（Major Economies Forum）领导人发起，并由美国前能源部长朱棣文主持，旨在帮助各国减少碳排放，并发展新兴的清洁能源经济。会议最终在低碳转型目标、提高能源效率、清洁能源和可再生能源的技术路径、政策选择的研究和探讨上取得了很大进展。

（5）APEC 峰会。2011 年亚太经合组织（APEC）首脑会议上，奥巴马总统担任会议主席。与会领导人一致同意：消除环境生产和服务方面的非关税壁垒，包括地区成本的要求，到 2015 年对此类货物和服务的关税削减至 5%。这将有助于降低成本，促进清洁技术的传播，并创造就业机会。领导人还承诺逐步淘汰低效化石燃料补贴，旨在到 2035 年 APEC 经济体的能源强度降低 45%。

（6）气候变化和清洁空气联盟。2012 年 2 月，美国发起了"气候和清洁空气联盟"（Climate and Clean Air Coalition）。合作伙伴包括孟加拉国、加拿大、加纳、墨西哥、瑞典和联合国环境规划署。联盟旨在减少短期气候污染，并为全球应对气候变化和保持空气质量做出贡献。由于甲烷、黑碳、氢氟烃（HFCs）占全球污染排放的 1/3 左右，因此，减少其排放可以防止每年超过 2 万人的过早死亡，避免每年超过 30 万吨农作物的损失，提高能源安全，应对气候变化。

除此之外，在其他非低碳专题会议上奥巴马政府也多次提到低碳与能源的发展。在二十国集团会议上，奥巴马总统与各国领导人讨论了逐步减少传统能源补贴的问题。同时，在八国集团与发展中五国会议上与各国就如何以"大国合作模式"解决全球气候恶化问题展开了讨论与分析。

（二）国际气候合作

在积极参加全球气候峰会争当世界"气候领袖"的同时，奥巴马总统也不忘在双边交流和合作中表现出对全球碳减排、发展清洁能源、提高能源效率等方面的关注和重视。

1. 与发达国家合作活动

奥巴马政府与发达国家在低碳能源、碳市场等领域积极展开合作。2009 年 7 月 14 日，鉴于荷兰在应对海平面上升问题上投入巨大并富有经验，美国与荷兰共同促进清洁能源领域的合作。不久美国与智利协商在太阳能等清洁能源技术方面进行合作。

2009 年 9 月 16 日，美国与加拿大联合发布了"美加清洁能源对话行动计划"。双方宣布就清洁能源研究与开发、碳捕捉与封存技术研究与开发、清洁能源电网的研究与开发三方面展开合作，以减少温室气体排放，逐步向低碳经济转型。此后，两国在清洁能源领域的合作不断加深。此后，2012 年 7 月 26 日，美加两国就此前的"清洁能源对话机制"展开了第二轮的行动计划，明确了两国进一步对话的优先领域。

2009 年 11 月 3 日，在美国与欧盟的会谈中，双方共同探讨了碳市场的发展问题。此后，双方先后签署了 2010 年 6 月 1 日的《推动亚速尔群岛应对气候变化项目》（Project Aims to Make Azores Islands a Climate Change Model）、2010 年 10 月 5 日的《美国—欧盟区域和地方合作的谅解备忘录》（Memorandum of Understanding on US-EU Cooperation at Regional and Local Levels）、2011 年 10 月 12 日的《七大汽车制造商联合开发电动车快速充电的解决方案》（Seven Auto Manufacturers Collaborate on Harmonized Electric Vehicle Fast Charging Solution）等协议，旨在联合推进低碳技术和

低碳产业的发展。

2009 年 11 月 13 日，美日两国领导人就继续采取措施应对气候变化达成协议，并就智能电网、碳捕捉与封存、核燃料技术、可再生能源开发及能源效率提高等方面展开了合作。2013 年 4 月 14 日，美国和日本发布《美日气候合作联合声明》（U. S. - Japan Fact Sheet on Climate Change Cooperation）。两国认为气候变化已经对全球所有国家的安全和经济发展构成威胁，并将启动新一轮的双边对话，旨在推动一个全新的、可行的、全球性的"后 2020 国际协议"，以推动低碳发展、促进低碳增长、保护资源环境、造福子孙后代。

2. 与发展中国家的合作活动

美国积极展开了与发展中国家的合作。2009 年 4 月 16 日，奥巴马总统与墨西哥总统卡尔德龙签订《美墨清洁能源与气候变化双边框架协议》，宣布加强和深化美国和墨西哥两国的清洁能源和气候变化方面的合作。双边框架集中在开发可再生能源、提高能源效率、建立市场机制、林业和土地利用、绿色就业、低碳能源技术的开发和能力建设等方面。框架旨在促进边境地区的合作，同时减少两国温室气体的排放、加强跨境电网的可靠性及能源领域的贸易。

2009 年 11 月 17 日，奥巴马总统与中国前国家主席胡锦涛在清洁能源合作方面签署协定，其中包括多项内容：①建立中美清洁能源研究中心；②推出中美电动汽车倡议；③推出中美能源效率行动计划；④建立新的中美可再生能源伙伴关系；⑤"21 世纪煤炭"承诺联合促进煤炭的清洁使用；⑥推出新的中美页岩气资源计划；⑦建立中美能源合作项目。

2009 年 11 月 24 日，奥巴马与印度总理辛格就能源安全、能源效率、清洁能源和气候合作等方面签署了一份谅解备忘录，并宣布建立促进两国能源安全、气候安全和食品安全的"绿色伙伴"关系。两位总统宣布两国会将以往的战略合作伙伴关系推向另一个新的阶段。两国元首就能源安全与气候变化问题是世界的问题、可持续发展和发展清洁能源是未来全球重要的目标等问题达成一致看法，并宣布两国将在风能和太阳能、第二代生物燃料、非常规天然气、能源效率提高和清洁煤技术、碳捕获和储存领域展开合作,以促进两国经济发展,并创造更多的就业机会。此外,美国会在环境管理、行政监管等方面对印度环保局予以支持与帮助。

2010 年 11 月 9 日,奥巴马总统在与印度尼西亚总统苏西洛举行双边会晤后,共同签署了一份全面伙伴关系协议。根据这份协议,美国和印度尼西亚将在贸易、投资、教育、能源、环境、国家安全等领域展开全方位的合作,以巩固和加强两国在未来的合作。

表 3 - 4   奥巴马任期内美国主要气候合作伙伴和时间列表

	伙 伴	时 间
发达国家	澳 大 利 亚	2009 年 3 月 24 日
	法 国	2009 年 3 月 30 日
	意 大 利	2009 年 6 月 15 日
	荷 兰	2009 年 7 月 14 日
	加 拿 大	2009 年 9 月 16 日
	丹 麦	2009 年 10 月 2 日
	瑞 典	2009 年 11 月 2 日
	德 国	2009 年 11 月 3 日
	挪 威	2009 年 12 月 10 日
发展中国家	墨 西 哥	2009 年 4 月 16 日
	中 国	2009 年 11 月 17 日
	印 度	2009 年 11 月 24 日
	印度尼西亚	2010 年 11 月 9 日

资料来源:根据美国国务院网站相关信息整理。

二 国内态度:积极

2009 年 2 月 4 日,奥巴马总统在美国国会宣布“我所提供的预算将重点投资经济的未来”,由此也开启了第一任期内的低碳经济之路。虽然立法失败,但是其在低碳经济方面的努力还是不能被忽视的。2013 年 2 月 12 日在第二任期首个国情咨文演说中奥巴马呼吁,为了“孩子和未来,美国应采取更多行动应对气候变化”。奥巴马表示,单个事件不代表趋势,但全球最热的 12 年均处于过去 15 年中,热浪、干旱、野火、洪水越来越频繁，强度也越来越大，"我们可以选择相信超级风暴桑迪、过去几十年中最严重的干旱以及一些州经历的最严重野火仅是吓人的巧合，我们也可以选择相信科学的压倒性判断，并在还不太迟之前采取行动"。

（一）ARRA 法案的提出

2009 年 2 月，奥巴马政府正式通过了《2009 美国复苏与再投资法案》（American Recovery and Reinvestment Act，ARRA），为奥巴马时期的低碳之旅奠定了一定的政策基础，并提供了一定的经济支持。在法案7870 亿美元的总投资额中，580 亿美元涉及气候、能源与环境领域，包括清洁能源的开发、节能增效和气候变化的应对、分散的汽车排放标准、绿色建筑开发、全新的智能电网、高效电池等方面。其中，新能源的开发和利用是其核心内容。

表 3 - 5　奥巴马政府经济刺激计划：绿色新政

单位：亿美元

	投资项目	投资金额
财政支出	智能电网,电网的现代化	110
	对州政府能源效率化、节能项目的补助	63
	对可再生能源(风力、太阳能)发电和送电项目提供融资担保	60
	对面向中低收入阶层的住宅的断热化改造提供补助	50
	联邦政府设施的节能改造	45
	研究开发化石燃料的低碳化技术(二氧化碳回收与储藏技术)	34
	对在美国国内生产制造氢气燃料电池的补助	20
	对大学、科研机构、企业的可再生能源研究开发的补助	25
	对电动汽车高性能电池研发的补助	20
	对可再生能源以及节能领域专业人才的教育培训	5
	对购买节能家电商品的补助	3
减税	对可再生能源的投资实行 3 年的免税措施	131
	扩大对家庭节能投资的减税额度(每户上限 1500 美元)	20
	对插电式混合动力车的购入者提供减税优惠	20

资料来源：蔡林海：《低碳经济大格局绿色革命与全球创新竞争》，经济科学出版社，第 6 页。

奥巴马称："驾驭清洁和可再生能源的国家将领导 21 世纪。"为此，奥巴马政府承诺在两年内建设六大领域的绿色基础设施项目，包括节能建筑、公共运输系统、智能电网、风电、太阳能发电、第二代生物燃料等。
在未来 10 年内投入 1500 亿美元用于资助风能、太阳能及其他替代能源的
研究与开发；加大对混合动力车、电动能源技术的投资力度，减少石油消
费量；大规模改造联邦政府办公楼宇，推动国内学校各项设施升级，增加
全国公共建筑的节能设施。

总之，《2009 美国复苏与再投资法案》在支持可再生能源和能效技术
的开发和利用的同时，还包含严格实施的具体内容，这在客观上促进了低
碳经济的发展。当然，奥巴马政府以开发新能源为核心的绿色新政并非仅
追求经济复苏的短期目标，更着眼于经济发展的未来，通过培育新能源产
业使其成为新的经济增长点，重振美国经济，并且在全球应对气候变化问
题上掌控主导权。

（二） ACES 法案的终结

《2009 美国清洁能源与安全法案》（The American Clean Energy and
Security Act of 2009，ACES）的提出可谓"千呼万唤始出来"，某种意义
上非常符合奥巴马总统的心意。然而，随着时间的推移，结果并不是非常
乐观。但是其"里程碑"意义不可忽视。

1. 《2009 美国清洁能源与安全法案》的提出

2009 年 5 月美众议院能源和商业委员会向国会提出《2009 美国清洁
能源与安全法案》。同年 6 月，众议院以微弱优势（219：212）通过了这
一法案，标志着美国在气候变化立法上迈出了重要一步。法案是继 2008
年利伯曼—沃纳法案在参议院被否决后，美国国内第一个明确国内减排目
标和行动的法律文件，具有划时代的意义。

法案篇幅很长，达 1428 页，分为清洁能源、能源效率、全球变暖污
染削减计划、向清洁能源经济转型、农业和林业相关减排抵消五个部
分。[①] 分别对可再生能源标准、碳捕获与封存、清洁交通、绿色账户、智
能电网、核电利用、节能增效、交通运输效率、绿色街区、排放权交易、
保护国内竞争力并向低碳经济转型、农林减排抵消、农林减排技术等做了

---

① Status & Summary. H. R. 2454 (111th)：American Clean Energy and Security Act of 2009，
http：//www. govtrack. us/congress/bills/111/hr2454/text.

详细的规定。这构成了美国向低碳经济转型的法律框架,表明美国在气候变化政策基调上的根本性转变。美国以期通过立法推动温室气体减排,发展清洁能源,向低碳经济转型。法案还做了一些具体数字上的规定。在可再生能源及提高能效方面,要求电力部门通过使用清洁能源发电和提高能源使用率来满足美国日益增长的电力需求,2012 年两者占总发电量的13%,2020 年达到 20%。同时,制定了温室气体减排的目标,2020 年、2030 年、2050 年温室气体排放量在 2005 年基础上分别减少 17%、42% 和83%。此外,在建筑能效方面,要求 2012~2014 年新建筑的能源效率较之前的基础建筑能效标准提高 30%;居民住宅从 2014 年 2 月起,商业建筑从 2015 年 2 月起,能效标准较基准建筑规范提高 50%。

2. 《2009 美国清洁能源与安全法案》的"夭折"与"里程碑"意义

《2009 美国清洁能源与安全法案》可称得上一项具有"里程碑"意义的法案。在众议院通过不久,奥巴马总统便在随后发表的一项声明中称,这是"勇敢和必要的一步"。他希望参议院能够很快通过这一法案。法案同时受到美国气候变化领域多家智库和环境非政府组织的支持。美国环保协会在法案通过后表示"这一具有里程碑意义的《法案》将通过创造数百万的新的就业机会来推动美国的经济复苏,通过减少对国外石油依存度来提升美国的国家安全,通过减少温室气体排放来减缓全球气候变化影响"。[①]

虽然受到各方支持,虽然被认为是一个有关能源环境的综合性法律,但《2009 美国清洁能源与安全法案》不得不在 2009 年 7 月 7 日止步于美国参议院,就此宣布"夭折"。止步的原因主要是一些参议员出于失业率的考虑无法争取到 60 票的赞成票。美国 2009~2010 年的失业率远超过1970~2009 年的失业率。此外,参议院少数党领袖麦康奈尔坚称,他的党团会议反对所有民主党支持的立法。最后,大的石油和煤炭公司,以及其他特殊利益集团,花费超过 500 万美元用于游说和宣传,以确保有足够的反对票反对法案的出台。

---

① 王伟光、郑国光编著《应对气候变化报告——2009 通向哥本哈根》,社会科学文献出版社,2009,第 324 页。

（三）其他法案的推动

鉴于《2009 美国清洁能源与安全法案》的"搁浅"，很多意图推动立法行动的议员和联邦机构重新起草了若干折中或妥协法案。

1. 第 111 届国会提案（2009～2010 年）

美国政府在第 111 届国会提出的法案多于第 112 届，有 10 多个，分别是：《清洁能源就业与美国电力法案》（Clean Energy Jobs and American Power Act）、《美国清洁能源领导法案》（American Clean Energy Leadership Act）、《2009 清洁能源法》（Summary of the Clean Energy Act of 2009）、《2009 清洁能源伙伴关系法》（Summary of the Clean Energy Partnerships Act of 2009）、《CLEAR 法》（Carbon Limits and Energy for America's Renewal Act）、《美国电力法案》（American Power Act）、《可再生能源促进法》（Summary of the Renewable Energy Promotion Act of 2010）、《国家能源效率促进法》（National Energy Efficiency Enhancement Act）、《摆脱石油依赖强国法》（Oil Independence for a Stronger America Act）、《实用能源与气候计划法》（Practical Energy and Climate Plan Act）、《电力汽车促进法》（Promoting Electric Vehicles Act）、《清洁能源就业与石油能源公司责任法》（Clean Energy Jobs and Oil Company Accountability Act）。这些提案涵盖气候变化的科学研究、碳税、税收优惠、碳捕捉与封存、清洁技术、国际应对等问题。其中，《清洁能源就业与美国电力法案》、《美国电力法案》、《CLEAR 法》为综合性法案，其余多为专门性法案。在专门性法案中，已经通过参议院各委员会投票的有《美国清洁能源领导法案》《电力汽车促进法》。

2. 第 112 届国会提案（2011～2012 年）

第 112 届国会中，有关气候、能源和环境的提案也层出不穷，其中比较重要并且未来在温室气体减排方面产生较大影响的政策法规有美国国家环保局提出的有关新电厂油厂的排放标准，以及《2012 清洁能源标准法》等。

（1）《新电厂温室气体排放标准》。2010 年 12 月，作为与美国各州和环保团体协调的结果，美国国家环保局宣布将提出针对新电厂的排放标准，并针对现有电厂提出强制排放指南。2012 年 4 月 13 日，美国国家环

表 3-6 美国第 111 届国会主要气候能源立法列表

名称	时间	内容
《清洁能源就业与美国电力法案》	2009 年 10 月	与《2009 美国清洁能源与安全法案》没有实质性区别。由于在参议院得票为 45 票,小于 60 票,因此处于搁置状态
《美国电力法案》	2010 年 5 月	法案内容确立了减排目标与时间表,鼓励利用排放权交易减排,提出提高传统能效与发展清洁能源并重,意图主导国际应对气候变化合作进程
《CLEAR 法》	2009 年 12 月	主题内容与《美国电力法案》高度一致。二者间的主要差别在于排放权的发放方式和对排放权交易市场的依赖程度
《美国清洁能源领导法案》	2009 年 7 月	加强能源生产、提高能效、明确可再生能源发展标准、发展智能电网和清洁能源技术等
《电力汽车促进法》	2010 年 6 月	通过增加全美电动车的保有量,降低石油依赖,减少温室气体排放,创造新的就业机会

资料来源:气候和能源解决方案中心(Center for Climate and Energy Solution,CCES)。

保局公布了《新电厂温室气体排放标准》 (Greenhouse Gas Emission Standard for New Power Plants)。此标准对美国碳减排具有很大意义,因为将近 1/4 的化石燃料电厂都已经为美国效力 40 年,到了该退役的年龄,并在不久的将来被新电厂所取代。此标准将会减少美国新电厂的二氧化碳排放。标准规定了 454kgCO_2/MWh 的新排放率,相当于复合循环天然气厂的排放率。

图 3-1 美国国家环保局关于《新电厂温室气体排放标准》时间表

资料来源:世界资源研究所(World Resources Institute,WRI)。

(2)《2012 清洁能源标准法》。《2012 清洁能源标准法》 (Clean Energy Standard Act of 2012,CESA) 规定,从 2015 年开始每个标准法中涵盖的电厂的电能必须有一部分从清洁能源中获得。清洁能源发电的比例逐年增加,直至 2035 年将清洁能源发电比例增加至年度总电力购买量的 84%(见表 3-7)。标准法的目标实现途径为:一方面可以通过清洁能源发电满足电力消费者需求；另一方面可以通过购买清洁能源电厂的排放配额来完成任务。无法通过上述途径实现减排目标的电厂需从 2015 年起缴纳 3 美分/千瓦的罚款，并且以每年 5% 的比例递增。

表 3 - 7　《2012 清洁能源标准法》中年度清洁能源发电比例列表

单位：%

年　份	清洁能源发电比例	年　份	清洁能源发电比例
2015	24	2026	57
2016	27	2027	60
2017	30	2028	63
2018	33	2029	66
2019	36	2030	69
2020	39	2031	72
2021	42	2032	75
2022	45	2033	78
2023	48	2034	81
2024	51	2035	84
2025	54		

资料来源：气候和能源解决方案中心（Center for Climate and Energy Solution，CCES）。

　　此外，美国国家环保局于 2010 年 12 月宣布将会推出新建炼油厂的排放标准，以及现有炼油厂的排放指导方针。这些政策原计划于 2011 年 12 月 10 日提出，并于 2012 年 11 月 10 日定稿，但是，截至目前最后的提案还未发布。

第四章　美国低碳经济政策转向的
国际激励与约束

较之历届政府，奥巴马开启了美国全新的"低碳之旅"，成为新航向的掌舵人。而航向的助推之力，更准确地说是拉动力，是国际各种因素的激励与约束。其中各种因素构成美国低碳经济政策转向的"顺势之风"，不断影响着美国低碳经济政策的"风向"。

第一节　低碳政策的国际政治属性
——国际减排压力

一　气候与碳排放因果关系确定

"温室效应"被世界各国所认可的同时，人类温室气体的排放造成温室效应增强，进而造成地球温度升高及极端恶劣气候，最终将导致人类将面临空前的生存危机的这一因果链也越来越被世界各国所认可。不但科学界通过各种实验和数据证明此逻辑关系，政治界也通过各种手段不断地传播着这种理念。此外，1988 年旨在全面、客观、公开和透明地对世界有关气候变暖的科学、技术和社会信息进行评估的联合国政府间气候变化专门委员会（IPCC）的成立也为温室效应的证实增加了可信性。通过1990 年、1995 年、2001 年、2007 年的四次评估报告，在科学数据支撑的基础上，联合国政府间气候变化专门委员会确认整个地球气候正在恶化，原因就在于二氧化碳等温室气体的排放，而人类正在面临气候恶化所带来的冰川融化、海平面上升、气候极端化趋势等后果。

（一）气候变暖的趋势和影响

从地球产生至今，毋庸置疑，气候始终处于波动状态。而引起气候变化的原因是多方面的，细分为自然因素和人为因素。自然因素包括火山爆发、地壳运动、太阳辐射等地球系统运动的本身因素。人为因素包括化石能源的燃烧、森林的砍伐、耕地减少等，而这种因素目前正被国际社会所普遍关注。《联合国气候变化框架公约》第一款将气候变化定义为"经过相当一段时间的观察，在自然气候变化之外由人类活动直接或间接地改变全球大气组成所导致的气候改变"。[①] 目前，各种科学数据表明气候恶化呈愈演愈烈的趋势，并对人类的生存和经济社会发展产生巨大不利影响。由温室气体排放引发的全球气候变化主要表现在以下几个方面。

1. 气温升高

全球温度不断上升，特别是近些年这种趋势越发明显，科学界对此不断深入研究并给出了相关数据。从 20 世纪末至今，地球表面平均温度增加了约 0.6℃。在过去的 40 年中，气温上升 0.2℃ ~ 0.3℃。2007 年 2 ~ 11 月，IPCC 的第四次气候变化评估报告中指出，"最近 100 年（1906 ~ 2005 年）全球平均地表温度上升了 0.74℃"，大于 2001 年第三次报告中的 0.6℃；同时报告表示，"过去 50 年的升温速度几乎是过去 100 年升温速度的 2 倍，即全球变暖的速度在加快"。

2. 海平面上升

研究表明，近百年来全球海平面已上升了 10 ~ 20 厘米。澳大利亚天气和气候研究中心的科学家约翰·丘奇说，最新的卫星和地面观测结果表明，自从 1993 年以来海平面以每年 3 毫米或更高的速率持续上升（这个速率远超过 20 世纪的平均水平）。德国波茨坦气候影响研究所的斯蒂芬·拉姆斯多夫则认为，到 2200 年海平面估计将上升 1.5 到 3.5 米。[②] 根据对美国北卡罗来纳州滨海盐沼中提取的沉积物的分析表明，过去 2100 多年来，从 11 世纪开始的中世纪暖期，海平面平均每年上升 0.6 毫米；

---

① 邢继俊、黄东栋、赵刚：《低碳经济报告》，电子工业出版社，2010，第 2 页。

② 维基百科，http：//zh. wikipedia. org/wiki/% E6% B5% B7% E5% B9% B3% E9% 9D% A2% E4% B8% 8A% E5% 8D% 87。

自 19 世纪末以来，海平面平均每年上升超过 2 毫米。[①]

3. 冰河缩退与水源短缺

从 1978 年以来的卫星资料显示，北极年平均海冰面积已经以每 10 年 2.7% 的速率退缩，夏季的海冰退缩率较高，为每 10 年 7.4%。南北半球的山地冰川和积雪平均面积已经呈现退缩趋势。联合国环境规划署报告指出，由于气候变迁和水资源过度使用等原因，喜马拉雅山冰河 2/3 正逐渐缩退。冰河是许多重要河流的发源地，比如长江、恒河、雅鲁藏布江和印度河等。冰河的退却可能导致 10 亿人以上缺乏水源。

4. 极端天气事件频发

近几年，全球极端气候天气不断增多。科学界已经证实，气温与极端气候概率之间存在一定的因果关系，即气温的变化与极端气候天气发生的概率成正比。气温的微小变化，将引起极端气候天气数量的大幅度增加，进而增加人类遭受海啸、热浪、台风、洪涝、地震等的可能性。大多数专家认为，在今后 50 年内，法国每 2 年就会出现一次类似 2003 年的酷热（当年造成 1.5 万人死亡）。干旱将给农业造成严重影响（气温升高 2℃ 将可能使农业减产 30%）。在欧洲南部，降雨量将明显减少。

由此可见，全球气候变暖将会在全球范围内对人类的生存与发展产生影响。据统计，1970 年以来，全球已经发生过 7000 多次气候灾害，至少造成 20000 亿美元的损失和 250 万人死亡。同时，2009 年 5 月世界气象组织报告指出，气候变化每年造成 30 多万人死亡、1250 亿美元损失；预计 2030 年气候变化每年将造成 50 万人死亡、3000 亿美元损失。此外，全球气候变暖引发的间接危害将从生态安全、粮食安全、水资源利用、居住环境及健康等方面对人类造成全方位、多层次、长期性甚至不可逆转的影响。

（二）碳排放的现状与趋势

面对全球气候变暖带来的如此多的危害，科学界不断探索，最终确定气候变暖的"罪魁祸首"是人类大量排放的温室气体。1997 年日本东京召开的《联合国气候变化框架公约》第三次会议明确表示温室气体主要

---

① Kemp, A. C., Horton, B. P., Donnelly, J. P., Mann, M. E., Vermeer, M., Rahmstorf, S., Climate related sea-level variations over the past two millennia, Proceedings of the National Academy of Sciences, 2011 – 6 – 20.

包括二氧化碳、氧化亚氮、甲烷、氢氟氯碳化物、全氟碳化物及六氟化硫等六大类物质（见表 4 - 1）。从全球温度升高的贡献百分比看，二氧化碳以 55% 的比例占据首位，成为最重要减排对象。

表 4 - 1　全球温室气体的种类与所占比例

种类	增温效应(以二氧化碳为基准)	对全球升温的贡献百分比(%)	生命期(年)
二氧化碳	1	55	50 ~ 200
甲烷	23	15	12 ~ 17
氧化亚氮	310	6	120
氢氟碳化物	140 ~ 11700	24	13.3
全氟碳化物	6500 ~ 9200	—	50000
六氟化硫	23900	—	—

资料来源：政府间气候变化专门委员会（Intergovernmental Panel on Climate Change，IPCC）。

根据国际能源署（IEA）最新发布的《燃料燃烧产生的 CO_2 排放（2010）》报告，在最近 40 年中，全球二氧化碳排放量逐年上升，并且上升速度十分迅速。全球由于传统化石燃料燃烧产生的二氧化碳排放从 1971 年的 140 亿吨上升到 2010 年的 302 亿吨，增长 1 倍之多（见图 4 - 1）。其中，煤炭燃烧产生的二氧化碳排放由 1971 年的 51 亿吨上升到 2010 年的 130 亿吨；石油燃烧产生的二氧化碳排放由 1971 年的 68 亿吨，上升到 2010 年的 108 亿吨；天然气燃烧产生的二氧化碳排放由 1971 年的 20 亿吨上升到 2010 年的 61 亿吨。

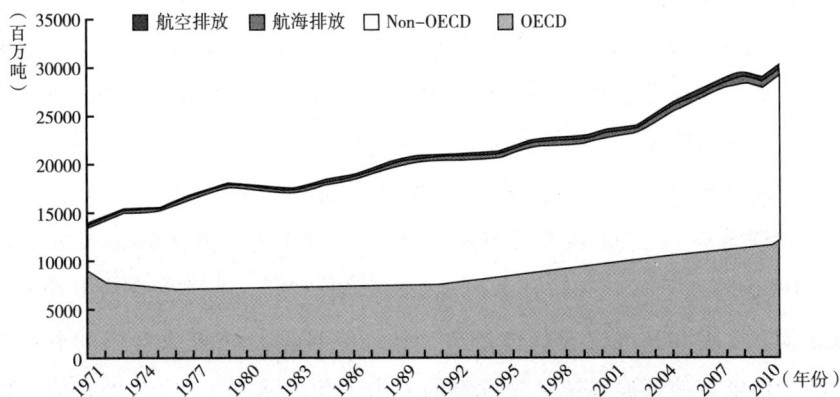

图 4 - 1　1971 ~ 2010 年全球二氧化碳排放趋势图

资料来源：国际能源署（International Energy Agency，IEA）。

面对如此迅猛的增长趋势，国际社会开始越发重视全球碳减排活动，并纷纷对未来世界的二氧化碳排放趋势进行预测。其中，政府间气候变化专门委员会和国际能源署的预测最为权威。前者的预测认为，到 2050 年全球二氧化碳的排放总量将增长 63% ~235%。后者的预测得出，2015 年世界由燃料燃烧产生的二氧化碳将达到 340 亿吨，较 2005 年增长 28%，2030 年的数据将达到 419 亿吨，较 2005 年增长 57%。

表 4 - 2　各集团及主要国家温室气体排放总量预测

国家/地区	排放总量(百万吨 CO$_2$)			百分比(%)		
	2005 年	2015 年	2030 年	2005 年	2015 年	2030 年
美　　国	5783	6465	7025	22	19	17
加 拿 大	583	694	758	2	2	2
欧　　盟	3864	4004	4094	15	12	10
俄 罗 斯	1501	1794	1972	6	5	5
中　　国	5101	8632	11449	19	25	27
印　　度	1148	1805	3314	4	5	8
世界总计	26621	34071	41906	—	—	—

资料来源：樊纲：《走向低碳发展：中国与世界——中国经济学家的建议》，中国经济出版社，2010，第 22 页。

二　国际社会纷纷制定减排目标

（一）碳减排的国际方案

关于碳减排目前国际上有 7 种主要方案，分别为：①IPCC 方案；②G 8 方案；③联合国开发计划署（UNDP）方案；④经济合作与发展组织（OECD）方案；⑤由澳大利亚研究员 Garnaut 提出之方案（Garnaut 方案）；⑥由美国、荷兰以及意大利的几位科学家共同提出之方案（CCCPST 方案）；⑦由丹麦研究人员 Srensen 提出之方案（Srensen 方案）。

IPCC 的方案源自《联合国气候变化框架公约》，旨在控制大气中的二氧化碳、甲烷和其他温室气体排放，其最终目标是"把大气中的温室气体浓度稳定在使气候系统免受危险的人为干扰的水平上"。公约规定，附件一中的缔约方到 2020 年在 1990 年的基础上减少 25% ~40% 的排放量，到 2050 年则需要在 1990 年的基础上减少 80% ~95% 的排放。针对非附件一的缔约方，公约也一并提出要求，规定这些国家在"照常情景"
（BAU）水平上大幅减排。

表 4 - 3　《联合国气候变化框架公约》关于缔约方的分类及其减排义务列表

	成员	限制
附件一	工业国家（包括 OECD 24 国、14 个转型国家、摩洛哥、列支敦士登）及欧盟	（1）要求符合要求的成员制定相应的减排政策并采取积极的措施,使二氧化碳和《蒙特利尔议定书》未予以管制的其他温室气体排放大约恢复到 1990 年的水平 （2）转型国家的排放义务相对灵活
附件二	发达国家（仅包括 23 个 OECD 国家）和欧盟	（1）向发展中国家提供及安排资金 （2）为清洁技术向转型国家和非附件一国家转移提供支持和便利
非附件一	发展中国家	（1）无减排限量义务 （2）最不发达国家可得到特殊照顾

资料来源：WTO-UNEP Report。

UNDP 方案与 IPPC 方案无本质差别，所以不再赘述。

根据 OECD 方案，在 2050 年大气中二氧化碳浓度控制在 450ppmv 的目标下，并以 2000 年为基准年，提出 2030 年全球减排 3%，其中，OECD 国家减排 18%、"金砖四国"可增排 13%、其他国家增排 7%；而 2050 年在基准上减排 41%，其中，OECD 国家减排 55%、"金砖四国"减排 34%、其他国家减排 25%。

G 8 方案是由美国、英国、法国、德国、意大利、加拿大、日本和俄罗斯在 2009 年 7 月意大利峰会上提出的。要求到 2050 年，全球化石能源和水泥生产的排放量减少 50%，其中发达国家减排 80%。

Garnaut 方案以澳大利亚研究员名字命名。方案提出全球碳排放在 2020 年和 2050 年在 2001 年的基础上分别减排 29% 和 50%。

CCCPST 方案由美国、荷兰、意大利科学家提出，要求按各国的高收入人口比例分配二氧化碳排放比例。在这个方案下，排放主体主要分为四大类，包括美国、美国以外的经合组织国家、中国以及中国以外的非经合组织国家，并提出在 2020 年全球排放达到高峰，总排放量为 9.03GtC；此后逐年下降。

Srensen 方案以丹麦研究员名字命名，根据"人均趋同原则"，对 2000～2100 年排放国的排放空间直接做了分配。

（二）哥本哈根减排承诺

随着国际减排方案的纷纷出台，每年一届的联合国气候大会也越发引起世界各国的重视。在全球气候逐渐出现变化的时刻，在世界开始反思以往的生产方式之时，在国际社会开始关注碳排放问题的严重性之际，哥本哈根气候大会非常合时宜地走进了各国领导人的视线。

192 个国家的领导人、环境部长及官员参加了此次会议，重视程度堪称历届之最。会议商讨了 2012 年《京都议定书》到期后世界的减排之路，并最终达成了《哥本哈根协议》。协定中，各国在"共同但有区别"原则的基础上，就全球温室气体减排的长期目标、技术支持、资金支持等问题达成了共识。协定决定采取各种方法，包括利用碳市场来降低减排的成本，促进减排措施的实行；给发展中国家提供激励，以促进发展中国家实行低排放发展战略。

此外，最令人欣慰的是，世界各国均对各自的减排目标做出了承诺，具体情况见表 4-4 所示。欧盟环境委员会副主席表示，欧盟将在 1990 年

表 4-4　《哥本哈根协议》中工业化国家总体经济减排量化目标

国家/地区	减排承诺（％）	基准年
澳大利亚	5～25	2000
加拿大	17	2005
克罗地亚	5	加入欧盟前
欧盟	20～30	1990
冰岛	15	1990
日本	25	1990
哈萨克斯坦	15	1992
新西兰	10～20	1990
挪威	30～40	1990
俄罗斯	15～25	1990
瑞士	20～30	1990
土耳其	7	1990
乌克兰	20	1990
美国	17	2005

注：瑞士、土耳其、乌克兰在《哥本哈根协议》中未提交承诺，这里取其参会前提交的承诺代替。

资料来源：根据相关资料整理，http：//green. sohu. com/20100204/n270052801. shtml。

的基础上减排 20%～30%；日本做出较 1990 年的排放水平减少 25% 碳排放的承诺；中国做出较 2005 年减排 40%～45% 的承诺；印度提出在 2005 年基础上减排 20%～25% 的承诺。这无形中给美国造成压力，美国也加入了做出承诺的行列。

表 4 - 5　《哥本哈根协议》中发展中国家总体经济减排量化目标

国家	减排承诺(%)	基准年
巴西	36～39	BAU
中国	40～45 碳强度	2005
印度	20～25 碳强度	2005
印度尼西亚	26	BAU
以色列	20	BAU
马尔代夫	100	
马绍尔群岛	40	2009
墨西哥	20～30	BAU
摩尔多瓦	25	1990
新加坡	16	BAU
南非	34	BAU
韩国	30	BAU

注："BAU"指"情景照常"模式。

资料来源：根据相关资料整理，http://green.sohu.com/20100204/n270052801.shtml。

第二节　低碳政策的国际经济属性
——国际低碳创新博弈

纵观世界经济的发展历程，人类每一阶段的经济发展都充斥着国与国之间的竞争与合作，这些竞争与合作只是各国追求自身利益最大化的不同表现形式而已。从第一次工业革命中蒸汽机的发明和使用，到第二次工业革命中电力和石油的广泛应用，再到第三次工业革命中原子能、航天、计算机技术的探索，均体现了各个国家的你追我逐。面对人类经济发展的瓶颈，很多学者认为低碳经济将会推动第四次工业革命，因为低碳经济不但意味着抑制全球气候变暖的趋势，更重要的是将会引发新的科学和技术的进步，例如促进新能源产业的发展，加快能源效率提高技术创新的步伐，由此引发新的贸易壁垒方式、新的金融产品与新的投资内容，最终成为整个经济系统循环运转的强力助推器。

一 欧盟成为全球领头羊

在低碳经济技术和产业发展问题上，欧盟在世界各国中一直处于领导者位置，语言和行动都走在世界各国的前列。其不但积极设定减排目标，而且从政策上、科研经费投入上、减排手段制定上都处于主导地位。

（一）减排目标与政策

欧盟对低碳经济的重视及活跃程度首先表现在减排目标的设定上，提出"三个20"计划，并且逐步将减排具体数量落实到每个成员国。

2007年3月，欧盟成员国领导人通过了欧盟委员会提出的一揽子能源计划。该计划最突出的特点是提出了"三个20"，即欧盟到2020年需将温室气体排放量至少减少1990年基础上的20%，将可再生能源占总能耗的比重提高到20%，能源效率提高20%，在2050年将温室气体排放量在1990年基础上减少60%~80%。这一计划在欧盟低碳经济减排过程中是具有重大转折意义的政策措施。

2008年12月，在布鲁塞尔举行的欧盟峰会中，各成员国最终签署气候变化妥协方案。该方案除了重新强调一揽子能源计划中整个欧盟的总量减排目标外，更重要的是明确提出目标的设定必须有赖于27国各自国内目标的设定，并且各国目标的实现必须有赖于欧洲碳交易机制的有效实施。方案规定：到2015年，将汽车二氧化碳排放量减少19%；各国应积极使用"可持续性"生物燃料，并设立目标以使欧盟2020年可再生能源数量达到总能源使用数量的20%，能源效率提高20%；同时提出了12个关于碳捕捉和碳封存的试点项目。此方案将欧盟的减排计划推上了又一个新的台阶。

2009年4月，406/2009/EC号决议将欧盟的减排计划推上了顶峰，原因在于此决议在原有明确各国应分担减排数量的基础上，规定了成员国之间2020年减排目标的分配原则和分配结果，并对成员国如何实现这些目标做出了具体的规定。具体的分配原则为：依据各国2005年未纳入EU

ETS 的实际排放水平，并结合欧盟的整体性、持续经济增长及各成员国的人均 GDP 水平。最终决定的分担结果详见表 4 - 6 所示。

表 4 - 6　欧盟成员国对欧盟总体减排目标的分担

（2020 年相对于 2005 年水平——降序排列）

成员国	减排目标	成员国	减排目标
丹　　麦	- 20	希　　腊	- 4
爱　尔　兰	- 20	葡　萄　牙	1
卢　森　堡	- 20	斯洛文尼亚	4
瑞　　典	- 17	马　耳　他	5
荷　　兰	- 16	捷　　克	9
奥　地　利	- 16	匈　牙　利	10
芬　　兰	- 16	爱沙尼亚	11
英　　国	- 16	斯洛伐克	13
比　利　时	- 15	波　　兰	14
德　　国	- 14	立　陶　宛	15
法　　国	- 14	拉脱维亚	17
意　大　利	- 13	罗马尼亚	19
西　班　牙	- 10	保加利亚	20
塞浦路斯	- 5		

资料来源：欧盟的 406/2009/EC 号决议，http：//ec. europa. eu/energy/energy 2020/roadmap/index_ en. htm。

2011 年 12 月 15 日，欧盟委员会通过了"2050 年能源路线图"，致力于到 2050 年将温室气体的排放减少 1990 年的 80% ~ 90%（见表 4 - 7）。

表 4 - 7　欧盟"2050 年能源路线图"减排目标的总量与行业分布

单位：%

基于 1990 年水平的减排	2005 年	2030 年	2050 年
总计	- 7	- 40 到 44	- 79 到 - 82
行业			
电力	- 7	- 54 到 - 68	- 93 到 99
工业	- 20	- 34 到 - 40	- 83 到 - 87
运输	+ 30	+ 20 到 - 9	- 54 到 - 67
住宅及服务	- 12	- 37 到 - 53	- 88 到 - 91
农业	- 20	- 36 到 - 37	- 42 到 - 49
其他部门	- 30	- 72 到 - 73	- 70 到 - 78

资料来源：欧盟委员会（European Commission）。

其实现途径主要有三大方面：能源效率提升、可再生能源和核能的利用、碳捕捉与封存技术。路线图要求将这几个领域中的低碳技术利用率由现在的 45% 提升到 2020 年的 60%，2030 年的 75%～80%，2050 年的 100%。

总之，根据国际能源署的最新统计，截至目前欧盟有关气候变化、可再生能源、能源效率的政策大约有 43 个，其中包括总体规划、可再生能源发展、可再生能源技术发展、排放权交易、国际合作等相关政策。

（二）技术和产业创新

欧盟发展低碳经济的主要特点就是理念创新和政策创新。欧盟是国际上在减排目标上最先做出表率，推出相关政策最积极的组织，为其低碳经济的发展及技术和产业的创新奠定了良好的基础，使其成为世界低碳经济的领袖之星。

1. 技术和产业的安全部署

低碳技术的发展主要包括碳捕捉与封存、能源效率提升以及可再生能源等三方面的技术。为了促进欧盟低碳技术领域的快速发展，欧盟气候行动总署（Directorate – General for Climate Action，DG CLIMA）进行了妥善的部署和管理，建立了有关碳捕捉与封存环境安全的法律框架，以确保欧盟低碳技术的完整性。

表 4 - 8　欧盟关于碳捕捉与封存技术安全的法律框架

政策目标	政策内容
降低碳泄漏造成的重大环境和健康风险	选址是碳封存的重要环节,因此 CCS 法令对于选址做出了明确规定:选址必须基于现有报告对其安全性的证明
避免一切不利于运输和储存的影响因素	做好一切碳封存的监管措施和碳泄漏的补救措施,并对碳运输途中意外责任做了明确规定
依托现有法律框架消除障碍	使用现有的环境指令处理碳泄漏问题
确保 CCS 指令执行的协调性	欧盟委员会发布 4 个指导性文件,以支持 CCS 指令协调一致地执行

资料来源：欧盟委员会（European Commission），http：//ec. europa. eu/clima/policies/owcarbon/ccs/ implementation/index_ en. htm。

2. 技术和产业的经济支持

欧盟十分重视其低碳技术升级，而升级的经济支持主要来自其排放权交易体系，即给二氧化碳的排放定价，为企业寻求低排放成本提供激励。然而在低碳技术由小规模发展到大规模的过程中，需要一定的过渡性融资，因此欧盟提出了 NER 300 资助计划。该计划为欧洲低碳技术大规模的发展提供了大量资金，是目前国际上同类计划中规模最大的项目。2012年 12 月，NER 300 投入 12 亿欧元支持 23 个可再生能源发电项目的开发，包括给予西班牙、希腊和塞浦路斯超过 2 亿欧元资金用于扶持其开发太阳能热发电项目。此外，在产业发展方面，欧盟也不断加大投入，仅金融危机的复兴计划中，欧盟就对可再生能源、节能项目、环保汽车、智能电网分别提供了 84 亿美元、172 亿美元、189 亿美元、8 亿美元的经济支持，绿色财政支出达到 602 亿美元。

3. 技术和产业的政策支持

为了推进低碳技术发展欧盟提出多项政策，其中包括总体战略规划及行业战略规划等。2007 年，欧盟提出名为"战略能源技术计划：迈向低碳未来"（Strategic Energy Technology Plan：Towards a Low Carbon Future，SET – Plan）的多部门政策，旨在通过战略规划、政策支持、制度创造等手段促进欧盟低碳技术的发展。2008 年 12 月，欧盟各成员国一致同意，发起"欧洲经济复苏计划"（European Energy Recovery Programme，EERP），以减轻危机对欧盟的影响，并为欧盟经济的早日复苏提供政策框架。在该计划下，2009 年，欧盟提出耗资 40 亿欧元的联合融资项目。项目涉及领域广泛，包括 44 个气体和电力基础设施项目，9 个海上风电项目和 6 个碳捕捉和封存项目。此外，欧盟还提出一些行业的低碳经济政策，包括"风能技术平台""欧洲光伏技术平台""清洁天空联合技术创新计划""智能能源欧洲计划""可再生能源路线图——21 世纪可再生能源：建设一个可持续发展的未来"等。

二　日本低碳的快速崛起

（一）低碳社会的战略构建

鉴于欧盟等迅速发展的低碳经济，加之本国资源稀缺的限制，日本近年来更加重视节能减排，并积极构建"低碳社会"。2004 年，日本环境省发起"面向 2050 年的日本低碳社会情景"研究计划。2006 年 6 月，日本

表4－9 欧盟主要低碳技术与低碳产业政策一览表

年份	政策名称	政策工具	政策对象	政策状态
1996	最佳可行技术参考的文件（BREFs）——IPCC指令	自愿性减排，谈判达成协议，信息和教育	工业中小型企业（SMEs），工业	现行
2005	欧洲光伏技术平台	自愿性的办法，谈判达成协议，政策支持，制度创造，RD&D，技术的部署和扩散	能源部门，电力部门，可再生能源部门，太阳能光伏发电部门	现行
2006	太阳能热利用技术平台	自愿性的办法，谈判达成协议，政策支持，制度创造，战略规划	能源部门，电力部门，可再生能源部门，太阳能部门	现行
2006	风能技术平台	自愿性的办法，政策支持，制度创造，RD&D	能源部门，电力部门，可再生能源部门，风能部门	现行
2006	生物燃料的能源技术平台	自愿性的办法，谈判达成的协议，政策支持，制度创造，RD&D，技术的部署和扩散	能源部门，电力部门，可再生能源部门，生物质能部门	现行
2007	战略能源技术计划"（SET计划）：迈向低碳未来"	政策支持，战略规划，制度创造	多部门政策	现行
2007	可再生能源路线图——21世纪可再生能源：建设一个可持续发展的未来	政策支持，战略规划	多部门政策	现行
2007	智能能源欧洲计划（2007～2013年）	RD&D，经济手段，信息和教育，技术的部署和扩散	多部门政策	现行
2008	"三个20"：欧洲气候变化的机遇	政策支持，战略规划	多部门政策	现行
2008	"清洁天空联合技术创新计划"	RD&D，研究计划，部署和扩散技术，科技的发展	交通运输，客运，货运代理	现行
2009	欧盟气候和能源一揽子计划：燃料和生物燃料的质量标准	规制手段，规范和标准	生物能源，生物燃料的运输	现行

注：RD&D代表"战略规划，研究，开发和部署"。

资料来源：国际能源署（International Energy Agency, IEA）, http://www.iea.org/policiesandmeasures/climatechange/。

出台了旨在发展节能技术、降低石油依存度、实施能源消费多样化等涉及
6 个方面的《国家能源新战略》。2008 年是日本低碳经济政策出台的活跃
期，先后出台了为实现日本提出的 2050 年之前全球温室气体排放量减半目
标的中长期技术创新路线图，即《环境能源技术创新规划》，旨在重点发展
太阳能和核能等低碳能源；使日本早日实现低碳社会的《建设低碳社会行
动计划》，实施"资源生产力战略"，为根本性地提高资源生产力进行集中
投资；使日本成为资源价格高涨时代和低碳社会的胜者的《新经济成长战
略》；以及为落实《建设低碳社会行动计划》，由经济产业省、文部科学省、
国土交通省和环境省联合发布的《扩大利用太阳能发电的行动计划》等。

表 4 - 10　日本低碳社会具体政策概览

政策类型	具体政策
低碳能源政策	可再生能源政策、节能政策、能源技术政策
环境税收政策	环境税：购置低污染车可享受车辆购置税的减税，优先延长减税车辆汽车税的减免年限；延长低污染车燃料供给设备固定资产税的优惠措施；根据污染防治设备特别折旧制度，对其进行重新评估并延长特别折旧年限
低碳技术政策	碳减排技术研发、应用和转让政策，碳封存技术政策，低碳技术标准；对现有能源技术的改造：太阳能、风力、水力、生物质能、海洋温差、潮汐、海浪、燃料电池等新能源技术及其电力转换技术；能源效率提升技术；碳捕获技术
绿色投融资政策	日本政策投资银行将环境友好型经营促进事业作为投资融资项目，实施采用环保手段的低利息融资政策
低碳产业政策	新交通管理系统政策；"远程办公计划"：以政府行为推广远程办公；"绿色物流"：推广"生态铁路标识"认证制度
绿色消费政策	推广绿色采购，建立"绿色采购数据库"；使用环境标识

　　资料来源：http://www.wem.org.cn/news/view.asp? id = 639&title = % CB% FB% C9% BD%
D6% AE% CA% AF&cataid = 18。

（二）低碳技术和产业创新

　　日本在低碳创新方面具有得天独厚的原始优势，并且已经在世界上首
屈一指。一方面，日本能源资源匮乏，能源消费主要靠进口，经济社会发
展受国际能源市场波动的影响较大；另一方面，过去因过度发展重化工业
造成的工业污染，给环境带来了巨大破坏和影响，因此日本长期以来一直
积极地发展相关产业的节能技术及新能源技术。而自从"低碳经济"这

一概念提出后，日本在这方面的作为日渐加大。

1. 节能技术和产业

在节能方面，日本高超的节能技术被世界各国所公认。纵向比较，在过去30多年中日本能源效率提高了38%，单位GDP一次能源消费量呈急速下降趋势（见图4-2）。横向比较，日本的国民生产总值约占世界生产总值的9%，温室气体排放量为世界排放总量的5%左右，1美元生产总值所消耗的能源只有美国的37%，是发达国家中最少的。总体来讲，日本节能环保技术处于世界领先地位，特别是太阳能发电、隔热材料、废水处理、塑料循环利用技术、混合动力车、家电节能技术、废弃物提炼生物燃料、高效率煤炭火力发电技术等。其中，利用钢铁厂和发电站的高温气体运转燃气轮机进而利用废热运转正气轮的两阶段发电技术，将热能发电的效率提高到50%，达到了世界最高水平。其中日本丰田、本田等公司已垄断了混合动力车的世界市场，每升燃料的行驶单程是欧美车的2~3倍。三井造船、万国造船、常石造船等造船企业在低碳船舶技术开发领域也在世界上遥遥领先。此外，日本企业正积极研发"氧燃烧法"以进行碳捕捉和封存，以期将此技术拓展到中国、印度等国市场。

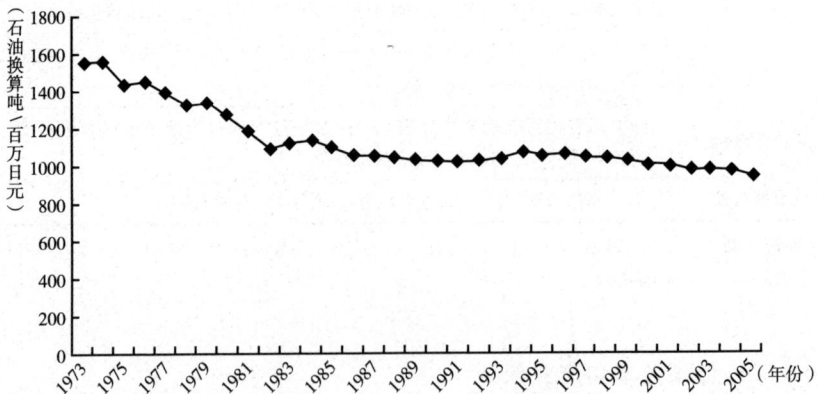

图4-2   日本的单位GDP一次能源消费量的推移

资料来源：日本经济产业省综合能源统计。

如此先进的节能技术，离不开相关政策的扶持。无论从绿色采购、环保研究还是从技术开发方面政府均制定了多项相关的法律法规（见表

钢铁行业：生产1吨钢铁所需能源指数比

水泥行业：生产1吨烧结所需能源指数比

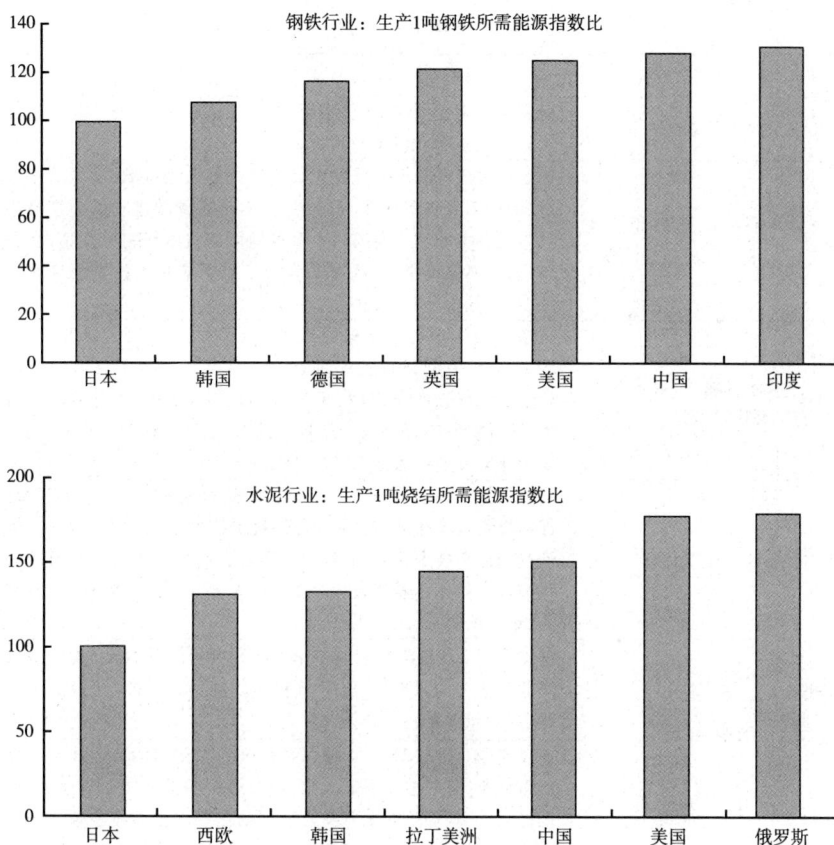

图 4 - 3　各部门能源指数的多国间比较

资料来源：日本经济产业省综合能源统计。

4 - 11）。其中，2008 年 3 月的"凉爽地球：能源技术创新计划"（Cool Earth：Innovative Energy Technology Program）和 2008 年 5 月的"低碳技术计划"最能体现日本在低碳节能技术和产业方面的努力。

2. 新能源技术和产业

日本在新能源的开发及节能技术的应用方面，一向遵循法律先行的原则，同时也出台了一系列的政策规划和远景构想（见表 4 - 12），在为新能源及节能技术的开发提供政策法规方面保障的同时，对整个社会的发展制定了明确的目标，对新能源及节能技术的利用标准做出了明确的规定。

表4-11　日本节能政策一览表

年份	政策名称	政策内容
2001	绿色采购法	国家机构等公共部门在必须采购时,要严格执行《绿色采购法》,公民也要积极参与绿色采购
2006	环境研究和环境技术开发的推进战略	确定环保研究和技术开发应重点推进的四大领域,即低碳素领域、可循环再利用领域、和谐生态环境领域和建立低公害高品质生活环境领域。根据四大重点领域的技术研究开发情况,整理出51项重要课题,从中又确定了国家应重点投资研究开发的20项重点投资课题
2008	凉爽地球:能源技术创新计划	选定了21项能够大幅降低二氧化碳排放的技术(又称"创新技术21")作为创新攻关的重点。这些技术涵盖了发电输出部门、运输部门、产业部门、民生部门以及横跨各部门的创新技术,通过新原理、新材料、新制造流程以及关键技术的系统化、实用化来实现技术性能跨越性的提高
2008	低碳技术计划	从长期战略的视角明确了日本低碳技术创新的五大重点领域,即超燃料技术领域、超时空能源利用技术领域、节能型信息生活空间创新技术领域、低碳型交通社会构建技术领域以及新一代节能半导体元器件技术领域,筛选出包括超导输电、热泵等的36项技术
2009	2009年节能技术战略	确立了到2030年,努力使日本能源使用合理化技术成为世界产业竞争力的源泉,克服资源和环境制约,把日本建设成令人尊敬的"世界第一节能国家"
2011	2011日本节能技术战略	通过工业、居民、商业、运输以及综合四个部门的节能技术的创新与普及,有效控制温室气体排放,进一步提高产业竞争力,实现能源安全、环境安全以及通过市场化手段提高经济效益的三项战略目标,并为尽快摆脱东日本大地震造成的电力短缺影响,促进日本经济复苏提供必要的动力

资料来源:根据网站及其他资料整理, http://jp.mofcom.gov.cn/aarticle/ztdy/201102/20110207390528.html。

表4-12　日本可再生能源政策一览表

年份	政策名称	措施	对象	部门	状态
2002	可再生能源和能源效率伙伴关系计划(REEEP)	教育宣传奖励/补贴政策支持自愿协议	多种可再生能源	多部门政策	现行
2003	绿色能源:可再生能源配额标准(RPS)	监管可交易的许可证	多种可再生能源	电力	现行
2004	日本-甲烷市场化合作计划	—	生物能源	—	现行
2004	国际联合研究资助计划(NEDO GRANT)	研究、开发和部署(RD&D)	多种可再生能源	多部门政策	结束

年份	政策名称	措施	对象	部门	状态
2007	乙醇生产示范（E3）	研究、开发和部署（RD&D）	生物质能	运输	筹划
2007	日本能源政策综述	政策支持战略计划	多种可再生能源	框架政策	现行
2008	可再生能源目标	政策支持战略计划	多种可再生能源	多部门政策	现行
2009	住宅光伏系统补贴	奖励/补贴	太阳能光伏	电力	现行
2009	太阳能发电的新购买体系	规制手段：奖励/补贴	太阳能光伏	电力	现行
2012	可再生能源上网电价制度	经济手段：财政金融补贴	多种可再生能源	多部门政策	现行

资料来源：国际能源署（International Energy Agency，IEA），http：//www. iea. org/dbtw-wpd/Textbase/pm/？ mode = re&action = view&country = Japan。

在相关政策的指导下，日本实现了节能减排与能源的多元化，节能技术不断进步，新能源的发展也稳步推进（见表4－13）。

表4－13 日本一次能源消费变化比例

单位：%

年 份	1950	1998	2001	2010
煤	50	18.1	16.8	22
水电	33	4.6	4.0	3
石油	17	57.3	50.2	42
天然气	—	10.1	13.6	18
核能	—	9.0	14.4	13
其他可再生能源	—	1.3	1.0	1.0

资料来源：Country Analysis Briefs -Japan，*US Energy Information Administration*，published in January 2004 and June 2012。

在太阳能发电方面，无论是太阳能技术的先进程度还是太阳能产业市场化程度，日本均稳居世界首位。日本拥有一大批世界级太阳能光伏产业群。2011年12月，东北电力公司开始在青森县开办太阳能发电厂，为日本提供了每年16万千瓦时的电量，相当于500户家庭的用电量。日本在地热发电、风力发电、水力发电、生物质能发电方面成果显著。在地热能方面，1989年日本就拥有总装机容量为133兆瓦的6个地热发电站。截至 2011 年，地热发电站的数量更是增加到了 18 个。[①] 截至 2011 年 9 月，日本风力发电机组达到 1807 个，提供电量 2440 兆瓦；小型水电站达到 1198 个，提供电量 3225 兆瓦；拥有 190 个连接到城市废物站的发电机和 70 个使用生物质燃料发电的电厂。

三 G 20 国家的发展与比较

（一）G 20 的绿色经济刺激计划

全球金融危机为低碳经济发展带来了新的契机。面对金融危机后的经济下滑，世界各国，尤其是 G 20 国家纷纷发布经济刺激计划，其中囊括了多项"绿色"复苏计划，其中包括美国的绿色刺激计划、日本的"投资低碳革命"、韩国的绿色新政计划等。2009 年 4 月 2 日，伦敦首脑会议上，G 20 各国领导人强调他们的承诺：通过向"清洁、创新、资源效率、低碳技术和基础设施"的转型，来确保"全球公平和可持续地复苏"。从财政支出政策角度看，在全球近 3 万亿美元的经济刺激计划中，超过 4600 亿美元用于绿色投资，并绝大多数由 G 20 国家实施。从绿色投资总额上看，中国绿色投资排名第一，为 2164 亿美元；其次是美国，941 亿美元；再次为韩国、日本、欧盟、德国、澳大利亚等。从绿色投资占总财政刺激计划的比重来看，排名依次为韩国、欧盟、中国、挪威、法国、澳大利亚、德国、美国、南非等。总之，G 20 国家正在通过绿色发展减少碳依赖、加快经济复苏，并制造就业机会。

（二）G 20 低碳国际竞争力比较

哥本哈根气候大会召开之际，国际上发布了两大全球低碳竞争指数，分别是 Vivid Economics 的低碳竞争指数和普华永道发布的低碳完成指数。前者以与碳生产率相关数据为依据，筛选出 19 个经济变量，分为产业细分、早期准备、未来繁荣 3 个一级指标，并分别赋予权重，汇总成为一个综合的低碳竞争力指数。后者以碳强度为指标，计算 2000 ~ 2008 年碳强度的减少量与 2000 年设定目标的偏离百分比作为低碳完成指数。

---

① Johnston, Eric, "Geothermal trove lies mostly untapped despite energy crisis," *Japan Times*, 27 September 2011, p. 3.

表 4 - 14　美国、欧盟及其主要成员国、日本的经济刺激计划，对低碳
经济的投资支出以及应对气候变化的政策

国家/地区	应对经济危机,发展低碳经济的主要政策	对技术创新、增加就业进行投资	温室气体的减排目标
美国	1. 2009 年 2 月,通过总额为 7872 亿美元的"美国再生/再投资法 2009"。其中大约 580 亿美元投入环境与能源等低碳领域 2. 奥巴马政府在 2009 年 1 月宣布,对绿色能源领域投资,到 2015 年生产并且销售 100 万辆插电式混合动力车,使可再生能源在电力供应中所占比例在 2012 年提高到 10%,在 2025 年提高到 25%	1. 今后 10 年对绿色能源领域投资 1500 亿美元,创造 500 万个就业机会 2. 美国将实施二氧化碳排放总量管制与排放权交易制度,从 2012 年起的 10 年中将该制度的实施所产生的收益转而投资低碳技术的创新 3. 今后 10 年每年向可再生能源、清洁煤技术、二氧化碳回收储藏技术、环保车等低碳技术投资 150 亿美元 4. 创造绿色就业,到 2010 年 12 月,创造绿色就业大约 459000 人	1. 到 2020 年比 2005 年削减 17% 2. 到 2050 年比 2005 年削减 83%
欧盟	2008 年 11 月发表总额为 2000 亿欧元的经济刺激计划。投资技术创新与创造新的就业机会。为实现欧盟应对气候变化目标投资 480 亿欧元	2009 年 3 月,为使欧盟成为低碳技术领域的世界性领袖,对建设低碳经济领域投资 1050 亿欧元	1. 到 2020 年比 1990 年减排 20% 2. 到 2050 年比 1990 年减排 80%
德国	1. 2009 年 1 月发表了总额为 1000 亿欧元的经济刺激计划 2. 实施向低碳经济转型的战略	1. 建立总额为 2500 亿欧元的环境奖励基金购买环保车。对低碳技术和环保车的研发提供支援 2. 可再生能源产业就业达到 25 万人,市场规模达到 2400 亿美元	1. 与欧盟目标相同 2. 到 2050 年比 1990 年削减 80%
英国	1. 经济刺激计划规模 200 亿英镑 2. 到 2020 年投资 1000 亿英镑,使可再生能源比 2008 年增加 10 倍	1. 在 2009～2011 年的预算中对低碳技术投资 500 亿英镑 2. 到 2020 年新建 7000 个风力发电机组,新增绿色应用 16 万人	1. 与欧盟目标相同 2. 到 2050 年比 1990 年削减 80%
法国	2008 年 12 月发表总额为 260 欧元的经济刺激计划	使可再生能源产业就业达到 12 万人	1. 与欧盟目标相同 2. 到 2050 年比 1990 年削减 75%

续表

国家/地区	应对经济危机，发展低碳经济的主要政策	对技术创新、增加就业进行投资	温室气体的减排目标
日本	1. 经济刺激计划总额达到75兆日元 2. 在2009年4月10日发表了规模为15兆日元的"追加经济刺激计划"。其中，对低碳革命投资6兆日元 3. 在2009年4月20日发表"日本版绿色新政：绿色经济与社会变革计划" 4. 发表构建低碳社会宣言	1. 到2020年使低碳产业的市场规模达到120兆日元 2. 到2020年使低碳型产业的就业机会达到280万个 3. 在低碳技术领域领先世界，实现太阳光发电世界第一、节能世界第一 4. 环保车的普及速度在世界上最快，低碳型物流在世界上最先进 5. 对节能家电和电动汽车消费提供补贴，普及节能住宅，对进行节能环保投资的企业提供无息贷款	1. 到2020年比2005年削减15% 2. 到2050年比2008年减排60%~80%

资料来源：蔡林海：《低碳经济大格局：绿色革命与全球创新竞争》，经济科学出版社，第10~11页。

表4-15 G 20 18国 Vivid Economics 低碳竞争指数与普华永道低碳完成指数排名

国家	Vivid Economics 低碳竞争指数排名	普华永道低碳完成指数排名
法国	1	4
日本	2	12
英国	3	7
韩国	4	14
德国	5	6
中国	6	18
加拿大	7	15
意大利	8	16
巴西	9	8
美国	10	11
墨西哥	11	17
俄罗斯	12	1
阿根廷	13	9
土耳其	14	10
澳大利亚	15	5
南非	16	13
印度	17	2
印度尼西亚	18	3

资料来源：Vivid Economics 的低碳竞争指数和普华永道的低碳完成指数。

将 Vivid Economics 低碳竞争指数和普华永道低碳完成指数制作成散点图，如图 4 - 4 所示。

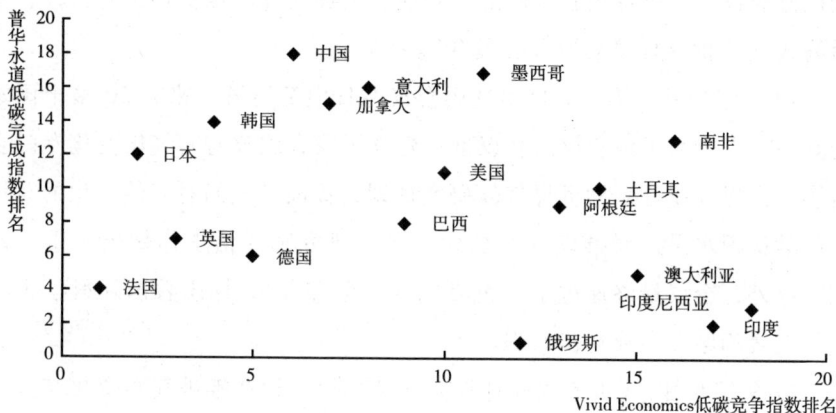

图 4 - 4　G 20 国家低碳经济发展比较

由图 4 - 4 可知低碳发展处在前列的国家为法国、英国、德国、日本、巴西等国。美国无论是低碳竞争指数还是低碳完成指数均排在中游。因此，美国在低碳经济方面失去了其以往在其他领域的竞争力。根据美国以往在国际上的领导者态度，面对欧盟、日本等低碳发展的强劲态势，美国定会快马加鞭，积极投身于低碳发展。

第三节　低碳政策的国际制度条件
——国际合作减排机制

一　国际减排科学研究阶段

1962 年 6 月《寂静的春天》在美国一经问世便在国际上产生很大反响，开启了人类对于环境问题的思考和关注时代。《寂静的春天》通过描述人类广泛使用化学农药给周围环境所带来的危害，呼吁人们放弃愚蠢的做法，通过保护环境，善用科学，实现人类的可持续发展。

1972 年罗马俱乐部发布其第一份研究报告《增长的极限》。书中提出：增长的极限来自地球的有限性、反馈环路使全球性环发问题成为一个复杂的整体、全球均衡状态是解决全球性环发问题的最终出路。

1972 年 6 月在瑞典首都斯德哥尔摩召开了讨论当代环境问题的第一次国际会议。会议提出各国政府、企业、人民对环境保护均负有责任，并最终成立"世界环境与资源委员会"。

1979 年 2 月，第一届世界气候会议在日内瓦召开，来自 50 多个国家的约 400 人参加了该会议。会议推动建立了联合国政府间气候变化专门委员会、世界气候计划和世界气候研究计划，提高了人们对气候变化的意识和科学认识水平，对推动气候变化业务、研究和评估工作做出了重要贡献。此外，会议最终通过了《世界气候大会宣言》，标志着国际科学界在气候变暖问题上达成初步共识。

1979 年 6 月，《世界气候计划》正式出台，旨在推进气候变化与人类经济社会发展关系的研究，最终通过充分的了解及合理的利用，使全人类免受气候变化的影响，实现可持续发展。经过仔细的研究，计划最终给出结论：大气中 CO_2 的浓度每增加 1 倍将会引起全球气温 1.5℃ ~ 4.5℃ 的上升。

二　国际减排政治化阶段

1987 年 2 月，第八次世界环境与发展委员会在东京召开，最终通过名为《我们共同的未来》的报告。报告提出人类应该改变发展模式，走可持续发展的道路，既符合当代人的需求，又保护后代人的利益。

1988 年 12 月，世界气象组织和联合国环境规划署联合成立联合国政府间气候变化专门委员会。该委员会下设科学、影响和对策 3 个环境和社会经济小组，并制定现实的应对策略。委员会先后于 1990 年、1995 年、2001 年和 2007 年发表四次科学评估报告。这些评估报告是国际科学界对气候变暖问题最权威、最全面的认识，也代表了不同时期全球气候变暖研究的科学认识水平，成为不同阶段国际社会制定相关政策的重要依据。

1988 年 12 月，联合国第 43 届大会通过了《为人类当代和后代保护全球气候》43/53 号决议，决定在全球范围内对气候变暖问题采取必要的和及时的行动。

1990 年，政府间气候变化专门委员会的第一次评估报告确认了有关气候变化问题的理论基础，促使联合国大会作出制定《联合国气候变化框架公约》的决定。

三　国际减排蓬勃发展阶段

一方面，二氧化碳的排放导致全球气候变暖；另一方面，世界各国二氧化碳的排放量居高不下。面对此种情况，为了保护人类赖以生存的地球，国际社会开始积极组织并召开碳减排会议，而鉴于低碳经济会引领下一个经济制高点日渐明晰，为了争夺更多的话语权，世界各国纷纷积极参加碳减排会议，其中影响力较大的协定有《京都议定书》"巴厘岛路线图"《哥本哈根协议》等。

（一）《联合国气候变化框架公约》

第 45 届联合国大会设立了气候变化框架公约政府间谈判委员会。此后，政府间谈判委员会举行了多次会议，最终在 1992 年 5 月的里约环境与发展大会上，通过了《联合国气候变化框架公约》。公约奠定了应对气候变化的国际基础，是具有权威性、普遍性、全面性的国际框架方案。敦促世界各国转变发展观念，调整生产生活方式，促使人们增加对共同利益的考虑，进而促进了全球问题与国际能源、国际贸易、国际投资等问题的相互渗透和相互影响。公约在公平原则、预防原则、可持续发展原则、开放经济体系原则、充分考虑发展中国家的具体要求和特殊情况原则等原则的基础上，对所有缔约方提出了减排义务：向国际社会提供所有温室气体各种排放源和吸收汇的国家清单；制定应对气候变化的国家战略；将气候因素纳入社会、经济和环境政策的考虑范围内；支持和鼓励低碳经济技术的快速发展；等等。公约要求附件一缔约方（工业化国家）制定相应的减排措施和政策，积极推进碳减排行动；附件二的发达国家则被要求向发展中国家提供资金，用于信息通报和技术发展等。

（二）《京都议定书》

1997 年 12 月，《联合国气候变化框架公约》第三次缔约方会议在日本京都召开。此前，政府间气候变化专门委员会向第二次缔约方会议提交的名为《第二次评估报告：气候变化 1995》的报告为京都谈判提供了有力的技术支持。最终，会议通过了具有里程碑意义的《京都议定书》。《京都议定书》突破了《联合国气候变化框架公约》和1995年柏林会议及1996年的日内瓦会议中不能解决的问题，经过艰苦的谈判，与会各方终于就应减排温室气体的种类、各国具体承担的减排额度（见表4-16）、减排时间表和减排方式做出了具体规定。这是国际社会第一次在跨国范围内设定具有法律约束力的温室气体减排额度，它和市场交易机制结合，开启了国际碳减排的"经济激励"时代。

表4-16   《京都议定书》附件一国家的排放和减排目标

单位：%

国　家	目标(1990～2008年/2012年)
EU-15、比利时、捷克、爱沙尼亚、拉脱维亚、列支敦士登、立陶宛、摩纳哥、罗马尼亚、斯洛伐克、斯洛文尼亚、瑞士	-8
美国	-7
加拿大、匈牙利、日本、波兰	-6
克罗地亚	-5
新西兰、俄罗斯、乌克兰	0
挪威	1
澳大利亚	8
冰岛	10

资料来源：《京都议定书》附件B。

《京都议定书》规定：发达国家从2005年开始承担减少温室气体排放的义务，而发展中国家则从2012年开始承担减排义务。各国达成以下共识：①无论从历史上还是现在来看，发达国家都是主要的温室气体排放国；②发展中国家的人均排放量还是很低的；③发展中国家的排放控制应该和其社会发展水平相适应。同时，中国、印度以及其他的发展中国家被《京都议定书》豁免，是因为它们并没有在工业化时期大量排放温室气体并造成当今全球的气候变化。而对于发达国家，《京都议定书》的减排额度要求为：到2012年时，比照1990年各国温室气体排放量，其中，发达国家整体排放减少5.2%，美国减少7%，欧盟减少8%，日本和加拿大减少6%。

（三）"巴厘岛路线图"

为了制订《京都议定书》第一期到期后（2012年后）各国的减排计

划，并且商议如何在美国不批准《京都议定书》的情况下将其纳入全球减排进程中来，2007 年 12 月，《联合国气候变化框架公约》第 13 次缔约方会议在印度尼西亚巴厘岛举行，并于 15 日下午通过名为"巴厘岛路线图"的决议。

"巴厘岛路线图"的主要内容包括：首先，再一次强调了公约各国"共同但有区别的责任"原则，根据各国社会、经济条件以及其他相关因素制订减排计划。其次，把美国纳入"巴厘岛路线图"，公约中的所有发达国家缔约方都要履行可测量、可报告、可核实的温室气体减排责任。再次，除减缓气候变化问题外，还强调了另外三个在以前国际谈判中曾不同程度受到忽视的问题：适应气候变化问题、技术开发和转让问题以及资金问题——这三个问题事关广大发展中国家的国家利益，是其在应对气候变化过程中极为关心的问题。最后，"巴厘岛路线图"为下一步落实公约设定了时间表，要求特别工作组在 2009 年完成工作，并在 2009 年缔约方会议上制订 2012 年之后各国的减排计划。

尽管未能如欧盟所愿明确具体减排额度，但"巴厘岛路线图"中关于时间表的安排为人类下一步应对气候变化指出了前进的方向，是人类应对气候变化历史中的一个路标，具有重要的意义。

（四）《哥本哈根协议》

哥本哈根气候大会将国际碳减排推向高潮。在会议中各国元首纷纷表态，显示出了对全球气候变化问题的极大重视。美国总统奥巴马认为协议将需要建立在未来的基础上，并阐明观点"我们已经走过了很长的路，但我们有更长的路要走"。英国首相戈登·布朗说："我们已经开始，但需要使其迅速成为具有法律约束力的协议。"欧盟委员会主席巴罗佐说："如果不能形成具约束力的协议，我将不会掩饰我的失望。"此外，许多非政府组织也纷纷表态，期望能最终达成有效的协定。最终，众望所归。《哥本哈根协议》承认气候变化是 21 世纪人类面临的最大的挑战之一，各国必须积极采取行动减少温室气体的排放。最终，138 个国家在《哥本哈根协议》上签字，协议生效。

总之，根据 1994 年 3 月 21 日生效的《联合国气候变化框架公约》的规定，自 1995 年起每年召开缔约方会议，至 2012 年底共举行 18 次会议（见表 4－17）。

表 4 - 17   国际合作减排机制列表

国际会议	召开时间与地点	主要内容
地球峰会	1992 年 6 月,里约热内卢	通过《联合国气候变化框架公约》。1994 年 3 月,该条约生效
COP 1	1995 年 4 月,柏林	通过"柏林授权",研究条约的行动议定书
COP 2	1996 年 7 月,日内瓦	检查各国应对气候变化的状况以及"柏林授权"的进展情况
COP 3	1997 年 12 月,京都	通过《京都议定书》
COP 4	1998 年 11 月,布宜诺斯艾利斯	通过"布宜诺斯艾利斯行动计划"
COP 6	2000 年 11 月,海牙	就《京都议定书》进行争论,无结果
COP 6、5	2001 年 7 月,波恩	就《京都议定书》的核心内容,通过"伯恩共识"
COP 7	2001 年 10 ~ 11 月,马拉克什	通过决定《京都议定书》详细规则的"马拉克什协定"
COP 8	2002 年 10 月,德里	为《京都议定书》的生效做准备
COP 9	2003 年 12 月,米兰	决定 CDM 的相关规则
COP 10	2004 年 12 月,布宜诺斯艾利斯	就发展中国家应对气候变化的行动达成共识
	2005 年 2 月	《京都议定书》正式生效
COP 11	2005 年 12 月,蒙特利尔	讨论"后京都协议"的相关问题,并且开始与美国对话
COP 12	2006 年 11 月,内罗毕	对《京都议定书》进行修改,并且决定从 2008 年开始实施《京都议定书》
COP 13	2007 年 12 月,巴厘岛	就构筑"后京都协议"的框架达成共识。通过"巴厘岛路线图"
COP 14	2008 年 12 月,波兹南	讨论"后京都协议"框架,无果而终
COP 15	2009 年 11 ~ 12 月,哥本哈根	讨论"后京都协议"2012 年以后的新协议
COP 16	2010 年 11 月,坎昆	达成《坎昆协议》,向国际社会发出积极信号
COP 17	2011 年 12 月,德班	实施《京都议定书》第二承诺期,并启动"绿色气候基金"
COP 18	2012 年 11 ~ 12 月,多哈	就《京都议定书》第二承诺期达成一致,建立"长期气候资金"及损害补偿机制等

资料来源:根据联合国气候变化组织相关信息编制而成。

第四节　低碳政策的国际市场条件——国际
交易平台及交易主体

一　国际碳市场迅速发展

（一）国际碳市场概况

国际碳市场分为基于配额的交易市场和基于项目的交易市场。其中配额交易市场又分为强制碳交易市场和自愿碳交易市场（见表 4 - 18）。强制碳交易市场为温室气体排放量超过上限标准的国家或企业提供交易平台来完成减排目标，其主要产品有欧盟排放交易体系（EU ETS）下的欧盟配额（EUAs）和《京都议定书》下的分配数量单位（AAUs）；自愿碳交易市场则在强制碳交易市场建立之前就已出现，其代表是芝加哥气候交易所减排计划（CCX），自愿碳交易市场被用于企业市场营销、社会责任和品牌建设等方面。基于项目的交易主要有清洁发展机制（CDM）下的核证减排量（CERs）以及联合履行机制（JI）下的减排单位（ERUs）。

表 4 - 18　国际碳市场结构图

碳市场			
以项目为基础的交易市场 （Projected-based Market）		以配额为基础的交易市场 （Allowance-based Market）	
清洁发展机制 （CDM）	联合履约机制 （JI）	强制碳交易市场 （Compulary Carbon Market）	自愿碳交易市场（Voluntary Carbon Market）
核证减排量 （CERs）	减排单位 （ERUs）	欧盟排放交易体系 （EU ETS）等	芝加哥气候交易所的减排计划（CCX），VER,个人碳足迹项目等
派生出类似期权和期货等金融衍生品			

资料来源：世界银行（Word Bank）。

国际碳市场的参与者有买方、卖方和金融机构三大类。一般情况下，排放量超过减排约束的国家（《京都议定书》规定的减排参与国）和个人可以通过 ET、JI 或其他市场购买其他国家或个人的排放配额，换取更多

的碳排放权。没有减排约束的国家或个人则可以将自己的排放配额卖给金
融机构以换取经济利益。而参与者之间的交易工具，根据其性质不同可分
为排放权以及由排放权衍生出的金融衍生品。ET 市场，主要从事 AAUs
的现货及其远期和期权交易；EU ETS 主要交易标的为 EUAs 现货及其远
期和期权交易；JI 市场交易的是 ERUs 相关产品；一级和二级 CDM 市场
交易的主要是 CERs 相关产品；自愿碳交易市场则交易自行规定的配额和
VERs 相关产品。此外，近年来随着金融机构越来越多的介入，各种金融
衍生产品也有了相当的发展。

表 4-19　世界碳市场交易工具

名称	含义	使用范围或要求
AAUs	国家分配单位（配额）	《京都议定书》附件一国家间使用
RMUs	森林吸收减少的排放单位	由碳汇吸收形成的减排量
ERUs	联合履约减排单位	转型国家由监管委员会签发的项目减排量
CERs	经核实的减排单位	由清洁发展机制执行理事会签发
其中 ICERs	造林或砍伐产生的排放单位	由清洁发展机制执行理事会签发
EUAs	欧盟排放交易系统单位	欧盟成员国实现的强制减排指标
VERs	自愿减排交易的单位	芝加哥气候交易所、黄金标准交易等

资料来源：世界银行（Word Bank）。

（二）国际碳市场规模与趋势

国际碳市场的规模不断壮大。近些年，国际碳市场发展迅速，尤其表
现在配额市场的数量方面。配额市场主要包括欧盟排放交易体系、澳大利
亚新南威尔士温室气体减排体系（NSW GGAS）、芝加哥气候交易所、区
域性温室气体倡议（RGGI）等。原有的英国排放交易体系（UK ETS）和
挪威排放交易体系（N ETS）于 2007 年并入了欧洲排放交易体系。2010
年 7 月，新西兰排放交易体系（NZ ETS）正式启动，该体系曾在 2008 年
1 月首批将林业部门纳入体系，此后液化化石燃料、固定能源、工业加
工、废弃物排放和合成气体行业均被纳入该体系，农业部门将于 2015 年
1 月 1 日进驻。2010 年 4 月，亚洲最大的排放权交易体系日本东京排放交
易体系正式启动实施，日本进入城市绿色和低碳建筑时代。

国际碳交易量及交易额大幅增长。国际碳交易在 2003 年初具规模，

此后发展迅速。近些年，交易量及交易额呈逐年上升趋势，且增长趋势较明显。2011 年的碳交易量和交易额分别为 102.81 亿吨和 1760.20 亿美元，较 2005 年的 7.04 亿吨和 109.9 亿美元增长 1360% 和 1502%（见图 4 - 5、图 4 - 6）。总体来看，国际碳市场虽然还无法称得上非常成熟，但是在国际市场中的地位不容忽视。

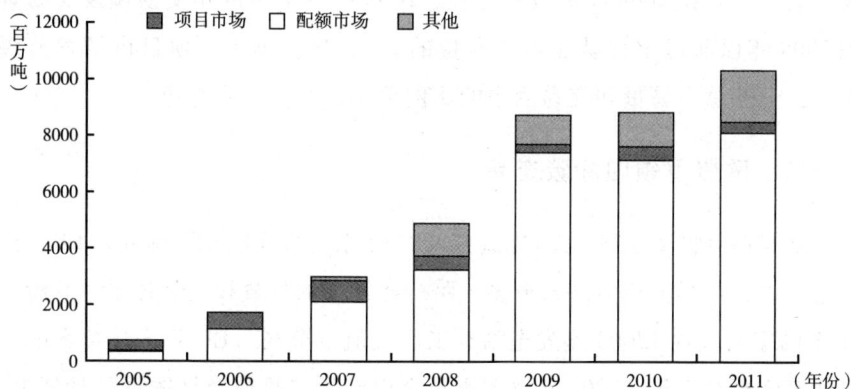

图 4 - 5　2005 ~ 2011 年国际碳市场交易量趋势图

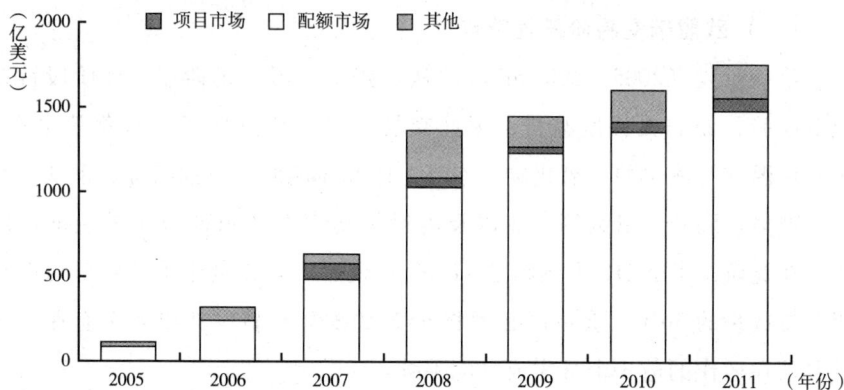

图 4 - 6　2005 ~ 2011 年国际碳市场交易额趋势图

资料来源：世界银行报告，State and Trends of the Carbon Market 2007, 2010, 2012。

国际碳市场的市场结构逐渐发生变化。自 2004 年以来，全球碳市场交易结构有如下三个特点：第一，以 EU ETS 为主的配额交易市场的成交量高于以 CDM 为主的项目市场成交量。第二，EU ETS 是排放交易体系中最大的一家，成交量和成交额远高于其他机构。第三，自2006年开展二级市场CDM交易以来，CERs现货和期货交易的二级市场上的交易量和交易额均增长迅速。其中，交易量由2006年的0.25亿吨上升至2007年的2.4亿吨，到2011年已增至18.22亿吨；交易额由2007年的54.51亿美元增长到了2011年的232.50亿美元。第四，配额市场的交易额与交易量逐年上升，并在2008年后成倍增长，2008~2011年的年交易额及交易量是2008年以前每年交易额与交易量的2~3倍。第五，项目市场发展缓慢，在全球总交易量和交易额中的比例很小，并呈下降趋势。

二　欧盟引领国际碳交易

欧盟拥有世界上最大的排放权交易体系，即EU ETS体系。EU ETS是迄今为止国际上覆盖国家最多、跨行业最多的排放权交易体系，共覆盖31个国家的大约12000座发电站、工厂及航空公司。EU ETS从草案的提出到实施历经4年：2001年欧盟委员会出台了"排放交易体系"计划书；2003年欧盟发布了2003/87/EC号指令（也称"排放权交易体系"）；2005年EU ETS正式启动。

（一）欧盟碳交易阶段性特点

第一阶段（2005~2007年），"从实践中学习"的阶段。此阶段旨在获取经验，而非大幅度减排；因此交易气体主要选取了《京都议定书》中6种温室气体中的二氧化碳，参与主体涵盖能源、石油冶炼、钢铁、水泥、玻璃、陶瓷、造纸等行业以及内燃机功率在20MW以上的企业。最终，在此阶段EU ETS大约覆盖11500家企业，其二氧化碳排放量约占欧盟总排放量的50%。会员国必须将95%的配额免费发放给各个企业，并且要求在运作的前3个月完成分配手续。

第二阶段（2008~2012年），为期5年。欧盟开始通过排放权交易体系，正式履行对《京都议定书》的承诺。成员国可根据本国实际情况，扩大温室气体及参与主体的范围。同时，成员国免费分配的配额比例下降至90%，并按要求需在运作前12个月完成分配手续。

第三阶段（2012~2020年），同样为期5年。为了实现2020年较1990年减少20%碳排放的目标，欧盟提出排放总量以每年1.74%的速度减少的目标。此阶段，参与主体范围将扩大至化学产业与氨水制造领域、航空与航运领域。2013 年，配额拍卖率应达到 40%，且比率逐年上升。

（二）欧盟碳交易的领导地位

欧盟的碳交易在国际碳市场中占绝对比重。世界碳市场总体来说可分为两个阶段：1996~2000 年，2000 年至今。前一个阶段自愿碳交易市场占据市场的主导地位，后一阶段向 EU ETS、CDM 及 JI 市场倾斜。可以说，欧盟在世界碳市场中占据绝对优势。横向来看，EU ETS 在世界碳市场中占有绝大部分份额。以碳交易额为例，EU ETS 占世界碳市场的比重一直处在 80% 左右的水平，由 2005 年的 71.8% 增加到 2008 年的 74.4%，再到 2011 年的 84.0%。纵向比较，就自身而言，欧盟配额成交额在逐年上升，由 2005 年的 79 亿美元上升到 2008 年的 1005 亿美元，直至 2011 年的 1478 亿美元（见表 4-2）。

表 4-20　欧盟排放交易体系在国际碳市场交易额中的比重

（基于交易额，单位亿美元）

年　份	EU ETS 配额	其他配额交易	一级市场 CDM	二级市场 CDM	其他项目交易	总计
2005	79	1	26	2	3	110
2006	244	3	58	4	3	312
2007	491	3	74	55	8	630
2008	1005	10	65	263	8	1351
2009	1185	43	27	175	7	1437
2010	1198	11	15	183	12	1419
2011	1478	10	30	223	19	1760

注：总计有微小出入系四舍五入所致。

资料来源：世界银行报告，State and Trends of the Carbon Market 2011，2012。

EU ETS 交易所发展迅速。EU ETS 所属的交易所均在努力扩大其会员范围，并不断完善和创新其碳交易产品。欧洲气候交易所（ECX）是欧盟系统中最大的气候交易所。ECX 是芝加哥气候交易所全资子公司，最终并入洲际气候交易所，目前拥有包括巴克莱银行、英国石油、新际集团、意昂集团、恩德萨公司、富通集团、高盛、摩根士丹利和壳牌等国际性公司在内的 100 多家会员。ECX 于 2005 年 4 月推出 EUAs 的期货交易，于 2006 年 10 月推出 EUAs 的期权交易，于 2008 年 3 月和 5 月分别推出 CERs 的期货与期权交易。目前 ECX 已经成为 EUAs 和 CERs 期权期货交易的领头羊。

此外，北欧电力交易所（Nord Pool）于 2007 年 6 月在国际上首先推出 CERs 期货合同；欧洲能源交易所（EEX）与欧洲期货交易所于 2007 年末联合推出 EUAs 的期货期权交易及 CERs 的期货交易；法国的 BlueNext 交易所也在 2008 年 4 月和 6 月先后推出 EUAs 和 CERs 的期货合约。

第五章　美国低碳经济政策转向的国内激励与约束

在奥巴马总统的"低碳之舟"上，不可或缺的是推动船体前行的引擎，即国内的激励与约束的相互作用构成了美国低碳经济政策转向的推动力。当然，这种动力既包括转向前的转向动力，又包括转向后的方向维持动力；既包括政治上的各种因素中不同力量的相互制衡与博弈，又包括经济上各种因素的不断推动。

第一节　政治层面

美国是一个多元主义国家，其国家内部因素较为复杂。政治上的决策受国家内部各种"次国家行为体"的影响，其中包括政治领导者、政治党派、利益团体、非政府组织和公众等。各种因素中的内部力量相互博弈，最终的博弈结果不断推动美国低碳经济政策的"变"与"不变"。

一　两党之间博弈

（一）气候变化的党派两极化

美国低碳经济政策很大程度上受到政党因素的影响。两党在阶级基础和意识形态等方面均存在差别。民主党主要代表中小资产阶级和劳工集团的利益，群众基础主要是劳工、公务员、少数民族和黑人。共和党又称"大佬党"，代表垄断资产阶级集团的利益，其群众基础主要为郊区和南方的白领工人及年轻人，二战后中产阶级为其新的支持力量。在应对全球气候变暖方面，民主党是气候变暖说的忠实信徒和有力支持者。他们十分担忧气候的改变，并积极地着力制定相关的政策措施。例如，反对对石油公司的税收减免和补贴，支持发展可再生能源，并认为政府应加大力度保护环境。而共和党人对全球气候变暖持有质疑的声音，并主要在气候变暖与人类活动的因果关系问题上持有怀疑态度。多数共和党人支持新的石油开采地，例如北极国家野生动物保护区。① 两党观点的对立、冲突与融合增加了美国低碳政策的制定和出台的复杂性，对建立新气候政策构成了挑战（见表5-1）。

表5-1　美国气候变暖问题上民主党与共和党的分歧

类别	民主党	共和党
利益集团	中小资产阶级和劳工集团	垄断资产阶级集团
低碳态度	支持气候变暖说	质疑气候变暖说
意识形态	反对对石油公司的税收减免和补贴,支持发展可再生能源,主张保护环境	多数人主张增加新的石油开采地

纵观历史，在国家层面上，党派因素与气候政策的关系十分密切。这种关系可追溯到克林顿执政时期。克林顿是民主党的代表，因此支持《京都议定书》。这种局面持续了克林顿的整个任期。

但是2001年后随着小布什的上任，情况发生了改变。如表5-2所示，2000~2006年，无论是参议院还是众议院，总体上共和党人处于上风，在人数上占绝对优势（2001~2002年参议院民主党人士略多）。因此，当时总的政策主张是反对《京都议定书》。当时参议院詹姆斯·英霍夫发表声明："人为碳排放因素造成全球气候变暖的说法是不真实的，并且此论断缺乏精准的科学依据。"2006年中期选举后，情况发生了变化，民主党开始成为占有两院最多数席位的党派。恰恰在同年5月《难以忽视的真相》引发了两党新一轮有关气候变化的纷争。出任这部纪录片的主演是美国前副总统戈尔，他曾作为民主党的候选人在2000年的总统竞选中失利，并一直致力于为人为因素引发气候变暖提供证据。此纪录片为民主党的争论提供了有力证据的同时也遭到了共

---

① 维基百科，http://en.wikipedia.org/wiki/United_States_Republican_Party.

和党的强力质疑。例如英霍夫曾称之为"科幻小说电影"。同时，小布什总统也称他不会看此片，并对此持怀疑态度。

表 5 - 2　2000～2012 年美国国会中民主党与共和党人数对比

单位：人

年份	国会	州长			参议院			众议院		
		民主党	共和党	其他	民主党	共和党	其他	民主党	共和党	其他
2000	106th	19	29	2	46	54	0	208	222	5
2001	107th	21	27	2	50	49	1	211	222	2
2002	107th	21	27	2	49	48	3	209	223	3
2003	108th	23	27	0	48	51	1	205	229	1
2004	108th	22	28	0	48	51	1	205	227	3
2005	109th	22	28	0	44	55	1	202	231	2
2006	109th	22	28	0	44	55	1	202	230	3
2007	110th	28	22	0	49	49	2	232	200	3
2008	110th	28	22	0	48	49	3	235	198	2
2009	111th	28	22	0	57	40	3	256	178	1
2010	111th	26	24	0	57	41	2	255	178	2
2011	112th	20	29	1	51	47	2	192	242	1
2012	112th	20	29	1	51	47	2	191	241	3

资料来源：根据 The Green Papers Home 网站整理。

　　2008 年的总统竞选活动使两党关于气候变化的两极分化出现了暂时性的停歇。民主党方面，奥巴马继续保持以往民主党持有的观点，相信人为造成气候变暖的论断，并支持制定相应政策措施予以应对。奥巴马强调建立总量控制与排放交易计划，以便在 2050 年将美国的碳排放水平降低到 1990 年的 20%。共和党方面，麦凯恩也在气候变暖上大做文章，并夸口反对小布什在气候问题上的立场。其中，在 2008 年 10 月 7 日第二轮总统候选人演讲中，他说："我们可能亲自为我们的子孙后代制造一个残缺的地球，我坚决反对布什政府……"不久，奥巴马在竞选中胜出，并制定一系列有关低碳的政策措施，此后一直持续，这在某种意义上也与民主党在参议院和众议院中一直占据多数席位有一定关系。

　　此外，这种政党实力的交替变化也反映在了气候政策相关议案的出台过程中。如表 5 - 3 所示，共和党的提案主要集中在传统化石能源技术方面，而民主党的提案主要集中在温室气体总量减排、交通标准和可再生能源利用方面。一些重大的气候变化议案也是在 2006 年中期选举后民主党占优势的时期提出的。

　　尽管共和党是气候政策的反对者、民主党是气候政策的支持者的说法基本成立，但也存在一些特殊现象。例如那些来自能源密集型产业州的民主党议员，就在气候变化问题上站在共和党一边。比如，在参议院就有超过 15 个这样的议员。①

表 5 - 3　美国 106th ~ 107th 两党气候政策提案数

单位：项

类别	党派	106th	107th	108th	109th	110th
温室气体限制	民主党	7	5	4	8	13
	共和党	3	1	1	7	2
	其　他	0	1	0	3	4
温室气体报告	民主党		6	4	3	4
	共和党		5	4	3	1
	其　他		1	1	0	0
国际谈判	民主党		3	2	2	7
	共和党		1	1	3	3
	其　他		0	0	0	0
建筑	民主党			0		1
	共和党			0		0
	其　他			1		0
交通	民主党			5	13	17
	共和党			13	10	6
	其　他			0	0	0
科学研究	民主党			4	8	6
	共和党			14	3	1
	其　他			0	0	0
友好技术	民族党	1	12	0	6	13
	共和党	7	14	18	8	3
	其　他	0	0	1	0	0
土地和碳汇	民主党	3	9	3	2	15
	共和党	6	9	6	7	3
	其　他	0	0	0	0	0

---

① 张焕波：《中国、美国和欧盟气候政策分析》，社会科学文献出版社，2011，第 33 页。

续表

类别	党派	106th	107th	108th	109th	110th
核能	民主党				0	
	共和党				2	
	其　他				0	
碳税	民主党					2
	共和党					0
	其　他					0
国家安全与气候变化	民主党					3
	共和党					0
	其　他					0
税收补贴	民主党					4
	共和党					5
	其　他					0
适应	民主党					4
	共和党					0
	其　他					0
能源政策	民主党					3
	共和党					0
	其　他					0
其他政策	民主党					2
	共和党					1
	其　他					0
合　计	民主党	11	35	22	42	94
	共和党	16	30	57	43	25
	其　他	0	2	3	3	4
合　计		27	67	82	88	123

资料来源：张焕波：《中国、美国和欧盟气候政策分析》，社会科学文献出版社，2011，第31~32页。

（二）奥巴马麾下的绿色团队

小布什就职美国总统时期任命的主要部门成员大多是低碳经济的反对派（见表5-4）。例如，副总统迪克·切尼（共和党）有着石油公司CEO的背景，代表传统工商利益集团的利益，支持传统化石能源行业的发展。内政部部长盖尔·诺顿（共和党）代表煤矿、石油、木材、牧场等利益集团的利益。而内政部副部长斯蒂芬·J.格里尔斯、能源部部长斯

表 5 – 4 小布什总统就职时期的重要人事任命

姓名	职位	职业背景	政策偏好
迪克·切尼(Dick Cheney)	副总统,"国家能源政策开发小组"组长	哈利伯顿石油公司CEO;美国推动石油发展的参议员	支持化石燃料行业/支持在阿拉斯加的北极国家野生动物保护区(ANWR)进行石油开发
詹姆斯·康诺顿(James Connaughton)	环境质量委员会主席	能源行业律师及环境顾问	致力于减少对能源工业企业的管制
克里斯蒂·托德(Christie Todd Whuman)	环保局局长	新泽西州前州长	秉持商业友好的态度,但支持通过扩大上千万亩的土地进行空间开放
盖尔·诺顿(Gale Norton)	内政部部长	内政部助理律师;科罗拉多州司法部长	支持煤矿、石油、木材、牧场利益集团
斯蒂芬·J.格里尔斯(J. Steven Griles)	内政部副部长	内政部詹姆斯·瓦特手下土地和矿产资源管理部门助理秘书;采矿业说客	支持化石燃料行业
弗兰·曼尼(Fran Mainella)	国家公园管理局主任	佛罗里达州的公园和休闲服务部主管	支持公共土地的保护
斯潘塞·亚伯拉罕(Spencer Abraham)	能源部部长	副总统丹·奎尔的助手;美国密歇根州的参议员;失去2000年连任资格	支持在北极国家野生动物保护区开采石油;反对对多用途车的高能燃油效率
约翰·阿什克罗夫特(John Ashcroft)	司法部部长	美国密苏里州前参议员	反对环保;作为参议员反对增加对提高空气和水的质量和清理危险废物的资金

资料来源：Byron W. Daynes, Glen Sussman. Economic Hard Times and Environmental Policy: President Barack Obama and Global Climate Change. Presented before the 2010 Annual Meeting of the American Political Science Association, September 2 – 5, 2010, Washington, D. C.。

潘塞·亚伯拉罕、司法部部长约翰·阿什克罗夫特则更是对低碳经济与环境保护嗤之以鼻。

与小布什不同,奥巴马第一任期内的人事任命更偏向于环保主义者,堪称"绿色团队"。

奥巴马的绿色团队中有一个重要人物——美国前副总统、民主党人戈尔,他对奥巴马绿色团队的影响极其深远。戈尔是公认的环保主义者，并不断在全球范围内宣传环保理念。除了早在克林顿执政时期，作为副总统推动签订《京都议定书》之外，他还以投资并参与拍摄纪录片《难以忽视的真相》而著称于世。影片由于对人类发展产生深远影响，引起人类对发展理念的反思，因此戈尔于 2007 年被授予诺贝尔和平奖，以肯定其在人类环保事业上所做出的杰出贡献。总之，虽然不在奥巴马新政府中任职，但是戈尔对奥巴马总统麾下的绿色团队有着较大影响。

奥巴马绿色团队中，最具影响力的人物是总统能源和气候变化顾问卡罗尔·布朗纳。卡罗尔·布朗纳曾任克林顿时期的环保局局长，闻名于政府和企业间环境问题的联盟建设，并帮助推进克林顿政府的气候变化议程。因此，卡罗尔·布朗纳在奥巴马总统的低碳经济政策制定中产生巨大的推动作用。

此外，奥巴马第一任期内能源部部长朱棣文坚持包括核能在内的新能源的发展，并支持低碳经济的发展。环保局局长丽莎·杰克逊多次在减少温室气体、改善空气和水的质量、危险废物的处置等方面与相关者展开对话。国务卿希拉里·克林顿也雄心勃勃，并致力于重塑美国在国际气候问题上的领导地位，推动气候问题上的国际合作。

由此可见，奥巴马在能源与环保等部门领导岗位上大胆起用新人，某种意义上向外界做出暗示：美国在气候变化与能源战略问题上的态度会产生变化，至少会采取一系列积极的行动。

表 5 - 5　奥巴马总统就职时期的重要人事任命

姓名	职位	职业背景	政策偏好
南希·萨特利（Nancy Sutley）	环境质量委员会主席	洛杉矶主管能源与环境的副市长；加州州长格雷·戴维斯的能源顾问；克林顿总统时期环保局高级政策顾问	在加利福尼亚有强大的政治背景；她力推环境、能源和水资源相关政策；擅长政府间关系的处理；闻名于敬业的职业素养
丽莎·杰克逊（Lisa Jackson）	环保局局长	曾效力于新泽西环境保护部	多次与相关者展开公开对话，重点包括减少温室气体、改善空气和水的质量、危险废物的处置

续表

姓名	职位	职业背景	政策偏好
卡罗尔·布朗纳（Carol Browner）	总统能源和气候变化顾问	能源、环境、气候变化顾问；克林顿时期环保局局长	闻名于政府和企业间环境问题的联盟建设，并帮助推进克林顿政府的气候变化议程
西泽尔·泽查尔（Heather Zichal）	总统能源和气候变化顾问的副手	奥巴马竞选团队和过渡团队的能源和环境顾问；在国会工作	高度参与创造绿色就业机会、应对气候变化、减少石油依赖和保护阿拉斯加的北极国家野生动物保护区等相关工作
肯·萨拉萨尔（Ken Salazar）	内政部部长	科罗拉多州参议员和律师	作为参议员推动了可再生能源政策；作为司法部部长设立了环境犯罪部门
乔纳森·贾维斯（Jonathan Jarvis）	国家公园管理局主任	1976年至今工作于国家公园管理局	作为生物学家，在公园风景资源管理和服务方面具有丰富的经验
朱棣文（Steven Chu）	能源部部长	1997年诺贝尔物理学奖获得者；劳伦斯·伯克利国家实验室主任；物理学和分子生物学教授	提倡可再生能源技术并支持气候政策

资料来源：Byron W. Daynes, Glen Sussman. Economic Hard Times and Environmental Policy: President Barack Obama and Global Climate Change. Presented before the 2010 Annual Meeting of the American Political Science Association, September 2 – 5, 2010, Washington, D. C.

（三）奥巴马与加州帮

奥巴马推行低碳经济政策某种意义上说也有赖其背后的一些政策拥护者。其中，南希·佩洛西、亨利·瓦克斯曼与朱棣文便是最具有代表意义的三位。他们或来自加州，或与加州渊源较深，因此对奥巴马推行低碳经济政策起到一定的推动作用。

南希·佩洛西是美国众议院院长，拥有控制立法日程、与多数党领袖管理各项议程等权力。虽为共和党人，但佩洛西是奥巴马改革的关键人物之一。佩洛西对全球气候变暖及由此带来的影响极为重视，认为气候变化关系到国家安全和国民经济发展，因此美国应该在绿色技术、清洁能源开发等领域加大投入，并降低能源成本。《瓦克斯曼—马基法案》最终能在众议院通过，佩洛西功不可没。佩洛西不惜跨越党派政治的界限，在国会向共和党人伸出了友善之手，以换取他们的支持。

亨利·瓦克斯曼是来自加州的民主党人，担任众议院能源委员会主席一职，而该委员会是新能源相关法案的起草地。《瓦克斯曼—马基法案》就是由瓦克斯曼与另一位议员爱德华·马基共同提出的。为了启动议程，他曾于2009年1月召开新能源听证会，包括通用电气、力拓集团总裁在内的33家企业和组织的领导人均到场。

朱棣文与加州有很深的渊源，他1976年毕业于美国加州大学伯克利分校，获物理学博士学位，1997年被瑞典皇家科学院授予诺贝尔物理学奖，之后成为美国能源部下属的劳伦斯·伯克利国家实验室首位华裔"掌门人"，最终被奥巴马相中，并委以重任，担任能源部部长一职。朱棣文在劳伦斯·伯克利国家实验室领导的高级能源技术、大气科学、室内外环境治理等项目，与奥巴马把新能源技术引入市场的竞选主张完全吻合，因此助推了奥巴马的低碳经济政策。

二　利益集团博弈

美国政治学家亨廷顿指出，美国国家利益在空洞化，其中原因是美国形形色色的利益集团在起着空前的作用，两党政治已经不是美国政治生态的全部内容，甚至两党本身也都分属于各种利益集团。[①]

（一）传统产业的游说战与舆论制造

美国工商利益集团以传统化石能源产业和传统制造业为主要代表，包括煤、石油、天然气、汽车工业、铝制造业等相关产业组织，堪称美国的高碳产业。这必将与低碳经济"低能耗、低污染、低排放"的核心特征相违背。因此，此利益集团成为美国低碳经济政策制定中的重要反对力量。其中，传统化石能源行业认为：气候变化问题的确很重要，因此不反对限制排放，但是反对对其行业的发展加以限制。传统制造业以美国制造商协会为其主要代言人，旗下会员囊括了全美80%的制造商。它们从未停止对气候变化科学的反对及对控制二氧化碳排放的抵触。

---

① 庞中英：《姿态与方式的调整——评布什对外政策的新变化》，载新加坡《联合早报》2001年6月19日，http：//www.zaobao.com/special/china/sino_us/pages2/sino_us190601.html。

由于在国家财政、国民经济及政治体系中占有重要位置，此利益集团在美国政策制定中具有很强的影响力和说服力（见表 5-6）。例如，通过游说，此利益集团就将《2009 美国清洁能源与安全法案》中总量控制与交易计划 20% 的减排目标减少到了 17%，可再生能源在发电中的比例由 25% 降到了 15%。他们的这种影响力主要通过政治贡献、游说官员及制造舆论等方式实现，并体现于克林顿、小布什及奥巴马等几届政府的碳减排政策制定中。

表 5-6　2009 年前三个月各类公司用于国会的游说费用

单位：万美元

组织名称	游说费用	组织名称	游说费用
石油、天然气公司	4460	美国风能协会	120
电力产业企业	3440	环境组织	470
清洁能源企业	1440		

资料来源：根据相关资料整理。

克林顿政府期间，工商利益集团主要通过成本估计和制造舆论等方式影响政府的决策。其中，全球气候联盟认为克林顿政府的政策不但会影响美国的经济增长及就业状况，而且会给发展中国家"搭便车"的机会。此外，联盟给出数据强调 2010 年美国碳排放的稳定将会以每个家庭每年 2000 美元的成本为代价。同时，在其相关文献及出版物中积极推广气候怀疑论，并在《京都议定书》上做文章，宣称这个议定书将会减少美国 30% 的能源消费，使美国蒙受每年 1500 亿美元的损失及 300 万失业的损失。在小布什政府期间，美国工商利益集团的游说手段体现得很明显，因为小布什在竞选期间背后的主要支持者即为高能耗的产业组织。这些企业为小布什的竞选提供了大量资金（见表 5-7），因此在反对阻碍其发展的碳减排政策中具有很大的游说力度。

奥巴马上任以后，游说及影响公众舆论等活动仍在继续。忧思科学家联盟（The Union of Concerned Scientists，UCS）主席凯文说："长期来看，化石燃料业者终究会输掉这场战争。但短期内，他们会竭尽所能地拖延时间。"事实也是如此，石油和煤矿业者组织了一个前所未有的说客团队，花

表 5 - 7　1999～2000 年小布什竞选期间高碳行业的捐助资金表

单位：万美元

行业名称	金　额
石油、天然气行业	184
汽车行业	126
能源界	86

资料来源：根据相关资料整理。

了数百万美元制造误导群众的研究学说，使《气候保护法》无法步入轨道。之后随着事态的演变，南方、皮博迪、埃克森美孚集团一类的大型石油企业开始改变策略，它们不再争论全球气候暖化并不存在，而是开始尝试把群众对气候变迁的害怕转换成大众对大量政府介入的恐慌。他们辩称《气候保护法》不过是变相的国家能源税法，不但会造成能源、燃料的价格飙升，还会毁了美国人的工作机会。与此同时，世况转机不断。一方面，美国工商利益集团的说客比例不断降低。由于新的利益团体的加入，在气候变化问题上，为电力、煤炭、石油、汽车、水泥和钢铁等九大高碳行业进行游说的说客比例由 2003 年的 70% 降到了 2008 年的 45%。另一方面，高碳行业内部产生了新变化。例如，近期美国两大电力公司太平洋燃气与电力公司（PG&E）和新墨西哥公共服务公司（PNM）联合声明由于与美国制造商协会在气候问题上存在分歧，因此宣布退出该协会。在某种意义上这削弱了美国制造商协会的政治影响力。此外，煤炭行业开始致力于包装自己的产品，并由美国净煤发电联盟出资近 1800 万美元进行广告宣传，并开始尝试销售"净煤"。

（二）新兴低碳产业的异军突起

美国新兴低碳产业集团是低能耗部门，主要包括两大类利益集团：新能源利益集团和华尔街新兴利益集团。该集团认同气候恶化与人类温室气体排放具有因果关系的观点，并认为人类应该采取有力措施推进低碳经济发展，以达到可持续发展的目的。

1. 新能源利益集团

低碳经济为新能源行业提供了前所未有的发展机会。在美国，可再生能源行业以 7 个非政府组织为代表。节约能源联盟（Alliance to Save

Energy）是一个非营利性的组织，旨在通过研究、教育和宣传促进全球能源利用效率提高。鼓励企业、政府、环保者和消费者通过提高能源利用效率，以实现更健康的经济、更清洁的环境和更大的能源安全。美国新能源和可再生能源协会（ACORE）旨在推广可再生能源并为消费者提供相关信息。美国风能协会（American Wind Energy Association）提供风力发电行业的一般信息和技术数据。美国自然资源保护委员会（NRDC）提供清洁的空气和能源、全球变暖、清洁水和海洋、健康和环境、城市和绿色生活等方面的环境政策，堪称环境的智囊团。可再生燃料协会（Renewable Fuels Association）重视乙醇等生物燃料的生产，提供乙醇发电量的数据，并告知消费者有关乙醇作为替代燃料的可能性。太阳能电力协会（SEPA）提供相应的太阳能政策和太阳能商业信息。UCS清洁能源项目（优思科学家联盟）则主张增加对替代能源的依赖。总之，这些可再生能源行业协会不但使公众更加了解可再生能源的基本概念、相关信息、相关政策，同时加快了政府低碳经济政策制定和出台的速度。

　　在可再生能源行业协会的宣传和推动下，在减排有助于竞争力增强的信念促进下，美国的新能源企业不断兴起。这些企业认为，减排活动一方面通过提高能源效率而节约能源成本，进而增加利润；另一方面，在减排限制命令下，可再生能源在能源利用中的比例必将上升，因此新能源行业的前景十分广阔。2005年《商业周刊》评选出世界十大温室气体减排企业，美国企业就占两家，其中，杜邦公司名列第一，铝业公司（Alcoa）名列第五。[①] 以杜邦公司为例，1994年，杜邦公司承诺到2000年将其温室气体排放量削减至1990年的40%。2000年，杜邦公司实现了这一目标，而且又制定了新目标——到2010年减排65%。2003年，杜邦公司就比原计划早7年实现了这一目标。实际上，杜邦公司在温室气体减排的努力中也确实获得了真实的收益：能源消耗比1990年减少了7%，而产量却增加了30%，相当于节省了20亿美元。[②]

---

① 张孟军：《美企业先政府一步积极减排温室气体》，《科技日报》2005年12月5日。
② PRNewswire（United Business Media），"Ceres Report Banks Dupont#1 in U. S. , #2 Globally on Climate Change," http: //sev. prnewswire. com/ chemical/ 20060321/ PHTU01921032006 - 1. html.

与此同时，新能源行业也加入了向政府游说及献金的行列。例如，清洁煤电联盟向 2008 年的总统候选人和国会议员候选人提供了大量捐款，无形中促进了新能源政策的出台（见表 5 - 8）。

表 5 - 8　2008 年美国大选中清洁煤电联盟的总统候选人捐款

单位：美元

总统候选人	捐款数额
麦凯恩（共和党）	302474
奥巴马（民主党）	241870
麦康奈尔（共和党）	235350
夏布里斯（共和党）	230900
博纳（共和党）	175600

资料来源："Donations from Political Action Committees and/or Employees of ACCCE-member Companies," Center for Responsive Polotics, http: // www. opensecrets. org/elections/index. php。

2. 华尔街新兴利益集团

除了新能源行业外，与传统工商业持相反态度的还有华尔街的金融机构。它们用其惯有的敏锐嗅觉捕捉到了这场低碳战争带来的机遇。气候变化给华尔街带来的利益主要体现在三方面：碳排放交易，清洁能源产业的私募股权投资与传统投行服务，碳排放交易所带来的新能源战略咨询与税收筹划的业务。

在碳排放交易方面，由 10 多家投资机构发起成立的"气候风险投资者网络"，推动华尔街分析师、评级机构和投资银行对投资碳市场的风险进行研究。目前，该网络成员已涵盖 80 多家机构投资者，总资产达 8 万亿美元。[1] 美国乔伊斯基金会赞助成立世界上第一家规范的气候交易市场——芝加哥气候交易所。2010 年 7 月初，芝加哥气候交易所的母公司被亚特兰大的洲际交易所（ICE）以 6.22 亿美元的价格收购。纽约商业交易所与摩根士丹利、高盛、都铎投资等 9 家公司合伙，组建全球最大的环保衍生品交易所——绿色交易所，交易温室气体排放权期货产品。目

---

[1]　"About INCR", http: //www. incr. com/Page. Aspx? pid = 261。

前，该交易所已向美国商品期货交易委员会申请独立法人资格。[①] 在清洁能源产业的私募股权投资与传统投行服务方面，各大投行也在积极加入。对于华尔街来说，更大的新生意机会在于清洁能源整个产业的兴旺发达。清洁能源早已成为华尔街无数证券投资基金和私募基金最为看重的行业。例如，华尔街投行摩根士丹利早在 2005 年就已杀入亚洲新能源产业的金融市场。当年摩根士丹利一口气完成了两个首次公开募股，拉开了华尔街角逐新能源产业的帷幕。这两个首次公开募股都具有一定的代表性：一个是 2005 年上市的太阳能企业中国无锡尚德太阳能电力有限公司，融资4.35 亿美元；另一个则是印度的风电发电机企业苏司兰能源公司（Suzlon Energy），融资 3.4 亿美元。除无锡尚德外，摩根士丹利还拿到了赛维 LDK 的上市（融资 4.86 亿美元）和发可转债（4 亿美元）业务。其他还有中国龙源电力集团股份有限公司的上市（25 亿美元），以及在香港的保利协鑫能源控股有限公司的上市和融资（7 亿美元）。此外，在战略咨询与税收筹划方面，会计师事务所是最先涉足的公司群体。比如，目前德勤有限公司就由能源业务部门与税务业务部门一起，向客户提供相关清洁能源战略方面的咨询，同时由税务业务部门提供服务，建议大型工业客户利用相关的新能源法规争取更多的税收减免及优惠。它们的客户除了大型的工业型企业外，还有很多的县市级政府。这些地方政府希望能更好地利用新能源，制定全新的能源利用战略。

总之，金融利益集团用自己的经济理论改造气候变化方法学，其报告、评级、投资不仅影响美国气候政策，也影响全球温室气体减排效果。由于该利益集团得到技术界的支持和气候学家的科学论证，对美国气候政策影响日益上升。[②]

（三）绿色环保组织的锲而不舍

2000 年小布什总统选举时期，利益集团便已经开始积极参与并宣传与气候变化相关的政策主张。实际上，早在 19 世纪 80 年代末，许多环保组织，包括塞拉俱乐部、环境保护基金、绿色和平组织已经把注意力转移

---

① "The Green Exchange Venture", http://nymex.greenfutures.com/overview/.
② 刘卿：《论利益集团对美国气候政策制定的影响》，《国际问题研究》2010 年第 3 期。

到温室气体减排上。与此同时，一些利益受影响较大的企业（石油、汽车等行业）做出回应并组织了全球气候联盟（GCC），其使命就是对抗一切呼吁全球变暖的行动。在接下来的 10 年里，包括美国全国制造商协会在内的很多组织，花费数千万美元用于宣传动摇公众。但是，在碳减排的问题上 GCC 的成员也出现了分歧。因此，在 20 世纪 90 年代末，一些联合政府成员——包括通用汽车、福特、荷兰皇家壳牌、杜邦和陶氏——决定终止其在 GCC 的成员身份。于是，GCC 在小布什任期的第一年中宣布解散。

　　把环保人士与另外一些利益团体区分开来的另一方面是：这些环保人士期望通过国际协议团结那些设定监管温室气体排放目标的国家，以此给美国政府和 GCC 施压，尽管小布什政府在 2001 年 3 月放弃了《京都议定书》。环保主义者与小布什政府和 GCC 的根本区别是："强制"与"自愿"以及时间表的制定。环保主义者和其他工商利益集团的区别在于后者认为减少温室气体排放的政策及规定会使经济受损，并降低效率，进而降低利润率。这种分歧一直贯穿小布什的总统任期直到奥巴马政府。从奥巴马政府开始，在碳减排方面，更广泛的、具有联合性质的利益群体格局出现了。

　　在奥巴马的任期第一年和第二年，参与全球气候变化问题的利益团体数量突然增加。其主要原因为：过去 20 多年中美国一直没有建立起一个实质性的联邦气候政策。例如，莫瑟批判道："无数的地方政府和非政府实体已经开始介入政府的空间。具有较高、较复杂技术人员的主流华盛顿环保组织已经开始参与国际气候谈判，并密切配合企业向以市场为基础的联盟扩张。"[1] 例如，2009 年秋出现的名为"清洁能源工程"的新型组织就是一个集环保人士、宗教团体、退伍军人、猎人以及农民于一体的支持碳减排的环保组织。[2]

　　总之，在美国各大有关气候变化的非政府组织一直在积极地进行碳减排研究并给出相关建议。截止到 2012 年 1 月 10 日，总部设在美国的环保

---

[1]　Susanne C. Moser, "In the Long Shadows of Inaction: The Quiet Building of a Climate Protection Movement in the United States," *Global Environmental Politics* 7, May 2007, 124.

[2]　Lisa Lerer, "New Climate Coalition Launches," September 8, 2009 at http: //www. politico. com/news/stories/ 0909/26873. html (Accessed January 18, 2010).

组织共有 38 家。这 38 家环保组织从气候、环保、生态等方面影响着美国低碳经济政策的制定。① 此外，2012 年美国国家环保局要求每位专家在气候变化领域推荐 4 个非营利性组织，2 个有前途的即将启动的非营利性组织。要求推荐的非营利性组织不但在国际上有较大影响，并且能从环境、能源利用和可持续发展等多种角度解决碳减排问题（见表 5 - 9）。

表 5 - 9 2012 年美国国家环保局推荐的 18 个研究碳减排的
非营利性组织排名列表

排名	组织名称	组织任务
1	美国自然资源保护委员会（ Natural Resources Defense Council, NRDC）	美国自然资源保护委员会的目的是维护地球：它的人民，它的植物、动物和自然系统。旨在完整地恢复维持生命的必需元素——空气、土地、水，以及保护濒危的大自然
2	350. org	350. org 是一个解决气候危机的全球性草根组织。"350"源自气候安全，即为了保护地球，必须将大气中的二氧化碳数量从目前的 394ppm 水平降低至 350ppm。旨在通过在线活动组织全球超过 188 个国家的志愿者从下到上支持碳减排活动
3	忧思科学家联盟（ Union of Concerned Scientists）	忧思科学家联盟是一个由科学家和公民组成的旨在通过科学的分析、创新政策发展、有效的公民倡议来达成实用的环境解决方案的非营利性组织
4	塞拉俱乐部（Sierra Club）	塞拉俱乐部的使命是探索和保护地球上的野生地带；促进生态系统和资源的有效利用；教育和宣传以使人类来保护与恢复自然和人类环境；并利用所有合法手段来实现这些目标
5	世界资源研究所（ World Resources Institute）	世界资源研究所的使命是转变人类社会的生活方式以使地球的环境和承载力得到可持续发展
6	谷神星（Ceres）	谷神星的使命是动员投资者和商业领导建立一个繁荣的、可持续的全球经济
7	美国环境保护基金（Environmental Defense Fund）	环境保护基金的使命是保护人类赖以生存的自然生态系统。在相关科学和经济学指导下，找出解决环境问题实际和持久的解决方案
8	全国野生动物联合会（ National Wildlife Federation, NWF）	鼓励美国民众为了孩子的未来保护野生动物。21 世纪野生动物的生存面临极大挑战：全球变暖，生物栖息地丧失，人们变得越来越脱离自然。NWF 的工作在于应对相关挑战并解答人们的相关问题

① http: //en. wikipedia. org/wiki/Category: Climate_ change_ organizations_ based_ in_ the_ United_ States.

续表

排名	组织名称	组织任务
9	气候和能源解决方案中心（Center for Climate and Energy Solutions，C2ES）	2011年11月启动的气候和能源解决方案中心是继皮尤全球气候变化中心后美国和国外有较大影响力的研究机构。皮尤中心的创始人 Eileen Claussen，其高级团队继续在此效力
10	绿色和平组织（Greenpeace）	绿色和平组织是最主要的独立运动组织，它通过和平言论和创造性交流来公开和揭露全球性环境问题，并提出有利于人类创造绿色和平未来的解决方案
11	美国气候行动网络（US Climate Action Network）	其任务是通过支持民间团体组织来影响有效、公平和可持续的全球战略的设计和开发，并确保国际、国家和地方各级政府碳减排活动的有效实施
12	ICLEI - 地方政府可持续发展（ICLEI-Local Governments for Sustainability）	ICLEI 的使命是发起一个地方政府的全球性运动来实现全球可持续发展和改善环境条件
13	气候变化解决方案（Climate Solutions）	气候变化解决方案工程旨在通过有效领导、增加投资、弥合分歧来促进具有实用性和营利性的解决全球变暖问题的解决方案的加速出台
14	地球正义（Earthjustice）	地球正义是一个非营利性的公共利益律师事务所。致力于保护美丽的自然资源和野生环境，并捍卫所有人享有绿色健康环境的权利
15	气候现实项目（The Climate Reality Project）	气候现实项目的任务是揭示关于气候危机的真理，点燃人们心中的道义和勇气
16	地球之友（Friends of the Earth）	地球之友捍卫地球环境并守卫健康公正的世界
17	清洁空气政策中心（Center For Clean Air Policy，CCAP）	中心旨在通过广泛的分析、对话和教育为政策制定者和利益相关者提出有效和实用的有关空气质量和气候的政策措施
18	美国大自然保护协会（The Nature Conservancy）	大自然保护协会的任务是保护人类赖以生存的土地和水资源

资料来源：http：//www.myphilanthropedia.org/top-nonprofits/national/climate-change/2012。

三　各州推动："自下而上"

美国的国家性质决定了其联邦政府决策受制于利益集团，因此立法过程较为漫长。而恰恰地方政府在碳减排方面的自主权使得区域和各州的气候和能源政策纷纷出台。这些操作包括地区温室气体减排市场的发展、州和区域性的气候行动计划的制订、可再生能源发电量的增加等。这些政策与行动的目的除了解决气候变化外，还在于限制能源价格飙升、促进各州经济发展、改善当地的空气质量等。

（一）州和地方政府的总体行动

由于立法环节复杂，因此美国没有形成国家层面的统一的减排行动，但这恰恰给了地方政府自由发展的机会。在这种情形下，很多州政府开始关注可再生能源的发展、注重能源利用效率的提高，并制定控制汽车尾气排放的标准。

1. 在州政府层面

截至2013年1月美国已经有31个州政府启动了"气候行动计划"。其中，23个州制定了具体的减排目标，例如，加利福尼亚州、新墨西哥州、新泽西州、缅因州、马萨诸塞州、康涅狄格州、纽约州、华盛顿州和俄勒冈州等（见表5－10）。在这23个州中，10个州（华盛顿、俄勒冈、加利福尼亚、明尼苏达、夏威夷、马里兰、新泽西、康涅狄格、马萨诸塞、缅因）已经制定了具体的减排法案，7个州（科罗拉多、亚利桑那、新墨西哥、密歇根、弗吉尼亚、佛罗里达、纽约）制定了执行命令。

表5－10　美国制定温室气体减排目标的州列表

	州	时间	减排目标
法案	华盛顿	2007.5	2020年减少到1990年水平,2035年减排25%,2050年减排50%
	俄勒冈	2007.8	2010年停止碳排放增长,2020年较1990年减少10%,2050年减少75%
	加利福尼亚	2006.9	2020年减少到1990年水平
	明尼苏达	2007.5	2015年较2005年减排15%,2025年减排30%,2050年减排80%
	夏威夷	2007.6	2020年减少到1990年水平
	马里兰	2009.5	2020年较2006年减排25%
	新泽西	2007.7	2020年减少到1990年水平,2050年较2006年减排80%
	康涅狄格	2008.6	2020年较1990年减排10%
	马萨诸塞	2008	2050年较1990年减排80%
	缅因	2003.5	2010年减少到1990年水平,2020年减排10%,长期较2001年水平减少75%~85%

续表

	州	时间	减排目标
执行命令	科罗拉多	2008.4	2020年较2005年减排20%,2050年减排80%
	亚利桑那	2006.9	2020年减少到2000年水平,2040年减少50%
	新墨西哥	2005.6	2020年减少到2000年水平,2020年减排10%,2050年减排75%
	密歇根	2009.7	2025年较2005年减排20%,2050年减排80%
	弗吉尼亚	2007.12	较基准情景,2025年温室气体排放减少30%
	佛罗里达	2007.7	2017年减少到2000年水平,2025年减少到1990年水平,2050年较1990年减排80%
	纽约	2002.6	2010年较1990年减排5%,2020年减排10%
其他	蒙大拿	2007.12	2020年减少到1990年水平
	犹他	2008.6	2020年减少到2005年水平
	伊利诺伊	2007.2	2020年减少到1990年水平,2050年减排60%
	罗得岛	2001.8	2010年减少到1990年水平,2020年减排10%,长期较2001年水平减少75%～85%
	佛蒙特	2001.8	2010年减少到1990年水平,2020年减排10%,长期较2001年水平减少75%～85%
	新罕布什尔	2001.8	2010年减少到1990年水平,2020年减排10%,长期较2001年水平减少75%～85%.

资料来源：清华大学气候政策研究中心，http：//www.cpi.tsinghua.edu.cn/qklw/93.jhtml。

2. 在市政府层面

减排的努力主要体现在4个协议上，即ICLEI、美国市长气候保护协议、城市克林顿气候倡议及世界市长和地方政府气候保护协议。

（1）ICLEI。1989年，多伦多第一个设立了温室气体减排目标，即2005年较1988年减排20%。此举带来了第一个正式的有关气候变化的市政项目——城市 CO_2 减排项目，并最终发展成ICLEI-地方政府可持续发展项目（ICLEI-Local Governments for Sustainability）——城市气候保护（CCP）活动。CCP要求其地方政府成员制定碳减排的发展目标、时间表和实施战略。目前其成员代表已经涵盖了全球1000多个地方政府。

（2）美国市长气候保护协议。2005年2月，《京都议定书》生效之日，西雅图市长发起了"美国市长气候保护协议"，提出了2012年温室气体排放较 1990 年减少 7% 的自愿减排目标。截止到 2010 年 10 月，已有 1044 个市长签署了该协议，覆盖了美国 8762 万市民。[①]

（3）城市克林顿气候倡议（CCI-C40）。倡议由克林顿于 2006 年 8 月发起，40 个大城市组成。旨在帮助各城市开展和实施相关的碳减排活动。组织不但对跟踪排放提供技术援助，而且为清洁交通及清洁建筑提供资金援助。此外，还创建了一个联合团体以提高联合谈判中节能技术和产品的议价能力。

（4）世界市长和地方政府气候保护协议。在 2007 年的联合国气候大会上，世界各地的地方政府领导人达成协议，争取完成 2050 年世界较 1990 年减排 60%、工业化国家减排 80% 的目标。目前该协议已有 112 个地方政府签名，并联合了 C40-CCI、ICLEI、美国城市和地方政府及世界市长气候变化委员会，呼吁实施互补的国家和国际政策，以此促进各地方政府的减排活动。

（二）州和地方政府碳减排案例

1. 能源供给

1999 年，圣塔莫尼卡成为美国第一个公共设施能源需求 100% 来自绿色能源购买的城市。此后，各城市均纷纷效仿，并且到目前为止很多还在购买绿色能源。例如，达拉斯，40% 的能源消费来自风能发电。阿尔伯克基，20% 的电力来自风能，并正努力实现从太阳能和垃圾填埋气体中获得能量。贝灵汉姆，不仅 100% 公共设施所需能源来自可再生能源，并且鼓励公民效仿。到目前为止，社区 11% 的用电量来自可再生能源。得克萨斯州奥斯汀市，截至 2009 年能源消费中可再生能源已经占到 19%。

2. 可再生能源和能源效率的融资

在可再生能源融资方面：在伯克利市，通过可再生能源和太阳能技术的融资倡议，居民和企业可以获得可再生能源设施的贷款。在政府设置的较低税率上，企业可以在 20 年内还清贷款。2008 ~ 2009 年，作为试点，政府共资助了 40 个太阳能光伏项目，该计划大大提高了伯克利的能源利用效率。在市政公用事业项目方面：科林斯堡市的市政公用事业部门为家

---

① 皮尤研究中心，http://www.c2es.org/science-impacts/climate-change-101/states。

庭能源的改进和升级提供零利息贷款保护帮助。贷款高达 2300 美元，但必须在 5 年内偿还。

3. 能源效率

在低收入房屋节能改造和能效提高方面，房屋节能改造项目为低收入家庭提供提高建筑效率的资助。堪萨斯城的项目提供能量的审计和住宅房屋节能改造服务，包括维修或更换熔炉和热水器、管道系统和门窗修理。该项目自 2009 年开始以来，已经为 700 个家庭提供了服务。此外，菲尼克斯推出了一系列有利于提高能源利用效率的项目，包括对节能家庭进行一次性资助等。

4. 交通运输

在美国，阿灵顿和丹佛可谓绿色交通的典范。阿灵顿的"土地利用总体规划"促进了混合公交的使用和高密度交通的发展。其公交线路以城铁车站、商场、宾馆等主要的客流集散中心为站点，拥有多种车型和服务方式，彼此之间相辅相成，既方便乘客，又保证客源。当地居民公共交通工具使用率高于全国平均水平：50% 以上的居民乘坐公交车上班和 73% 的居民步行至地铁站。丹佛市共有公交车 2681 辆，由公共事务局和安全局共同管理，在丹佛国际机场还有一个由 872 辆公交车组成的郊区巴士车队。这些巴士中相当一大部分是可替代能源巴士。其中，混合动力车 138 辆、压缩天然动力车 136 辆、汽油/压缩天然气动力车 103 辆、生物燃料车 1041 辆、丙烷动力车 29 辆、电力车 74 辆。根据相关杂志排名，在全美百强车队竞赛中，丹佛的绿色动力车排名第 8 位。

（三）加州低碳经济的快速发展

在碳减排方面，美国地方政府一直走在联邦政府前面。加州就是个典型，在气候、能源、交通和建筑等领域纷纷推出了一系列的举措。

加州于 2006 年设定了 2020 年温室气体排放量降到 1990 年水平的目标。2006 年，加州实施"电力排放限制气候行动计划"，要求每度电排放 CO_2 不超过 498 千克，不能达到标准者将被取消经营资格。加州 2002 年出台"汽车温室气体排放标准"，对新出产汽车的二氧化碳排放量予以限制。此法规 2009 年正式启动，做出了具体规定，即至 2016 年新车将减少 30% 的二氧化碳排放量。加州成为美国唯一有权制定汽车排放标准的州，到目前为止已有多个州的汽车排放参照加州标准。此外，加州推出了"可再生和可替代能源投资组合标准"，要求州内 3 个电力供应商 2010 年前 20% 的电力来自可再生资源；2020 年全州 33% 的电力来自可再生资源（见表 5 - 11）。

表 5 - 11　加州低碳经济政策及发展情况列表

政策	加州情况	实施此类政策的其他州的数量
气候行动		
减排目标	2020 年降到 1990 年水平（《全球暖化解决行动法》）	约 20 个
电力排放限制气候行动计划	标准为每度电排放 CO_2 不超过 498 千克。为执行《全球暖化解决行动法》设立计划，每 5 年修改一次	约 10 个，几乎全部制订了计划
气候变化委员会和咨询小组	2004 年成立"加州气候行动组织"；2005 年成立"气候行动小组"	约有一半州
区域行动	2007 年与其他州实施西部气候行动，并设立减排目标	西部、中西部、东部各有一个地区行动
GHC 报告与注册	要求登记，强制汇报	大多数州都有登记制度，约 10 个州强制汇报
州应对计划	2009 年出台应对海平面升高计划	约 10 个
能源领域		
公共利益基金	设有可再生能源与能源效率基金	超过 10 个
可再生和可替代能源投资组合标准	要求州内 3 个电力供应商 2010 年前 20% 的电力来自可再生资源；2020 年全州 33% 的电力来自可再生资源	几乎所有州都设立了标准
净电量计量项目	实施"州电量计量"项目	几乎所有州
绿色定价项目	无	华盛顿州等 11 个
可再生能源信用跟踪系统	系统名为"WREGIS"	一半的州
能效资源标准	2010 ~ 2012 年要求高峰需求减少 1500MW，3 年节约电力 7000GWh	约 20 个州
州政府绿色能源购买	无	纽约等东部 9 州
交通领域		
汽车温室气体排放标准	新车在 2016 年前减少排放 30% 的温室气体	十几个

政策	加州情况	实施此类政策的其他州的数量
命令和激励方式促进生物燃料	强制在汽油中添加10%的乙醇	大多数州
VMT相关政策和措施	推行"精明增长"城市规划,减少交通流量	十几个
建筑领域		
住宅建筑物能效规范	2006国际节能规范(IECC)	多数州实施不同版本的IECC

资料来源:美国PEW网站,加州政府网站,上海情报服务平台网站。

　　此外,加州在排放权交易方面也颇具成效。2012年11月14日加州成功举行了首个碳排放配额拍卖会。这场拍卖会是加州排放限额与交易计划的关键组成部分。拍卖会拍卖的是2013年度和2015年度的碳排放额,共成交2.86亿美元。2013年度可供拍卖的碳排放额已有97%被受"碳总量控制和交易机制"调控的公司认购,最高拍卖价为每吨91.13美元,均价为13.75美元,中值12.96美元,最终成交价10.09美元。2015年度的拍卖价最高17.25美元,均价为11.07美元,中值10.59美元,最终成交价10美元,但可供拍卖的大多数额度还没有卖出。

　　加州碳排放拍卖市场是继欧盟之后目前全球第二大碳排放拍卖市场,每个季度举办一次。加州空气资源委员会对拍卖活动进行监督。从2013年1月起,加州约350家企业的600座设施,包括水泥厂、钢铁厂、食品加工企业、电力公司和炼油厂等将率先纳入"碳总量限制与交易机制"。政府已根据这些企业近期的排放额,免费分配了90%的碳排放额给这些企业,不足部分需要企业通过拍卖市场从其他企业或政府购买。

第二节　经济层面

　　金融危机后的经济急救,近些年尤其是2012年美国的极端天气肆虐,以及美国长期存在但亟须解决的对外能源依赖过度等问题,构成了美国低碳经济政策转向中的经济因素考量。

一　寻求新增长点

（一）金融危机后的经济急救

纵观美国经济史，自二战以后每个阶段无不存在一个主导或新兴的行业引领其经济发展，最终奠定了美国世界霸主的地位。例如，1945～1973年，美国制造业发展迅速并成为美国财富增长的主要源泉。然而，不久美国遭受通货膨胀的灾难，失业率急剧下滑。拯救这次灾难的便是 20 世纪 80 年代的利率的商品化、资产负债管理、住房按揭和银行债务的商品化。进入 90 年代，美国新经济的发展成为拉动美国经济的又一引擎。1994～2000 年，伴随着计算机革命的科技创新和实际产出增长，温和的通货膨胀以及不到 5% 的失业率，新兴经济体迅速崛起并提供大量廉价产品进入美国刺激消费。随之而来的是暴涨的股票市场，以及互联网繁荣，相对于1997 年的亚洲金融风暴美国大有崛起之势。

然而，2008 年的次贷危机引发的全球金融危机使美国陷入房价下跌、贷款链断裂、股市暴跌、金融机构倒闭的境地。危机快速蔓延，直至整个实体经济。在金融市场上，整个市场剧烈震荡，多家银行宣布破产。2008年前三个季度，就有 12 家银行破产，其中不乏美国五大投行中的雷曼兄弟等。种种迹象最终导致债券人和股票持有人资产大幅缩水，市场信心受挫，股市下跌。此外，危机还直接导致美国商品市场价格下滑。危机发生后不久，美国原油、有色金属、钢铁、粮食等价格就纷纷开始下滑。危机还波及房地产行业。自 2008 年 6 月开始，美国住宅开工项目连续下降，2009 年 1 月美国新房开工量只有 47 万套，环比下降 16.8%，仅为 2006年高峰时的 1/5。然而，受损最严重的还属美国的就业。在就业方面，美国失业率显著提高，根据美国劳工部发布的数据，2009 年 6 月到 7 月美国失业率就达到 8%。

面对如此情形，美国不得不重新思索并寻找引领其经济发展的又一领域。国际上不断猜测："大气和水资源缺乏的商品化是否将成为美国的下一个目标？低碳经济能否成为美国经济发展的又一推动力？"

（二）奥巴马低碳经济的就业与增长含义

金融危机重创美国经济之时正逢奥巴马总统上任，各个智库与政府机构纷纷给出意见和建议，急救美国经济的同时给出中长期发展战略。其中，很多智库将目光投射于"低碳经济"。

2008 年共同农业政策报告第二次报告提出"绿色经济复苏计划"，旨在通过向低碳经济转型，增加美国就业，重振美国经济，巩固美国在世界经济中的领导地位。报告建议美国投资 1000 亿美元（500 亿来自税收抵免、460 亿来自政府直接支出、40 亿来自联邦贷款担保）用于改造建筑物提高能源利用效率、发展公共交通和铁路货运、构建"智能"电网传输系统、风力、太阳能发电、先进生物燃料六大方面，以便为美国带来200 万个就业岗位。

表 5 – 12　美国绿色恢复项目创造的就业机会

直接就业活动	创造的就业机会类型（总计:935200 个）
1. 建筑改造	电工、取暖设施/空调安装工、木工、建筑工、屋顶工、绝缘工人、卡车司机、建筑督察
2. 公共运输/货运铁路	土木工程师、铁路铺轨工、电工、焊工、金属加工工人、发动机组装工、巴士司机、调度员、机车工程师、铁路导线员
3. 智能电网	计算机软件工程师、电气工程师、操作工程师、电气设备装配和技术人员、机械师、装配工程队、建筑师、电力线路安装和维修工
4. 风能	环境工程师、工业生产工人、管理人员和监事、钢铁工人、工业维修技师、板材工人、机械师、定期设备装配工、设备经营者、卡车司机
5. 太阳能	电气工程师、电工、工业机械技工、焊工、金属装配工、电气设备装配工、施工设备操作员、建筑工人
6. 先进的生物能源	化学工程师、化学家、化学设备操作人员和技术人员、机器操作员、农民、农业工人和督导员、卡车司机
间接就业影响	就业类型（总计:586000 个）
1. 相关制造业和服务业就业	林业产品、五金、钢铁、运输
连带就业影响	就业类型（总计:496000 个）
1. 通过增加收入支出带来的工作机会	批发和零售

资料来源：爱德华·B. 巴比尔：《低碳革命——全球绿色新政》，彭文兵、杨俊保译，上海财经大学出版社，2011，第 43 页。

此外，作为奥巴马总统竞选时的贴心智囊的美国民主党智库美国进步中心长期以来为奥巴马提供了独到的见解、贴近实际的研究报告，深受奥巴马的赏识和认可。因此，中心对总统的偏好起到了一定的影响作用。美国进步中心指出，美国有一个很理想的机会，把在短期内创造就业机会和刺激经济复苏与在中长期向低碳经济转型结合起来。①

早在 2007 年，美国进步中心就提出了一个十年战略，建议美国通过加速实施提高能源利用效率、发展清洁能源并采取碳定价等策略，逐步走上低碳经济之路。2011 年 5 月，美国进步中心又推出有关低碳创新的美国工业重建战略。美国进步中心认为美国虽然在近几年经济开始缓慢复苏，但是 2007~2009 年美国萧条时期失业、出口的挑战、中国等国的快速崛起，加之气候变化带来的不确定性，将会对未来美国经济造成较大的挑战。因此，美国应该努力改变自己的经济增长战略，最终将气候变化与竞争对手带来的挑战转化成美国未来经济发展的机遇。对此，中心认为美国应该以发展、生产和商业化低碳技术为核心要素，实施一个强大的低碳经济增长战略，通过以低碳技术作为突破口加强自身的创新能力和提升企业家精神并建立更大的低碳创新网络等途径，达到加快短期内创造就业机会和经济增长、促进创新为主导的经济竞争力和扩大出口、提高能源安全和经济安全，同时减少气候脆弱性等效果。

此外，皮尤研究中心的拉里·古尔德关于全球气候变化发布的研究报告称：将直接排放政策，如限额交易制度与研发补贴政策相结合，鼓励私营部门投资于提高能源利用效率和发展清洁能源，可能会产生强有力的技术创新引致效应。② 同样，另一个由皮尤研究中心戴尔·乔根森发布的研究也表明，正确组合碳定价政策与补充性财政政策，进行大幅度的收入再分配，能够显著地减少美国经济任何气候变化政策的成本。③

二　极端气候成本

近些年全球气候的急剧变化显而易见，波及世界上的每一个国家。美

---

① 蔡林海：《低碳经济大格局：绿色革命与全球创新竞争》，经济科学出版社，2011，第 7 页。
② 〔美〕爱德华·B. 巴比尔：《低碳革命——全球绿色新政》，彭文兵、杨俊保译，上海财经大学出版社，2011，第 44 页。
③ 〔美〕爱德华·B. 巴比尔：《低碳革命——全球绿色新政》，彭文兵、杨俊保译，上海财经大学出版社，2011，第 44 页。

国不但遭遇温度的急剧上升，而且不断受到干旱、飓风、降雪等极端天气的侵袭。这使得民众对气候问题越来越重视。

（一）气候变化与极端天气

1. 气温不断升高

2013 年 1 月 11 日，由包括美国农业部、美国航天局等在内的 13 个机构专家组成的咨询小组公布的《美国国家气候评估》草案提到，过去半个世纪中可观测到的气候变化"主要是由人类活动特别是化石燃料的使用导致的"。气候变化现在已经影响到美国的很多方面，包括健康、基础建设、水供应、农业等，并导致了极端天气的频繁出现。报告称，自 1895 年美国有可靠的全国记录以来，美国平均气温已上升 1.5 华氏度（合 0.83℃），其中 80% 的升温现象发生在过去的 30 年中。由于大气中存在温室气体，未来几十年中，美国大部分地区的气温将再上升 2～4 华氏度（合 1.1℃～2.2℃）。

事实也是如此。回顾美国历年气温，美国气温的平均值是 11.16℃，长期以来其温度都在均值左右上下波动。然而，从 1996 年开始情况有所变化。1996～2012 年，美国的气温一直在均值之上波动，且很多年份都超出均值很大的数值。例如，1996 年气温为 11.04℃，从 1997 年开始，气温升高至 11.67℃ 左右，且大部分时间里大于 11.94℃。2012 年全年平均气温突升至 12.97℃，可谓美国有可靠气温记录以来最热的一年。

2. 极端气候天气频发

近些年，美国正经历着气候变迁带来的更多的热浪、干旱、突如其来的暴雨、更大范围的野火以及更恶劣的风暴。美国国家海洋和大气管理局根据高温、干旱、降水、极端气候等方面设定了六大测量指标，对美国近些年的极端天气指数进行了测算。美国极端气候指数的趋势与美国气温变化趋势类似。其极端气候比例的均值为 20%。1996 年以前，美国各年极端气候指数大多低于 20%，只有少数几年极端气候指数高于 20%。然而，1996 年以后趋势有很大变化，绝大部分年份的极端气候指数高于 20%，甚至 1998 年、2007 年、2011 年分别达到 39.24%、37.62% 和 30.50%。2012 年更是达到历史最高，为 46.28%。

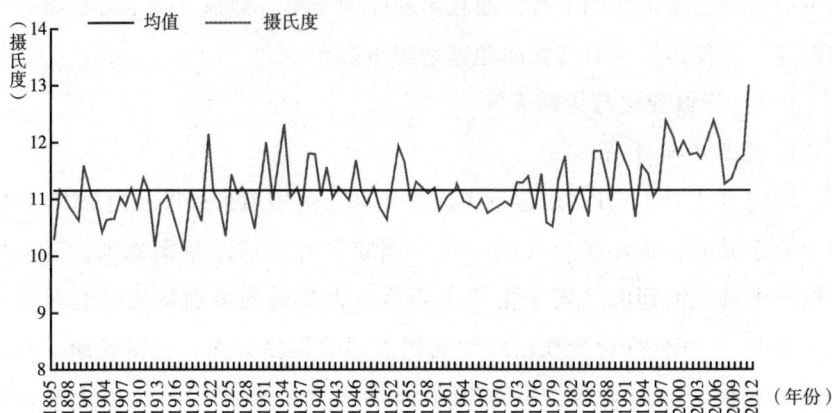

图 5 - 1   1895 ~ 2012 年美国气温变化趋势图

资料来源：美国国家海洋和大气管理局，国家气候数据中心。

具体而言，2011 年及 2012 年是美国极端气候天气的高发年。2011 年，美国干旱、飓风、降雪等极端天气破纪录地达到 3000 多例。其中经济损失超过 10 亿美元的极端天气就达到 14 例，为历年之最。2012 年情况更是不容乐观。仅就 2012 年一年，美国经济损失超过 10 亿美元的极端天气就达到 11 例，其中包括 7 次恶劣天气和龙卷风事件，两次热带风暴及飓风侵袭，及为期一年的干旱和野火。其中，飓风桑迪重创了人口稠密的美国东海岸地区，引发大面积停电和严重火灾，包括纽约在内的重灾区的交通、通信等均受到严重影响。而半个世纪以来最严重的旱灾使美国中西部地区受灾最严重，80% 的农田均出现灾情。

（二）经济损失与舆论压力

1. 损失总量较大

极端天气给美国带来了大量的经济损失。单就损失超过 10 亿美元的极端天气，1980 ~ 2012 年共有 140 例左右。根据美国国家海洋和大气管理局最新统计，1980 ~ 2011 年的 133 例极端气候天气共造成 8812 亿美元的经济损失。其中，热带气旋和干旱/热浪是经济损失的罪魁祸首，其造成的经济损失分别占到总经济损失的 47.4% 和 23.8%。

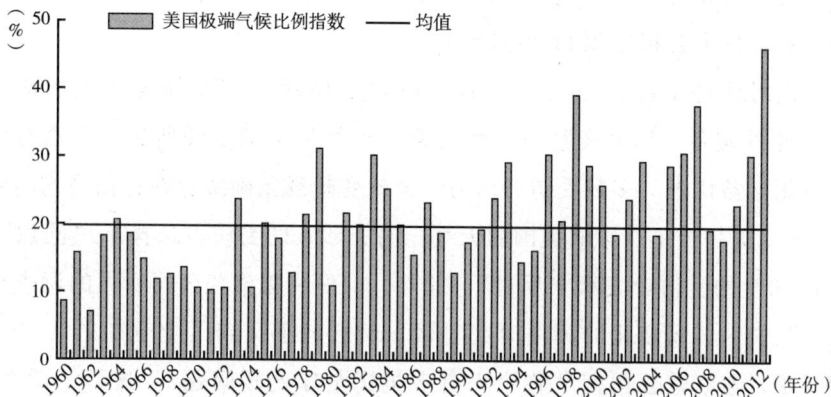

图 5 - 2　1960～2012 年美国极端气候比例指数变化趋势

资料来源：美国国家海洋和大气管理局，国家气候数据中心。

表 5 - 13　1980～2012 年美国造成 10 亿美元以上经济

损失的极端气候天气类别损失金额

	数量（次）	损失（10 亿美元）	损失比例（%）
热带气旋	31	417.9	47.5
干旱/热浪	16	210.1	23.7
局地风暴	43	94.6	10.8
非典型洪水	16	85.1	9.7
冬日风暴	10	29.3	3.3
野　火	11	22.2	2.5
冰　冻	6	20.5	2.3
总　计	133	879.7	100.0

资料来源：Adam B. Smith, Richard W. Katz, US billion-dollar weather and climate disasters: data sources, trends, accuracy and biases. Accepted: 17 January2013, US Government（NOAA）2013。

2. 极端天气数量及损失激增

从 1980 年起，美国经济损失 10 亿美元以上的极端气候天气频发，由最初的每年 1 例或 2 例，增加到 2004 年和 2009 年的每年 5 例左右，直至 2011 年和 2012 年的 14 例和 11 例。在经济损失方面，2004 年以后，美国极端气候天气为美国带来的经济损失不断加大，除 2005 年的 1872 亿美元外，2004 年、2008 年、2011 年损失分别达到 557 亿、608 亿、479 亿美元。美国国家海洋和大气管理局估计，2012 年，受飓风桑迪和干旱的影响，经济损失会超过 2011 年的水平。

面对此种情况，美国发布的一项调查显示，大部分美国人都认为2012 年的暖冬、酷暑及其他一些气象灾难都是全球变暖所致，民众对气候变化日益忧虑。多数受访者认为，全球变暖现象确实存在；而当询问到"全球变暖是否正在影响美国的天气"时，69％的受访者选择了"同意"，只有30％的受访者表示"反对"。此外，一份由盖洛普公司所做的调查显示，人们对气候变化的关注时起时伏，最近似乎又到了上升期。从 1989 年开始，盖洛普公司就"你个人有多担忧全球变暖问题？"进行了调查。在经济衰退之前，回答自己"担忧"的人达 66％，而 2011 年该数据回落到了 51％，因为经济问题成为人们的首要担忧对象。而 2012 年盖洛普公司的调查显示，表示"担忧"的人数又上升到了 55％。①

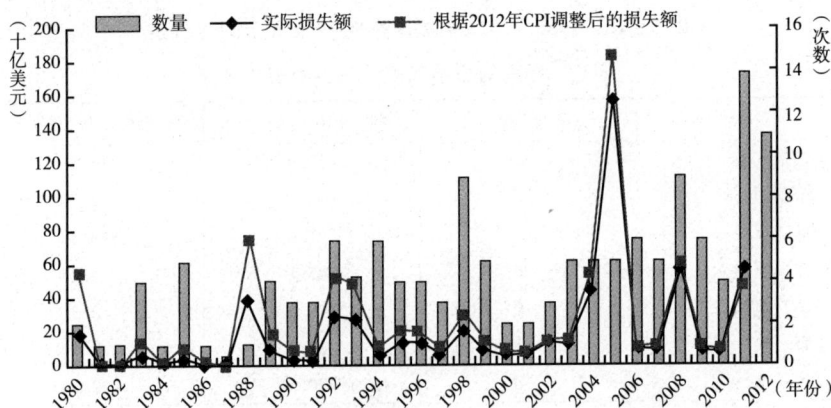

图 5 - 3　1980 ~ 2012 年美国超过 10 亿美元的极端气候数量与损失

资料来源：美国国家海洋和大气管理局，国家气候数据中心。

三　能源结构风险

美国是能源消费大国，石油更是其主要依赖的资源。目前国际石油危机和环境危机的不断加剧，势必对美国的国家能源与经济安全造成威胁。

---

① http：//www. chinadaily. com. cn/hqgj/jryw/2012 - 04 - 24/content_ 5754149. html.

因此，此因素成为美国大力创新低碳技术，努力发展新能源，深入推进低碳经济的进一步助推之力。

（一）较大的能源对外依存度

美国的石油生产与消费大国地位从未改变。大约 1 个世纪的时间，美国还可以凭借其大国地位、国际石油市场扩张的局势，主导世界石油领域。然而，在 20 世纪 40 年代，随着美国国内石油消费的增加，美国由石油贸易顺差国成为石油贸易逆差国。到了 20 世纪 50 年代，美国石油净进口约达到 50 万桶/天。二战结束后，美国由于不能维持石油产品的高速增长，对中东的石油进口初现端倪。20 世纪 70 年代，美国便陷入了对外石油依赖的困境，依赖程度居高不下，一度达到 65% 的进口比例。

如果不采取措施，美国的石油进口依赖将进一步加大。

第一，全球油价的不断升高。回顾世界石油价格的历史，2000 年以后世界石油价格升高趋势明显加大，2008 年更是达到 133 美元/桶的峰值。此外，石油价格决定自身的性质也会为美国的石油依赖带来风险。决定石油价格的 OPEC 凭借其垄断势力可以人为地抬高价格，使美国利益受损。

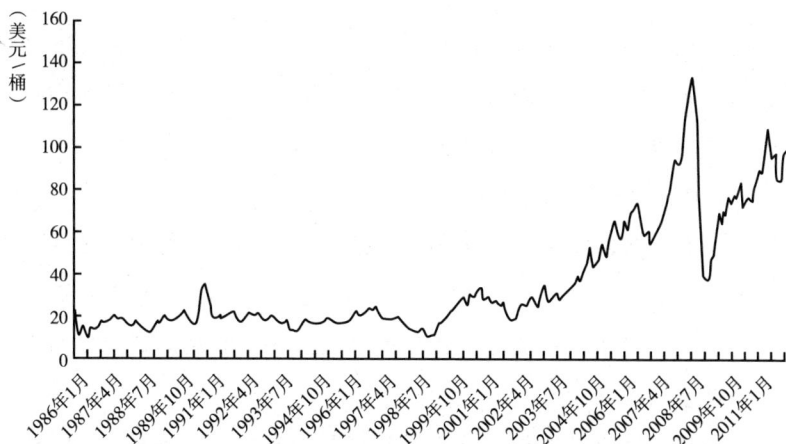

图 5 - 4　1986～2012 年美国西得克萨斯轻质原油价格走势

资料来源：豆丁网，http：//www.docin.com/p - 451117475.html。

第二，美国现有的石油已探明储量正在快速枯竭。目前的总储量勉强超过 200 亿桶，尽管这个数字听起来无比巨大，但是按照目前每天 800 万桶左右的开采速度,这些已探明储量将在8年之内全部告罄;此外,如果美国真想做到零进口的能源独立,那么,现有已探明储量的石油只能维持3年(见表5-14)。①

表5-14　世界已探明储量石油及天然气国家排名

排名	国家	已探明石油储量(百万桶)	排名	国家	已探明天然气储量(万亿立方英尺)
1	沙特阿拉伯	262.30	1	俄罗斯	1680
2	加拿大	179.21	2	伊朗	971
3	伊朗	136.27	3	卡塔尔	911
4	伊拉克	115.00	4	沙特阿拉伯	241
5	科威特	101.50	5	阿联酋	214
6	阿联酋	97.80	6	美国	193
7	委内瑞拉	80.01	7	尼日利亚	185
8	俄罗斯	60.00	8	阿尔及利亚	161
9	利比亚	41.46	9	委内瑞拉	151
10	尼日利亚	36.22	10	伊拉克	112

资料来源:美国能源信息局(Energy Information Adminidtration, EIA)。

第三,世界石油供给存在潜在风险。一方面,美国一直依赖的合作国家很容易因政局不稳导致石油供给的中断。另一方面,新兴国家的石油新油田的探明速度远低于世界能源需求增长的速度。

(二)潜在风险的经济影响

第一,在宏观经济层面,美国的石油依赖对其经济的影响主要体现在GDP增长率方面。美国对石油的强烈依赖无论从生产到消费、从成本到价格、从贸易到投资,都会因油价的上涨而带来不利的影响,进而降低经济增长的速度。

油价上涨的直接冲击使企业面临更高的生产和运输成本,最终导致美国消费者购买力的降低和企业生产量及就业岗位的减少。随之而来的还有工资的削减和收入压力的增加,进而降低美国经济的消费能力;加之税负

---

① 〔美〕哈伯德、纳瓦罗:《毁灭的种子:美国经济的兴衰成败》,刘寅龙译,机械工业出版社,2011,第86页。

的增加，必然降低美国经济的投资动因。

此外，在国际方面，石油依赖过大对净出口额的制约作用显而易见。美国石油进口占美国商品贸易逆差的40%，由此可见，石油进口大大增加了美国的贸易逆差。

第二，在地缘政治风险层面，美国严重的石油依赖导致了地缘政治风险，包括"禁运风险""敌对风险""中断风险"。

"禁运风险"，即一国或多国因反对美国外交政策而削减其对美国的石油供给，是最大的地缘政治风险。1973～1974年沙特阿拉伯对美国实施石油禁运，原因是美国在第四次中东战争期间为以色列提高军事援助，禁运的目的是迫使美国放弃以色列。此次禁运给美国带来了巨大的影响。目前，海湾地区的地缘政治风险依旧存在。阿拉伯世界再次发动石油禁运也不无可能。如果再次发生，必然影响石油价格，进而影响美国经济。

"敌对风险"也具有一定的可能性和威胁性。为了防止波斯湾和马六甲海峡等关键石油航运通道受阻，美国自然会提高其在这些地区进行干预的军事成本，无形中相当于被征收了更加隐蔽的石油进口税。

最后是"中断风险"。西亚和北非局势动荡，美国和伊朗有很大的矛盾，以巴矛盾仍在持续。西亚的国家虽表面稳定，但不能完全排除以后不会发生冲突。这些不安定因素必然要危及石油供给的稳定性，进而对国际石油市场价格造成不利影响。

鉴于严重的石油依赖会由于"地缘政治风险"的存在给美国带来严重的经济副作用，因此美国历届总统都在试图走出对外石油依赖的困局，因此，低碳也就成为奥巴马总统很好的应对之策。

第六章　美国低碳经济政策转向的国家 战略诉求与最终博弈

面对国际社会的舆论压力与各方声讨，面对欧盟、日本以及二十国集团中其他一些国家低碳经济发展的日趋强劲，面对国内各方支持与阻碍力量的相互博弈，面对国内经济发展的大势所趋，美国自然会重新定位其低碳经济政策的态度，而这种态度将更深层次地取决于美国国家发展战略的调整。

第一节　后危机时代美国发展战略的坚持与调整

金融危机后，美国开始重新思考自己的发展战略，无论在国内经济、政治、军事还是对外战略方面都显现出了转变的决心。在对内战略方面，美国将重振经济作为国家发展的第一要务。在对外战略方面，美国的两个基本准则是务实主义和"传教士情结"，两者相互融合，交替占据主流。[1] 虽然拥有这两个挥之不去的情结，但美国在制定和执行外交战略时从不纠结，牢固把握对美国国家利益的根本追求，政策上的河东河西是常态，只是应对国内外环境变化的策略调整而已。[2]

一　战略调整背景

（一）美国国家力量衰落的认识

虽然有过经济的波动，但是美国的经济、政治、军事实力在小布什执

---

① 程伟：《美国单极思维与世界多极化诉求之博弈》，商务印书馆，2012，第 150 页。
② 程伟：《美国单极思维与世界多极化诉求之博弈》，商务印书馆，2012，第 150 页。

政时期雄厚稳固，其世界霸主角色在国际社会继续上演。然而，一场突如其来的金融危机给美国重重一击。在国内经济方面，危机后遗症使得美国经济严重下滑、财政赤字加剧、贸易逆差增加、失业率高涨。在国际方面，虽然还能维持霸主地位，但是美国在国际体系中的实力相对下降。此次危机，对美国国际政治经济霸主地位造成了威胁。在国际上，国际体系正在慢慢地发生变化。正如法国《青年非洲》所指出的，"危机就像一场风暴或者龙卷风，所到之处景象改变。而当危机结束时，我们将发现一个不同的世界，世界格局已然改变"。中国、印度等新兴大国经济实力逐渐强大，经济凸显强劲发展的势头，欧盟也在努力寻求下一轮的突破。这些国家和地区的改变不仅威胁到美国的国际霸主地位，而且也挑战了美国主导的国际秩序，美元特权地位也遭受严重挑战。面对此种境况，美国如梦方醒，危机意识和紧迫感不断增强，开始频频出招，以继续维护美国在国际体系中的霸主地位。

（二）基于对国际局势变化的考量

随着全球化进程的加速，国家间相互依赖的程度不断加深，国家间的合作与竞争并存。为了适应国际形势的变化，美国新政府调整了国家发展和国际战略。而变化发展的世界局势，也使各个国家的挑战和威胁不断变化。

对于美国来说，面临的挑战不仅来自单个国家，还来自跨国和全球各方的压力，而且越来越多的因素已不在美国的控制范围内。要解决在国际事务中遇到的威胁与挑战，单单靠国家经济与军事力量是不够的，美国需要动员所有的资源、力量、手段来维护世界的和平与发展。全球一体化的发展使得国家间越来越依赖彼此，世界上已经没有一个国家可以凭借自身力量面对威胁和挑战，亦无一个国家可以单凭一己之力实现和扩展自身的利益。所以，美国在寻求实现自我目标的同时，也一定会转变国际大战略，通过与其他国家的合作与协调以及国际机制来维护和实现自己的利益最大化。

长期以来，世界格局的变化都会影响一个国家的行为方式。当今的国际格局在经济、军事和其他多类行为体上都发生了改变。军事在此新格局里依然占首位。美国军事方面的力量是无人能敌的。其次是经济。全球化的发展与国家间相互依赖程度的加深使得国际经济力量不再一国独大，而是向多极化方向发展。美国、欧盟、日本、俄罗斯、中国等在这个立体结构中各占一极。美国在这一维度中并不占据绝对的优势地位。最后是包括所有政府以外的非政府跨国行为，例如目前的全球气候变暖现象、恐怖分子的武器交易以及大范围高致病的流行性传染病等，这个格局内的力量分配是混乱的、无规则的，没有哪个国家能够完全操控，也没有哪个国家能独自面对。所以，美国已经意识到要维护其在国际上的主导地位，应对全球的各类威胁和不断挑战，美国人就不能仅仅依靠自己的力量行事，要打造一个全球性的国际联盟并建立相对应的国际协调机构，与世界各国政府共同努力，才能实现这个目标。

二　巩固"硬实力"

（一）重树美国的领导地位

领导地位的树立包括国内实力的增强和国际形象的塑造。美国以往的惯性思维认为，美国是整个世界的"救世主"。美国自身的发展和稳定，是世界和平与发展的基础。因此，美国将第一个措施定位在夯实美国自身强大的基础上。奥巴马总统认为自身的强大首要是经济的强大，经济的强大是美国一切力量的源泉。美国将其经济发展的主要目标定位在危机后的全面复苏、经济长期增长和加强国际竞争力三大方面。而上述目标的实现方式是用投资拉动，包括教育上的公平均等，科学技术的发展与创新力的持续增强，实施新能源经济转型以创造更多的就业机会和促进新兴产业的发展，医疗改革以及减少联邦赤字等方面的投资。美国 2010 年《国家安全战略报告》中提到："我们的经济复苏包括重建基础设施，以更安全、更可靠地抗击恐怖袭击和自然灾害。我们的重点在于教育和科学，以确保美国拥有未来的重大科技进步。我们发展新能源，以减少对进口石油的信赖。我们承诺减少赤字，在面临艰难选择时能充满信心，而不是力不从心。"美国政府认为，重振美国经济不但能加强美国自身防范、抵御和应对恐怖威胁与自然灾害的能力，还有利于美国维持其在世界上的领导能力。

（二）维护美国国家安全

在国家安全方面，美国既服务于重树其国际领导地位的目的，又为推进国家安全最优先任务的紧急行动提供支持。其所谓的国家安全包括核武器安全、网络安全和贸易安全等。

在核问题方面，美国称自己寻求在国际上推进一个以各国的权利和义务为框架的全面防扩散及核安全日程，在确保核威慑的有效性和可靠性的同时，美国正在努力削减自己的核武器库，降低自身对核武器的依赖程度。奥巴马政府的核政策的重要特点是将核武器的扩散和核恐怖威胁主义定位为头等威胁，重视国际组织核不扩散机制的制约作用，弱化了核武器在国家安全战略中的重要性，首次将"重建和强化"核不扩散机制作为核议程优先考虑的事项。[①]

奥巴马总统上任后，美国更加注重网络安全。奥巴马政府将网络安全作为国家安全战略的一部分，把网络基础设施列为战略资产，将其视为国家安全与经济的命脉，并进行保护。2009年3月，《国家网络安全战略报告》提出了美国需要进一步采取措施重点加强的五大互联网安全领域：支持网络信息分析和网络攻击预警能力；能够完成网络演习中提出的行动；增强自身基础设施控制系统的网络安全性；加强国土安全部对网络攻击的抗攻击的自我恢复能力；控制和减少网络犯罪。[②]

美国自认为美国经济的均衡持续增长是整个世界繁荣和稳定的基石，由此可判断出美国在极力地扩大自己的出口，以解决困扰其多年的国际贸易逆差问题。奥巴马上任以后将关注的重点放至二十国集团，视其为促进国际经济合作最为重要的力量，并试图推进其他国家的商品消费需求，从而使美国能够增加货币储蓄、扩大对外出口，帮助新兴经济体创造更多的需求。

三　打造"巧实力"

奥巴马总统上任之初就显现出了不同于以往政府的行事作风。其各种

---

① 卓华：《美国核政策调整与国际核不扩散机制的前景》，《太平洋学报》2011年第4期。

② Ben Bain, "Cybersecurity gets in creased funding in Obama's first budget," 2 March 2009, http: / /www. gcn. com /A rt icles /2009 /03 /02 /DHS-cybersecu rity-budget. aspx.

手段的综合应用，灵活应对和柔性处置，显示出了其更多的反思与智慧。除了在国内大刀阔斧地进行经济与社会方面的改革外，同时还较大幅度地调整了对外战略布局，抛弃了前任美国政府过度依靠"硬实力"的政策，将"软实力"与"硬实力"巧妙地结合，提出以"巧实力"为核心理念的美国对外新政策，旨在修复美国在国际上的形象，维护美国世界超级大国的地位。

（一）向国际协调路线回归

小布什执政期间，迷恋武力而过度推行单边主义，不仅使美国在国际上的形象大为受损，而且设计的以美国为主导的国际秩序也未能实现。2008 年 12 月 18 日美国著名民意调查机构皮尤研究中心发布《布什执政期间的世界舆情变化报告》，指出现如今美国的国际形象几乎在世界各地均滑落低谷，尤其是在欧洲等经济发达国家，人们将世界金融危机的原因归咎于美国。对美国外交政策核心要素的反对盛行的西欧诸国对美国的负面评价已经不是新闻，而在中东伊斯兰国家因为阿富汗战争和伊拉克战争而对美国的负面印象不断加深。奥巴马执政后，出于重树美国领袖地位的政治需要，采取多种方式逐步消除前任给其带来的负面影响，其中特别强调了美国在国际问题上要充分发挥联合国的核心作用。美国前国务卿希拉里也曾多次表示，美国要通过与世界上更多的国家开展广泛而深入的合作来减少彼此之间的竞争和摩擦，以便能够更好地在国际社会中发挥领导者作用，使国家体系在横向上向着多伙伴世界方向发展。2010 年美国《国家安全战略报告》指出："21 世纪的负担不能只落在美国身上……没有任何一个国家，无论它多么强大，能独自应对全球挑战，强调要通过对话与接触，通过多边主义实现美国的安全。"

（二）维持、巩固与传统盟友的关系

美国政府强调，通过与欧盟等传统盟友合作，取得共同利益和共同价值观，有利于双边安全及更广泛意义上的世界安全与繁荣。在美国与欧洲的关系上，美国放下了尊贵的身段，更多地强调倾听、互信，重视"老欧洲"的态度，积极吸纳北约的新成员，为北约增添了新的活力。这有利于在保持传统盟友的前提下赢得更多的伙伴。奥巴马曾表示，美国与英国将继续保持不同寻常的同盟关系；为了强化美国与日本的关系，美国前

国务卿希拉里上任之初的亚洲之行第一站就是日本，奥巴马在访日时也表示过美日关系是牢不可破的伙伴关系，可以看出美国在东亚地区对于美日同盟的高度重视。美国还不断加强同韩国、澳大利亚等盟国的双边互惠和互动，加强与盟国之间的协调和沟通。

（三）注重与"影响力中心"的协调与合作

奥巴马曾表示，美国在 21 世纪面临的最主要问题无法通过美国自己解决，甚至无法通过与传统盟友的合作得到妥善的解决，因此必须将交往扩展至那些新兴国家，特别是那些能够成为地区发展与稳定榜样的国家，从美洲到非洲，再到亚洲。美国开始更加注重国际重要的"影响力中心"，包括中国、俄罗斯和印度，以及其他影响力不断增强的国家，如巴西、印尼和南非，建立更加深入和更加有效的友好伙伴关系。例如，奥巴马执政后积极致力于推进中美关系的发展，并多次重申中美关系是最重要的双边关系之一，强调中美两国在国际社会中有着诸多的共同利益，并寻求两国之间的合作。同时，主动重启美俄双边关系进程，使两国在核不扩散问题上达成了新的协议，两国关系开始回暖。前国务卿希拉里曾强调要在美国的领导下建立与其他国家的合作伙伴关系。通过这种合作伙伴关系的建立和相互之间的协调来解决美国无法单独解决的矛盾和问题。

（四）逐步开始对非传统安全的关注

奥巴马政府上台后，非常注重国际多边主义的发展，主要手段是通过强化在多边机制中美国的地位、与多边组织其他成员协商来解决共同面临的重大问题，美国还在非传统安全方面发挥了自身的领导作用，比如在全球气候变化以及核不扩散等方面。在地区武装冲突和重大流行病防治等问题上，积极建立并推进与发展中国家的沟通与合作，携手应对全球挑战和威胁，减少了阻力，切实地提高了美国在对外行动中的合法性和有效性。

（五）对新兴国家"绵里藏针"

美国的合作与协调是有条件的，自认为其对国际秩序的承诺是建立在国家的权利与责任基础之上。国际组织必须能更有效地、更加务实地代表 21 世纪的新世界，在让新兴国家发出更具有代表性的声音的同时，要求新兴国家承担更大的责任。美国在 2010 年《国家安全战略报告》中提到："从核安全到气候变化，都必须促进有关国家采取建设性步骤，使那些决定履行自身义务、采取负责任行动的国家从中受益。国际规则必须得到遵守，违反规则的国家必须承担后果，不管它们违反的是不扩散义务、贸易协定还是人权规范。"可见，美国并非自己宣称的"救世主"，只是推脱自己在国际社会中的历史责任，并为之附以一个"冠冕堂皇"的借口而已。

第二节　低碳经济政策迎合并服从美国国家发展战略的调整

低碳经济政策必然服从于国家发展战略，并某种程度上促进国家发展战略的实现，即低碳经济政策服从并服务于国家发展战略。反过来，国家战略倾向某种意义上将推动低碳经济政策的实施与制定。国家发展战略是低碳经济政策的充分条件，而低碳经济政策是国家发展战略的必要条件。

一　迎合国家气候安全战略调整

气候变化将带来较大的经济成本，进而威胁一国的国家安全。自2007 年，政府间气候变化专门委员会发表第四次全球气候评估报告之后，全球对于人类活动和气候变化之间的联系已经基本达成共识，全球气候变化的威胁已成为全球实现低碳环保转型的一个重要的驱动力。根据报告预测，未来 100 年这种全球变暖的趋势会进一步加强，并且会对自然生态系统和社会经济发展产生更为显著的不可估量的负面影响。从适应和减缓气候变化的成本角度来说，综合报告主要结论认为，要想把温室气体浓度稳定在一个较低水平线上，需要花费的经济成本并不是太高。但要尽早地采取措施，减少温室气体的排放量来减缓全球气候进一步变暖的大趋势，减少对自然生态和经济社会的影响。[①] 该报告还认为，越早采取针对性的对策，缓解未来变暖趋势的效果越明显，花费的成本和损失也会越小。如果能够到 2030 年把大气温室气体浓度稳定在 445 ~ 535ppm 水平，宏观的经济代价是 GDP 减少 3%；而如果 2050 年把大气温室气体浓度稳定在同样

① 李士、方虹、刘春平：《中国低碳经济发展研究报告》，科学出版社，2011，第120 页。

的 445～535ppm 水平，宏观的经济代价将增长为 GDP 减少 5%。[①]

　　发展低碳经济首要的就是减排，进而降低极端恶劣气候的发生频率。极端气候的产生、生态灾难的发生将会危及各个国家的财产、人民的生命与生活，进而危及整个国家安全。然而发展低碳经济可以间接避免上述现象的发展，至少起到延缓发生、避免较高的未来成本的作用。其途径有四。第一，低碳能源政策必然带来较高的能源使用效率，而能源使用效率的提高意味着将减少传统化石能源的使用，进而减少温室气体的排放。第二，低碳产业政策会促进产业结构的升级，推动新能源产业的发展，提高新能源的利用率，进而减少化石能源的使用。第三，低碳技术的发展，尤其是碳捕捉与封存技术水平的提高，将进一步减少温室气体的排放。第四，低碳金融政策，即排放权交易制度，将通过经济激励手段减少温室气体的排放。

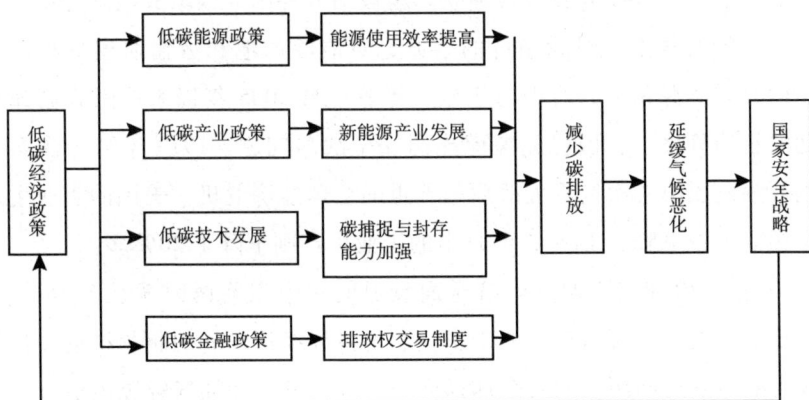

图 6-1　低碳经济政策与国家安全战略关系图

　　很早以前美国就有学者提出气候变化将导致全球性生态问题，并且将影响到美国的国家安全。例如，《我们共同的未来》曾这样判断环境问题对国家安全的威胁："深入广泛的环境危机给国家的安全，甚至生存造成威胁，这种威胁可能比来自装备精良、虎视眈眈的不友好邻邦的威胁还要大。"[②] 2006 年

---

　① 李士、方虹、刘春平：《中国低碳经济发展研究报告》，科学出版社，2011，第 120 页。
　② 世界环境与发展委员会：《我们共同的未来》，王之佳、柯金良等译，吉林人民出版社，1997，第 9 页。

美国提出的《国家安全战略报告》中明确指出："环境恶化问题可能会破坏地方当局作出反应的能力，而且可能会使国家军事力量负担过重，需要国际社会作出更大的反应。这些挑战不属于武力冲突或意识形态冲突那类传统安全。如果处置不当，它们仍然会威胁到国家安全。"

总之，气候变化已经由美国政府提升到国家安全战略高度。美国认为，气候变化将会使美国卷入内忧外患。内部将面临国家政治与经济稳定的风险，即气候恶化将造成伤亡率和经济损失的增加，进而影响美国人民的生产和生活质量，造成社会的动荡与不安。外部则是美国面临地区性的灾难。由于美国与世界各国在政治和经济上的相互依赖程度较高，周边环境的恶化引发的政治经济危机必然通过国际政治经济途径的传导影响美国国家安全。

二　迎合国家能源安全战略调整

诸多因素导致能源安全与独立问题被纳入各国的国家战略思考中，例如供需形势的紧张、国际油价的攀升、对能源产地和运输通道的战略竞争，以及与能源相关的污染与排放，等等。自 2005 年以来，因为高昂且波动的石油价格，各国优先考虑能源安全战略问题。1973 年第一次石油危机曾触发了第二次世界大战后最严重的全球经济危机。美国的工业生产在这场危机中下降了 14%，而日本的工业生产则下降了 20% 多。

20 世纪 70 年代末西方经济全面衰退的一个主要诱因就是 1978 年第二次石油危机。在可以预见的未来，制约世界经济发展的瓶颈将进一步发展成为能源安全问题。面对全球这样一个大背景，即油气资源供给日趋紧张、能源地理分布相对集中，国际市场的不稳定性因受国际局势变化和重要地区政局动荡等地缘政治因素影响而增加，油气供给和价格波动的风险明显上升。能源价格特别是石油价格因各国对油气燃料的依赖和需求增长将走高，从而引发对石油资源的争夺，进而资源丰富地区，如中东和非洲等将成为政治动荡之地。然而，世界能源生产及供应由于受某些政治及经济因素影响已经出现了一些问题，主要表现在油气行业勘探和开采等方面投资不足、海运及管道运输能力停滞不前、炼油能力没有提高等。

低碳经济政策与能源战略互为因果关系（见图 6-2）。低碳经济政策的推行是出于一国能源独立性与安全性的考虑。产业结构和能源结构的升级是提高能源独立性与安全性的主要途径。第一，低碳的产业政策，通过加快新能源产业的发展，降低新能源产业的成本，提高新能源的消费量。第二，低碳的能源政策将促进能源使用效率的提高，从而降低传统能源的消费量，减少一国对外油气的依存度，进而提高能源的独立性。各国推进低碳经济发展也受到能源安全的影响。国际能源署指出，当前，世界能源体系正面临着一个转变，即建立一个低碳、高效、环保的能源供应体系。未来人类社会的繁荣与否依赖于能否成功解决这个问题，因此现在急需的就是一场能源革命。从目前环境、经济、社会等因素来判断，全球能源供应和消费的发展趋势具有很明显的不可持续性。对能源的来源进行去碳化以确保全球能源供应，并且加速向低碳能源体系过渡，才能防止全球气候产生灾难性与不可逆转的破坏。这需要国家与地方政府采取强有力的措施，并通过参与国际协调机制得以实现。

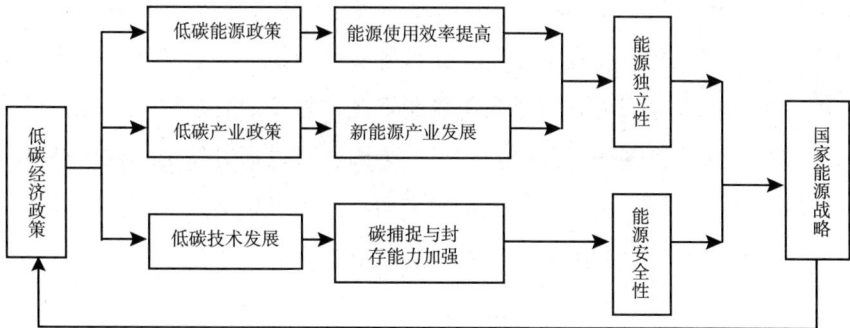

图 6-2 低碳经济政策与国家能源战略关系图

美国长期的生产和消费习惯导致其传统化石能源的消费量较大，并最终成为世界上的能源消费大国。其能源的对外依存度相对较高，油气的进口比例较大。因此能源战略构成了美国发展战略中的重要组成部分。2002年、2006年及2010年这3年的《国家安全战略报告》中，国家安全的范畴均包括维护能源安全与独立性。奥巴马总统的多次发言中也立志尽早解决美国能源依赖问题。

将低碳经济政策与能源安全战略相关联有利于美国确保能源安全战略实施，摆脱能源困境。美国凭借减缓气候变暖，可以将国内公众视线转移，在减少石油进口的同时，也可以避免国内舆论批评政府在经济衰退、失业率增加和油价飙升问题上的束手无策。美国还可以据此降低依赖石油进口的程度，大力发展节能产业、可再生能源产业和生物能源产业，从而实现能源结构多元化，逐步调整能源结构。

把应对气候变化问题同能源安全战略相关联也作用于美国的经济。美国通过国际气候合作可向发展中国家输出应对气候变化技术，从中直接获取经济利益；同时利用国际合作，在国际范围内降低并分摊其实施能源安全战略成本。

三　迎合国际竞争力战略调整

低碳经济政策可以加强一国的国际竞争力，包括国家的国际产业竞争力、国际贸易竞争力和国际金融竞争力以及技术竞争力等。低碳产业政策一方面可以促进可再生能源行业的发展，另一方面将带动其他新兴低碳行业的发展，还将生发出新的环境产品和服务。因此，低碳经济的迅速发展将增强一国的国际产业竞争力。实施低碳贸易政策，将会从贸易中得到更多的货币。一方面，可以通过碳关税制造更加隐秘的贸易壁垒，保护国内相关产业，收取更多的国际税费；另一方面，可以通过输出先进的减排技术换取更多的低碳货币。在国际金融方面，一国可以通过参与国际碳市场上的活动获利，但相对来说，直接经济利益效果还不是特别明显。

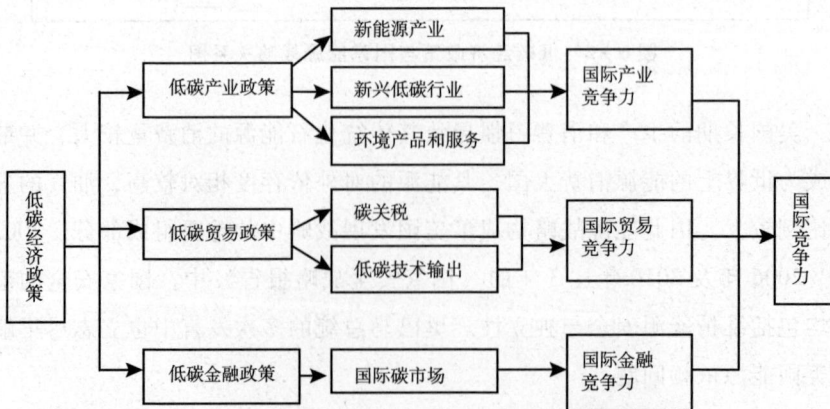

图 6-3　低碳经济政策与国际竞争力关系图

四　迎合"巧实力"战略调整

美国希望通过参与国际气候合作，确立美国在国际气候合作中的"国际领袖"地位，维护美国在各项国际机制中的话语霸权，进而增强美国的"软实力"。

美国历来自视为"上帝的选民"，肩负改造世界和领导全人类的使命，但在奥巴马总统上任之前，美国在应对全球气候变化问题上采取的是消极和强硬的态度，因此受到了世界舆论的谴责，并遭遇巨大的国际信任危机。对美国政府政策的批评和抗议行动在美国国内也是接连不断。即便国际与国内舆论不能拥有强制的作用，然而在全球相互依赖越发加深的今天，负面的舆论可以对国家形成道义上的压力，对国家在国际社会中的行动产生阻碍。而良好的国际形象可使国家拥有非物质的权力与影响力，国际社会容易认同其感召力，这有利于国家对外政策的实施。所以，美国改善自身国际形象，争做国际气候领袖。

霸权主义在美国已经根深蒂固，不可能立即放弃。美国的霸权是以美国领导创立的各种国际机制为基础的，最终形成了包括政治、经济、军事等在内的国际机制体系，这成为美国称霸全球的战略支撑。此次全球合作机制第一次在没有美国参与的情况下取得成功，这使美国在气候合作的领域被边缘化。由此，气候政治越来越多地带有欧盟色彩，就连政府间气候变化专门委员会报告也大篇幅地体现了欧盟的政治倾向。美国在国际机制领域的霸权遭遇到欧盟强有力的挑战。美国重返国际气候合作的意图就是摒弃即将到期的《京都议定书》，建立以美国为领导的国际气候合作"后京都机制"，确立美国在其中的话语霸权，使之成为由美国主导的国际机制体系组成部分，为美国的全球霸权战略服务。

第三节　奥巴马政府的低碳经济政策博弈模型

一　博弈模型的设定

为了分析奥巴马的低碳经济政策，本节设置了一个完全信息条件下的

动态博弈模型来探讨这一问题。在这个问题上，国际社会对美国的压力是
一个需要考虑的问题。但事实上，正如于欣佳（2010）所言，国际社会
的战略选择能力是相当弱的。一方面，国际社会中各种力量的选择千差万
别，很难被看做一个单一的行为体衡量其战略选择及收益；另一方面，即
使有一个能够代表国际社会参与博弈的行为体，它也面临着战略反射周期
过长调整不灵活的尴尬局面，难以进行有效分析。因此，在本节设置的博
弈模型中，只有两个参与主体，即奥巴马总统和美国国内利益集团。对于
国际社会的压力，将在奥巴马的支付中有所考虑。

美国国内利益集团由相关企业和行业组织构成，它们的利益与美国的
低碳政策紧密相连，如汽车行业、石油开采与冶炼、能源生产等。这些利
益集团通过国会、民主党的支持或反对来表达它们的利益诉求。

博弈中，奥巴马先行动，他选择实施积极的低碳政策或消极的低碳政
策。利益集团在看到奥巴马政府的低碳政策后选择是否对奥巴马进行支持。
从支付上看，如果奥巴马选择积极的低碳政策，他将得到环保人士的支持，
这部分收益设为 p，而利益集团则因为积极的低碳政策需要付出环保成本，
设为 e；如果奥巴马选择消极的低碳政策，则他不但无法得到国内环保人士
的支持，还将受到国际社会的谴责，使他的收益减少 i（即 $-i$），而利益集
团则免去了环保成本 e。再看利益集团的行动选择，如果利益集团选择支持
奥巴马，其将付出一定的成本 c，这部分成本成为奥巴马的收益，同时利益
集团还能获得奥巴马支持者的好感，即获得一个好声誉，这部分收益为 v；
反之，如果利益集团反对奥巴马，则其不用负担支持成本，但也失去了奥
巴马支持者的好感。这里，还有一个问题需要考虑，即利益集团的长期利
益。尽管对于利益集团来讲，支持奥巴马总是要付出一定的成本，但如果
奥巴马选择了消极的低碳政策，那么对他的支持将起到一个鼓励的作用，
这会使奥巴马乃至其继任者更倾向于选择消极的低碳政策，这对利益集团
的长期利益是有好处的。同样，在奥巴马选择了积极的低碳政策时，对他
的反对将起到一个震慑作用，也是有利于利益集团的长期利益的。本节设
置此长期利益为 f，在奥巴马选择积极的低碳政策且利益集团选择反对时或
奥巴马选择消极的低碳政策且利益集团选择支持时，成为利益集团的一项
收益。

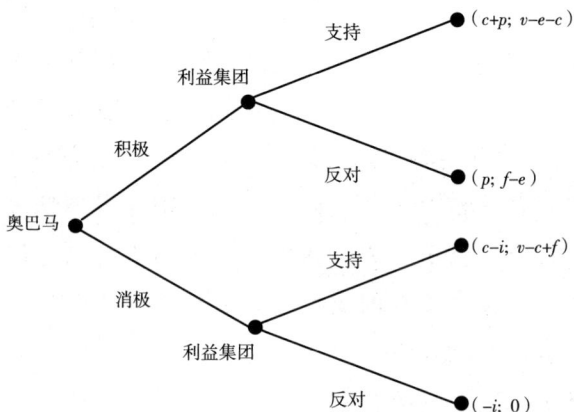

图 6 - 4　奥巴马政府的低碳经济政策博弈模型

二　博弈过程及结果

本节设置了一个两个参与主体（奥巴马总统和利益集团）参与的完全信息动态博弈。下面，我们运用逆向归纳法（Backward Induction）来找到这个博弈中的子博弈精炼纳什均衡（Subgame Perfect Nash Equilibrium）。显然，纳什均衡状态取决于各参数值的取值状况，下面我们分情况进行讨论。

情况一：$v - c > f$。此时，纳什均衡结果为奥巴马选择"积极"，利益集团选择"支持"。这种情况下，不论奥巴马选择"积极"还是"消极"，利益集团都会选择"支持"，因为这会给他带来更高的支付。参数 c 和 f 分别表示利益集团对奥巴马的支持成本和长期利益，是较为稳定的。因此，$v - c > f$ 意味着 v 必须足够大，也就是说奥巴马的支持者足够多且态度坚定，对利益集团的压力足以改变利益集团的行动。

情况二：$v - c < f$，且 $p > c - i$。此时，如果奥巴马选择"积极"，则利益集团选择"反对"；若奥巴马选择"消极"，则利益集团选择"支持"。显然，由于 $p > c - i$，最终的均衡结果将是奥巴马选择"积极"，利益集团选择"反对"。这里，对奥巴马的选择起到决定作用的是一个足够大的 p 和 i，也就是国内环保主义者强有力的支持和国际社会的强大压力。

情况三：$v-c<f$，且 $p<c-i$。此时，如果奥巴马选择"积极"，则利益集团选择"反对"；若奥巴马选择"消极"，则利益集团选择"支持"。但是，由于 $p<c-i$，奥巴马最终将选择"消极"，利益集团选择最终"支持"，这就是最终的纳什均衡。

在以上三种均衡情况中，奥巴马总统在情况一和情况二下都会采取积极的低碳政策。情况一中，奥巴马本人的支持者足够多且态度坚定；情况二中，环保主义者的支持力量足够强大或国际社会的压力足够大。从美国社会的现实情况看，目前，民众对奥巴马的支持持续高涨，美国广播公司联合民调显示（2013 年 1 月 30 日），奥巴马支持率升至三年来的新高，达到60%，这就促使利益集团不敢轻易对奥巴马制定的政策表示反对。另外，日本福岛核事故、美国海上原油泄漏以及变化异常的气候等环境问题所引爆的环保浪潮不论在美国国内还是在国际社会一波高过一波，这些因素的共同作用导致奥巴马政府的低碳政策转向了积极。

第四节　美国低碳经济政策体系探讨

本书认为美国低碳经济政策可分为对内低碳经济政策和对外低碳经济政策。对内低碳经济政策包括气候行动、能源、交通、建筑、金融五大领域，对外低碳经济政策包括贸易、投资和金融领域。其中国内政策的五大领域主要以低碳产业、低碳能源、低碳技术为支撑。低碳产业包括环境产品和服务（空气污染控制、环境咨询和相关服务、环境监测、海洋污染控制、噪声和震动控制、受污染的土地复垦与整治、垃圾处理、供水和污水处理、资源回收利用）、可再生能源（水电、海浪和潮汐能、生物质能、风能、地热能、太阳能光伏、可再生能源咨询）、新兴低碳行业（替代燃料汽车、替代燃料、其他能源、碳捕获与存储、碳金融、能源管理、绿色建筑技术）。发展低碳能源主要涉及能源结构的改变和能源使用效率的提高，当然其中自然少不了新能源的开发和利用。低碳技术包括减碳技术、无碳技术和去碳技术。与之相对应，国外政策的三大领域表现在碳关税、国际融资和国际碳交易上。以上因素共同作用，最终达到形式上节能减排，战略上提高能源安全、拉动新的就业的目的（见图 6 – 5）。

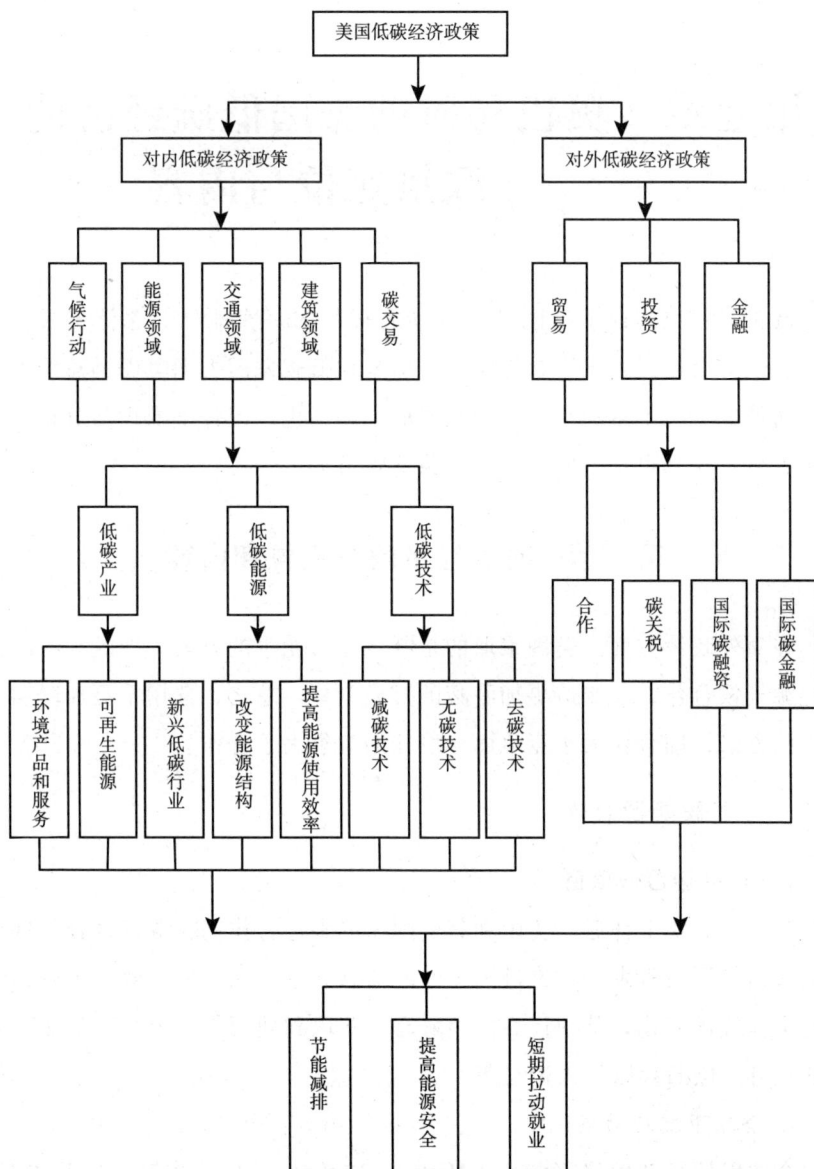

图 6 – 5　美国低碳经济政策体系

第七章 奥巴马时期美国低碳经济的
政策定位与内容

政策与定位构成了奥巴马"低碳之舟"的坚实船体。总体来看，虽然国会没有形成最终的综合性法案，但是在低碳发展方面奥巴马总统上任以来所做的努力不可磨灭。表面上看似不动声色，但仔细梳理与分析相关政策，可发现其目标指向明确、思路清晰可见。

第一节 对外经济政策定位和内容

在对外政策方面，美国采取的是既合作又竞争的方式，即既与各国进行能源气候合作，又制造更加隐蔽的贸易壁垒。总之，选用了更加聪明和顺势的方式，即合作大于竞争而非以往的竞争大于合作。

一 气候能源合作

（一）多边合作项目

奥巴马总统上任后，美国和其他国家的多边合作仍在继续。合作旨在促进清洁能源技术发展、推进国家间的信息共享，从而更有效、更协调地应对全球气候变化。其中代表性领域有：获取和使用气体甲烷、工业污染源的减排、碳封存领导人论坛等。

1. 全球甲烷行动倡议

全球甲烷行动倡议（Global Methane Initiative，GMI）鼓励降低成本，并将其作为清洁能源应用于农业、煤矿、垃圾填埋场、石油和天然气系统、市政污水处理设施五大部门。此项目不但能降低温室气体排放，而且能产生额外的环境效益和经济效益，如拉动当地经济增长，创造新的低廉的替代能源，提高当地的空气和水的质量，保障工业工人的安全等。通过GMI，美国与其他 39 个国家结成合作伙伴，而这些国家占据了全球 70% 的人造甲烷排放量。

2. 全球数据中心能源效率特别工作组

2010 年以来，美国借助"能源之星"的商业建筑项目加入全球数据中心能源效率特别工作组（Global Data Center Energy Efficiency Task Force）。该工作组由来自美国、欧盟和日本的政府及行业组织领导组成，通过分享经验和最佳做法，制定一套共同的指标和测量方法，进而保持数据的一致性和数据中心的能源效率。

3. 碳封存领导人论坛

作为国际性的气候变化倡议，碳封存领导人论坛（Carbon Sequestration Leadership Forum，CSLF）致力于碳分离和捕捉技术以及长期安全储存技术的完善和进步。CSLF 旨在使这些技术在国际上被广泛应用，以识别和解决有关碳捕获和储存的更广泛的问题。CSLF 由美国国务院和美国能源部在 2003 年年初推出，延续至今。

4. 全球对地观测组织

美国国家环保局正积极参与全球对地观测组织（Group on Earth Observations，GEO）的活动。该组织于 2003 年推出第一届地球观测峰会，当时 33 个国家和欧盟委员会参加并致力于地球观测系统的全面、协调和持续发展。GEO 的 9 个重点领域之一是气候观测。通过在世界各地的协调观测，加强政府在气候变化问题上的应对能力。

（二）双边合作项目

美国政府对外表示，美国和其他国家合作应对气候变化的行动是可持续的，旨在促进世界繁荣和全球福祉的增加。[1] 截至目前，美国已经在气候变化研究、气候观测系统的改进、能源和碳封存技术、温室气体检测和测量方法方面与众多国际合作伙伴达成协议。

1. 能源效率提升

美国提出多种法案促进生产和建筑领域能源效率的提高，并与发展中

---

[1] U. S. Department of State, Diplomacy in Action, http：//www. state. gov/e/oes/climate/c22820. htm.

国家（主要是中国和印度）合作，以提高发展中国家在能源效率领域的设计和实施能力，试图通过美国"能源之星"项目帮助发展中国家从中获得经验、教训、信息及政策工具等。美国国家环保局还与国际电气标准标识合作组织（Collaborative Labeling and Appliance Standards Program，CLASP）协作，以帮助发展中国家和转型国家提高在设计、制定和实施能源效率标准和标识方面的能力。

2. 能源之星

美国已经与一些国家的政府机构合作，促进"能源之星"项目下的一些合格产品的诞生。合作旨在建立统一世界主要市场的"能源效率标识"，并通过提供单一的能源许可方便合作伙伴的快速加入，进而取代各国多样的制度要求。截至目前，"能源之星"项目的主要合作伙伴包括澳大利亚、加拿大、欧盟、日本、新西兰和中国台湾地区。

3. 智能公路

"智能公路"（Smart Way）是美国国家环保局与货物运输部门之间的合作，以期帮助承运人、物流公司提高燃油效率，减少温室气体的排放，并节省资金。作为一个历史悠久的以市场为基础的公私合营项目，"智能公路"为发展中国家的类似项目提供了很重要的样本。而在发展中国家方面，很多国家已经开始效仿"智能公路"项目，并开始推行全面的类似计划。

4. 美加空气质量委员会

在美加空气质量协议项目下，美国与加拿大协调合作以统一两国车辆、发动机及燃油标准。具体而言，美国国家环保局和加拿大环境部已经就温室气体车辆标准方面互享信息，并且加强对方式和方法的探讨。美加两国的环保局已经提出了 2016 年后轻型车辆的新排放标准。根据协定，两国还继续就温室气体排放方面的重型车辆标准制定交换信息。

5. 经济模型研讨会

1999 年开始，美国国家环保局便开始赞助并收集发展中国家和美国的有关气候领域的经济模型，并讨论模型结构、假设、数据和结果。美国国家环保局已经启用了全球和发展中国家的模型和数据的共享，以促进发展中国家和发达国家之间的关系进一步融合。目前在亚洲和拉丁美洲的项目，旨在帮助发展中国家完善气候模型，并鼓励国内能源、经济和气候模型的开发和测试。

二　碳关税

（一）碳关税的提出背景

"碳关税"缘起于《京都议定书》，最早由法国前总统希拉克提出，旨在希望欧盟各国针对未遵守《京都议定书》的发达及发展中国家征收商品进口税，以防在欧盟碳排放交易机制运行后，欧盟各国所生产的商品，特别是钢铁业及高耗能产业的商品遭受非公平性冲击。2009 年 6 月，萨科齐将碳关税的讨论升级，建议若哥本哈根气候变化大会没有达成一致，则可考虑将碳关税作为一种机制来控制温室气体排放，为欧洲公司与来自尚未进行二氧化碳减排国家的产品间的竞争建立一个"公平的环境"。

2009 年 3 月 17 日，美国能源部部长朱棣文在众议院科学小组会议上提出：为了避免美国制造业所处的不公平竞争状态，美国将对不承诺产品碳排放进行计量的国家征收碳关税，即对进口的碳排放密集型产品，如铝、钢铁、水泥和一些化工产品征收二氧化碳排放关税。同年 6 月，部分美国代表在波恩的联合国气候变化会议上提出对没有实施碳减排的国家实施附加贸易关税。理由是：一方面保持美国国内企业的竞争力，因为如果其他国家没有实施温室气体强制减排措施，将使为此付出成本的美国制造商处于不公平的竞争地位，因此美国将采取征收碳关税的形式抵消这一成本；另一方面旨在防止"碳泄漏"，一国为了减少本国碳排放，通过国际贸易渠道，进口其他国家生产的碳排放密集型产品；"碳泄漏"可能导致碳排放向某些低成本的国家转移，从而不利于二氧化碳全球性减排目标的实现。

2009 年 6 月 22 日，《2009 美国清洁能源与安全法案》提到美国从 2020 年起对不接受污染物减排标准的国家实行贸易制裁，对达不到碳排放标准的外国产品征收惩罚性关税。法案从 2020 年开始实行。《2009 美国清洁能源与安全法案》列明了限制温室气体排放的两种制度安排。第一个是"排放配额退还计划"（Emission Allowance Rebate Program），某些有资格的国内工业部门为使自身的排放与《2009 美国清洁能源与安全法案》设定的排放限额相一致而产生的成本，可以得到部分的补贴。[①] 第二个是"国际储备配额计划"（International Reserve Allowance Program），要求进口商必须上交一定排放费用，以打破竞争不平衡状态，并且间接地促进国际减排。[②]

（二）碳关税对美国的非凡意义

碳关税的实质是将气候问题与贸易问题结合起来，以碳减排及其责任的名义出现的新型贸易壁垒。纵观世界历史，贸易保护和贸易自由是世界不同政治与经济流派的重要分歧点。不同时期，不同选择将影响不同的经济发展水平。一般情况下，当一国经济由弱变强时就会赞同自由贸易；相反，当一国由强变弱时则会更加倾向于贸易保护。因此，美国由于金融危机的重创，经济不断下滑，制造新型的贸易壁垒必然会成为其不二选择，不同的是此次的壁垒戴着一顶"环保主义"的帽子。此次行动将是利己而非利他的选择。

碳关税将协助美国其他的政策推动经济的复苏与发展，并主要体现在以下几个方面。

从贸易角度看，碳关税的实施某种程度上将会缓解美国贸易历年逆差的局面，从而保护相关的产业发展。美国自 1976 年就持续保持贸易逆差。自 1994 年开始，美国经常项目逆差由 1216 亿美元上升到 2008 年的 7061 亿美元，15 年增长了 4.81 倍，而最大值出现在 2006 年，高达 8035 亿美元。近年受次贷危机影响，逆差有所下降。如果细分，多年来美国的货物贸易逆差不断加大，2005 ~ 2008 年美国货物贸易逆差一直保持在 8000 亿美元的水平（见图 7 - 1）。相反，美国服务贸易却是长期盈余。1993 ~ 2006 年，美国的服务贸易顺差一直在 600 亿 ~ 800 亿美元的区间浮动，2007 年以后激增（见图 7 - 2）。碳排放一般出现在重化工业中，因此碳关税恰恰可以帮助美国缓解货物贸易逆差过大的难题。

从国内产业角度看，碳关税将削弱其他国家的产品在国际市场上的竞争力，从而保护本国企业的竞争力，并间接解决国内的就业问题。美国失

---

① Sec. 763, 764 and 765 of ACESA.
② Sec. 766, 767 and 768 of ACESA.

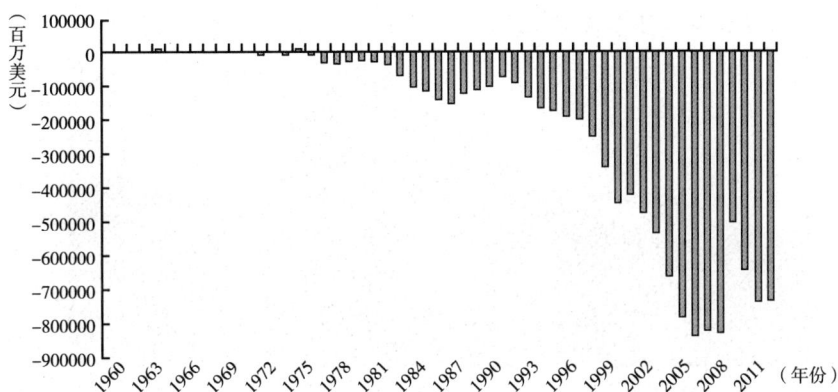

图7-1　1960~2012年美国货物贸易国际收支变化趋势

资料来源：美国经济分析局（Bureau of Economic Analysis，BEA）。

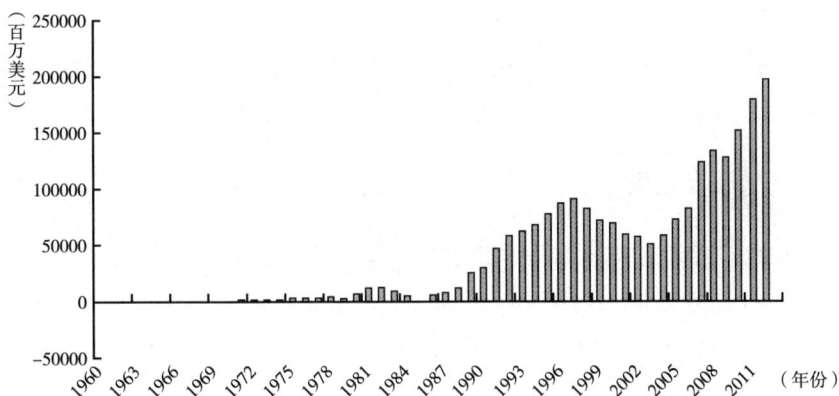

图7-2　1960~2012年美国服务贸易国际收支变化趋势

资料来源：美国经济分析局（Bureau of Economic Analysis，BEA）。

业率近几年一直居高不下，并呈上升趋势。目前，全美有1510万人处于失业状态，其中800万是来自金融危机中的新增失业人口。面对如此大的压力，碳关税自然成为一个可能的选择。

从"低碳美元"角度看，美国首先会准备好先进的低碳技术，一旦征收碳关税，美国不但能从税收方面获取利益，而且还可以通过向发展中国家出售低碳技术和环保设备而获利。此外，通过这两种渠道美国不但能捞得"低碳美元"，而且还可以间接保护本国的传统制造业，可谓一举两得。

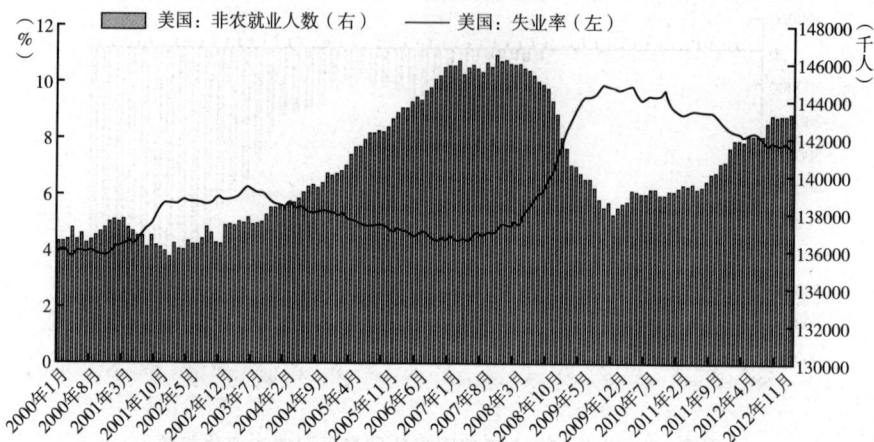

图 7 - 3　金融危机后美国就业形势（兼与以往比较）

资料来源：美国劳工部（Department of Labor，DOL）。

总之，碳关税是"低碳美元"的第一步，第二步将会是用低碳技术换回美元，进而为其巩固世界经济主导地位添砖加瓦。

三　低碳融资

2009 年各国元首齐聚哥本哈根，召开了《联合国气候变化框架公约》第 15 届缔约方会议（COP 15）。在这次会议达成的《哥本哈根协议》中提出"快速启动融资计划"（Fast Start Finance），即发达国家承诺在 2010 ~ 2012 年向发展中国家提供 300 亿美元的资金支持。美国作为发达国家的领头雁，自然会起到先锋带头作用。按照承诺美国将在 3 年中提供 75 亿美元，分别来自约 47 亿美元的国会拨款和约 27 亿美元的私人投资。

（一）低碳融资进展

在 2010 ~ 2012 年的快速启动年中，美国在气候变化和低碳发展方面对发展中国家提供了很大资金支持，具体体现在如下几大方面。

（1）专项投资成倍增加。自 2009 年以来，美国用于气候援助的资金不断上涨。其中，用于气候援助的年度拨款增至 2009 年的 4 倍，专项援助增至原来的 9 倍。

（2）清洁能源投资不断增长。作为美国开发性金融机构，海外私人投资公司（Overseas Private Investment Corporation，OPIC）不断向发展中国家提供清洁能源领域的支持。在 2010 ~ 2012 年的 3 年融资期内，海外私人投资公司平均每年向发展中国家提供融资约 6.638 亿美元，较 2008 年同期增长 73.6%。

（3）多边气候基金贡献增加。在快速启动融资期间，美国共向多边气候变化基金提供 12 亿美元的资金。除了提供 1.489 亿美元全球环境基金（Global Environment Facility，GEF）和 9.145 亿美元的气候投资基金（Climate Investment Funds，CIFs）外，并首次向最不发达国家基金（The Least Developed Countries Fund，LDCF）和气候变化特别基金（The Special Climate Change Fund，SCCF）提供高达 1.2 亿美元的资金。

（4）创新项目层出不穷。在气候变化方面，美国提出美国非洲的清洁能源融资计划（U.S. - Africa Clean Energy Finance Initiative，U.S. - ACEF），可再生能源、效率、部署计划（The Renewables, Efficiency, and Deployment Initiative，Climate REDI）、增强减排能力发展战略（Enhancing Capacity for Low Emission Development Strategies，EC - LEDS）等。这些项目支持推动了国际实践的知识共享，加快了跨区域的减排合作，促进了全球伙伴关系的形成。

（二）低碳融资渠道

根据美国国会的报告，美国主要通过三种渠道向发展中国家提供快速援助：国会通过双边和多边渠道拨款；通过海外私人投资公司进行发展融资；通过美国进出口公司提供出口信贷。

表 7 - 1 2010 ~ 2012 年美国快速启动融资渠道及数额列表

单位：百万美元

渠道	2010 年	2011 年	2012 年	总计
国会拨款（经由美国国际开发署、国务院、财政部及其他机构）	1583.8	1878.5	1255.2	4717.5
发展融资（经由海外私人投资公司）	155.0	1114.8	721.6	1991.4
出口信贷（经由美国进出口银行）	253.0	194.7	301.2	748.9
总 计	1991.8	3188.0	2278.0	7457.8

资料来源：美国国务院（Department of State，DOS）。

1. 国会拨款援助

国会拨款一方面经由美国的全球气候变化行动计划（GCCI）以促进全球碳减排，推进低碳排放的经济增长，另一方面经由其他气候变化专门部门拨款以实现气候变化背景下的共同利益。援助主要通过双边和多边渠道实施，涉及气候适应性、清洁能源和可持续发展领域。

（1）双边气候融资主要通过双边、地区和全球等项目实施。项目通过美国国际开发署、美国国务院、千年挑战公司（MCC）和其他美国政府机构来执行。援助的目标是帮助最脆弱的国家减少气候变化的影响，并帮助其减少温室气体的排放。

（2）多边气候融资具有由发达国家和发展中国家共同管理的体制结构。多边援助经由财政部和国务院并从其他政府、发展伙伴和私营部门获取杠杆基金来促进大规模的基础设施建设。在 2010～2012 年，美国提供了 12 亿美元的多边气候变化基金，包括气候投资基金（清洁技术基金、林业投资计划、气候应对能力的试点计划、扩大低收入国家可再生能源发展计划）、全球环境基金、最不发达国家基金、气候变化特别基金和森林碳汇伙伴基金（见表 7-2）。

表 7-2　2010～2012 年美国快速启动融资的多边气候基金

单位：百万美元

多边基金	2010 年	2011 年	2012 年	总计
清洁技术基金	300.0	185.0	229.6	714.6
林业投资计划	20.0	30.0	37.5	87.5
气候恢复试点项目	55.0	10.0	18.7	83.7
扩大中低收入国家可再生能源的计划	0	10.0	18.7	28.7
全球环境基金	44.0	45.0	60.0	149.0
最不发达国家基金	30.0	25.0	25.0	80.0
气候变化特别基金	20.0	10.0	10.0	40.0
森林碳汇伙伴基金	10.0	8.0	—	—

资料来源：美国国务院（Department of State，DOS）。

2. 发展融资和出口信贷融资

海外私人投资公司和美国进出口银行在发展中国家利用公共资金通过贷款、贷款担保和保险动员大量的私人投资方面起着至关重要的作用。在

2012 财政年度，海外私人投资公司和美国进出口银行提供超过 10 亿美元的投资、直接贷款、贷款担保、支持清洁能源技术保险。在 3 年的快速启动融资期间，这些机构提供了超过 27 亿美元的财政支持。这些数字不包括私人投资杠杆。海外私人投资公司，在清洁能源融资活动中起到了非常大的作用。作为美国政府的开发性金融机构，海外私人投资公司有助于实现美国发展和外交政策目标，同时促进私营部门的投资。在快速启动资金期间，海外私人投资公司的清洁能源投资为发展中国家提供了相当于 853 兆瓦的可再生能源。

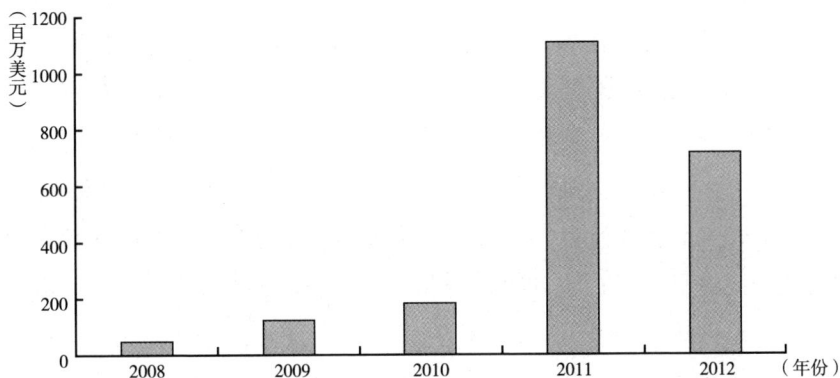

图 7-4　美国海外私人投资公司对发展中国家的清洁能源投资趋势

资料来源：美国国务院（Department of State，DOS）。

第二节　对内经济政策定位和内容

为了减少美国的碳排放和促进美国低碳发展，第一任期内奥巴马总统采取了广泛的措施和激励政策，其中包括加强能源安全与独立、促进新能源的开发和利用、加快清洁交通和建筑的发展、推进美国低碳技术升级和碳金融的发展；同时，推动建立大型国际碳交易中心，投入巨资在低碳领域进行研发等。

一　加强能源安全

加强能源安全可谓美国低碳经济政策防御体系的坚韧盔甲。奥巴马总统上任以来将其传统能源的工作重点转向国内，多次强调要加大能源的创新和技术投入，并提高其国内能源的使用效率，以增强美国的能源独立性和全球能源经济的领导者地位。

（一）增加油气生产

奥巴马总统第一任期内，不但提高了美国石油和天然气的产量，而且加强了对国内能源安全的监管力度。美国成品油和天然气产量逐年上升。

2011 年，美国石油产量达到近 10 年最高水平，天然气的产量更是达到了历史最高。而油气产量的提高主要源自奥巴马政府关于加强对美国近海岸的油气开采的政策措施。据美国消费者能源联盟测算，美国近陆海域约有 81552 亿立方米天然气和 520 亿桶石油资源。[①] 以目前年产量计算开采年限可分别达到 105 年和 71 年，可供 1320 万辆轿车和 540 万个家庭供热使用 15 年。[②] 此外，阿拉斯加海域还拥有超过美国陆地已探明储量的油气资源，其储量估计为 270 亿桶石油和 37378 亿立方米天然气。[③] 如果对这些资源进行开发，预计可以新增 16 万个就业机会，并为联邦政府、州政府、地方政府带来约 1.7 万亿美元的财政收入。[④] 奥巴马政府早些时候的能源总统法令中开放了美国东部和东南部沿海（从特拉华州北端到佛罗里达州中部，约 10 亿亩），墨西哥湾以及阿拉斯加北部（楚科奇海和波弗特海，约 7.8 亿亩）。[⑤] 在墨西哥湾石油泄漏事故发生以后，奥巴马政府更是推出了历史上最积极和全面的改革，以加强对近海石油和天然气监管，最终确保国家海上资源开发的安全性。在事故发生不久，奥巴马总统便投入 9000 万美元的资金用于加大对石油和天然气的监管。

总之，在第一任期内，奥巴马总统通过各种途径增加美国国内的油

---

① 谢世清：《美国新能源安全规划及其对我国的启示》，http://econ. pku. edu. cn/ displaynews. asp？id = 5640。

② 谢世清：《美国新能源安全规划及其对我国的启示》，http://econ. pku. edu. cn/ displaynews. asp？id = 5640。

③ 谢世清：《美国新能源安全规划及其对我国的启示》，http://econ. pku. edu. cn/ displaynews. asp？id = 5640。

④ 谢世清：《美国新能源安全规划及其对我国的启示》，http://econ. pku. edu. cn/ displaynews. asp？id = 5640。

⑤ 谢世清：《美国新能源安全规划及其对我国的启示》，http://econ. pku. edu. cn/ displaynews. asp？id = 5640。

气产量。2012 年 1 月，奥巴马总统在一次讲话中强调："美国将开发 75% 的潜在近海油和天然气井，并为 300 万户家庭提供足够的清洁能源。"在大选年的国情咨文中，奥巴马总统更是表示，美国的石油储量只占世界的 2%，由于无法通过提高石油产量增加美国的能源供给，所以，美国将采取行动安全开发天然气资源以减少对外石油依赖，并减少温室气体排放。

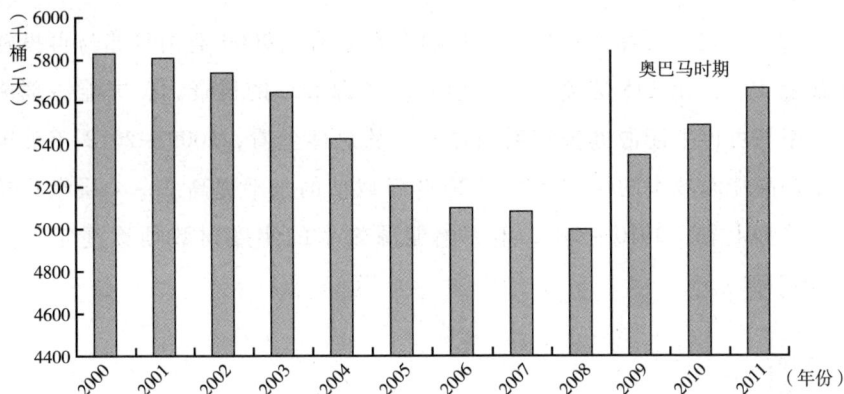

图 7 - 5　2009 ~ 2011 年奥巴马时期美国原油产量（兼与以往比较）

资料来源：美国能源信息管理局 2012 年能源年度报告。

（二）提高能源效率

在奥巴马总统执政的 4 年内，能源效率的提高受到两党共同追捧。有关能源效率的规定遍布于美国各大能源法案中，其中最著名的便是《2009 美国清洁能源与安全法案》，此外参议院提出的《美国清洁能源领袖法案》对建筑规范及工业、公共事业、家庭和办公场所的投资做出了严格的规定。两党共同提出的"家庭之星""农村之星""建筑之星"法案均提出了有关提高能源效率的鼓励措施。"家庭之星""农村之星"在第 111 届国会中通过了众议院的表决，但止步于参议院的表决。而在第 112 届国会中《美国能源制造技术修正法案》得以通过成为法律，用于电器设备能效标准的现代化。尽管国会还没有对能源立法采取行动，但是奥巴马政府也在通过其他途径提高美国的能源效率，主要措施包括改善国内电力设施，提高能源效率标准以及加强对提高能源效率技术的研究投资。

（1）在智能电网的建设上，奥巴马上任后着重对每年要耗费1200亿美元用于电路损耗和故障维修的电网系统进行升级换代，建立美国跨越4个时区的统一电网。发展智能电网产业能最大限度发挥国家电网的价值和提高发电效率，逐步实现美国太阳能、风能、地热能的统一入网管理，全面推进分布式能源管理，创造世界上最高的能源使用效率。[①]

（2）在能源效率的投资上，奥巴马总统在《2009美国复苏与再投资法案》中，提出145亿美元的专项提高能源效率的投资。美国能源部能源效率与可再生能源办公室数据显示，从总体上看，2009~2012年美国用于提高能源效率的财政预算较2009年以前的水平提高了一个层级；从自身趋势上看，2010~2012年美国能源效率的年度财政预算逐年上升（见图7-6）。

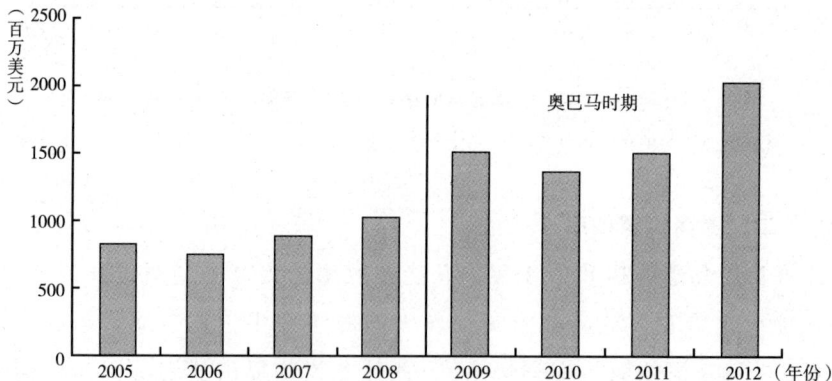

图7-6 2009~2012年奥巴马时期美国能源效率年度财政预算（兼与以往比较）

资料来源：Office of Energy Efficiency and Renewable Energy。

（3）在能效标准的制定上，奥巴马多次利用其行政权力来提高美国的能源效率。2010年5月奥巴马签署了《美国中重型卡车的燃油经

[①] 谢世清：《美国新能源安全规划及其对我国的启示》，http：//econ. pku. edu. cn/displaynews. asp? id = 5640。

济性标准》，计划于 2016 年开始实施，预计将提高卡车 25% 的燃油使用效率。① 此外，在更好的建筑物倡议（Better Buildings Initiative）中联邦政府和私营部门共同承诺提供 4 亿美元用于联邦大楼的能效升级。行政命令 13514 号对此作出了补充：到 2030 年所有新的联邦建筑物实现"零"能源使用，新联邦大楼建设必须符合可持续发展的指导原则。

二　创新清洁能源

清洁能源是奥巴马政府低碳经济政策的核心内容，在低碳经济政策中占大部分比例，可谓低碳经济政策的坚实内核。美国政府认为在清洁能源领域取得世界领先地位，是推动美国经济发展和赢得未来的关键。② 因此，美国在支持清洁能源发展方面既形成了一揽子政策，又加大研发和投入力度，大力推进清洁能源的发展。

（一）制定一揽子政策

1. 政策性法规

《2009 美国复苏与再投资法案》提出通过投资税抵免的办法鼓励美国本土可再生能源设备制造业的发展。

《2009 美国清洁能源与安全法案》首次提出了美国应对全球气候变化的一揽子方案，使全社会更加关注可再生能源发展。

2. 具体标准及倡议

（1）清洁能源的标准。清洁能源标准（Clean Energy Standard，CES）要求到 2035 年美国来自清洁能源的电力份额增加 1 倍，占总发电量的 80%。这些清洁能源包括风能、太阳能、生物质能、水能、核能、高效的天然气和具有较高碳捕捉利用与封存技术的煤。此外，清洁能源标准称：美国会在其国内创造一个创新的清洁能源技术市场，并将充分发挥企业家的创造力，以确保美国在清洁能源领域处于世界领先地位。

（2）智能电网。在智能电网的建设上，奥巴马上任后着重扩大和升

① 谢世清：《美国新能源安全规划及其对我国的启示》，http：//econ. pku. edu. cn/displaynews. asp? id = 5640。

② Whitehouse. Securing American Energy，http：//www. whitehouse. gov/energy/climate-change。

级美国的智能电网，为太阳能、风能等提供更好的远程访问数据源，减少停电的次数，为消费者节省资金。2011年，美国政府宣布将加大电力方面的基础设施建设，以增加电网容量，更好地整合可再生能源，并为未来越来越多的电力汽车发展做好准备。

（3）公共土地上的可再生能源。2009年以来，美国内政部批准了29个公共土地上的可再生能源项目，其中包括16个太阳能项目、5个风能项目和8个地热能项目。内政部还于2012年年底发放了大约10000兆瓦的有关公共土地和近海水域的可再生能源许可，这些许可足以为300万个家庭输送电力。

（4）绿色倡议。美国政府于2011年推出了绿色按钮倡议（Green Button Initiative）以倡导美国公民在家中节约能源的使用。目前，全美各地的公用事业部门已承诺为27万个家庭提供能够明确其能源使用的简单便捷的在线"绿色按钮"。此"绿色按钮"将有助于倡议中的家庭减少能源浪费，缩减能源使用开支。

（二）加强投资与研发

1. 清洁能源投资

在美国可再生能源（太阳能、风能、生物质能、潮汐能、地热能、氢能）与核能的管理分设在能源部的两个办公室，因此，加总可再生能源与核能的数据可得到以下结论：美国政府对新能源的发展很重视，其发展新能源的脚步从未停止。

美国新能源领域的财政支出一直以来呈上升趋势，2004年、2005年、2006年一直保持在10亿美元以下的水平，从2007年起由于《低碳经济法案》的提出，国家对新能源越发重视，其在新能源领域的投入开始加大，对新能源的财政支出达到12.08亿美元，此后一直攀升；2008年美国受到金融危机的重创，为重振经济总统奥巴马上台后，于2009年提出《2009美国复苏与再投资法案》，加大对新能源的投入，所以2009年新能源的财政支出达到近些年的峰值，此后几年一直在16亿美元的水平上下浮动。总之，如图7-7所示，美国从2008年开始一直对新能源加倍重视，将新能源的发展作为拉动其经济增长的重要组成部分。

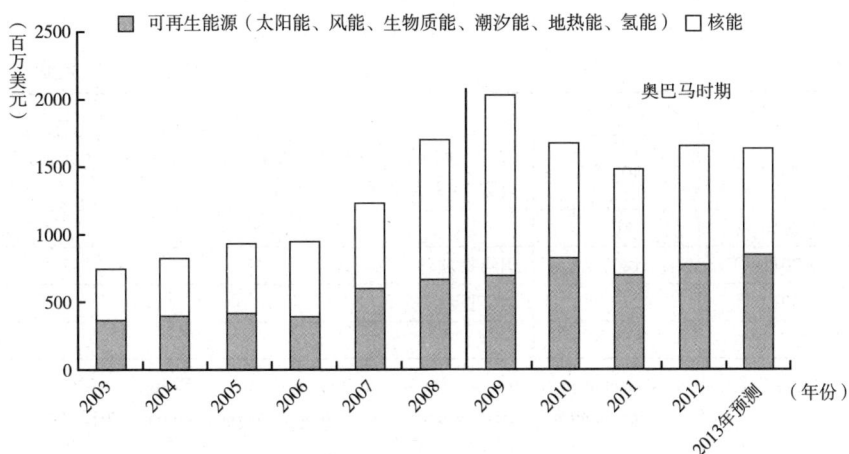

图 7 - 7　2009 ~ 2013 年奥巴马时期美国新能源财政支出趋势（兼与以往比较）

资料来源：Office of Energy Efficiency and Renewable Energy；DOE，Department of Energy。

2. 清洁能源研究与开发

（1）先进能源研究计划署。美国先进能源研究计划署（Advanced Research Projects Agency - Energy，ARPA - E）成立于 2007 年，旨在通过投资并开发先进能源技术，确保美国的领先优势，让清洁能源技术成本低于传统技术成本。2009 年正式入驻，集结全美最好的科学家、工程师和企业家对可再生能源技术进行研究。ARPA - E 项目进行初始投资后，2011 年 9 月下旬宣布在 25 个州开展 60 个尖端研究项目。总体而言，截至 2012 年 1 月，ARPA - E 共收到 858.8 百万美元的联邦拨款，并拿出 521.7 百万美元用于 180 个项目的投资。①

（2）清洁能源创新中心。为了充分发挥美国的创新能力，美国政府已推出一系列清洁能源创新中心，汇集了美国最好的研究人员和工程师队伍，以解决重大的能源挑战。中心专注于改善电池，储能，降低关键材料的限制，开发可以直接从太阳光产生的燃料，提高能源效率的建筑系统设计，并使用先进的核反应器进行建模和仿真研究。

---

① Sam Wurzelmann，Advanced Reesearch Projects Agency - Energy（ARPA - E）：Innovation through U. S. Department of Energy，Center for Climate and Energy Solutions，2012（4）：2.

表7-3　ARPA-E 年度基金

单位：百万美元

年　份	额　度	来　源
2009	403.8	《2009 美国复苏和再投资法案》提供 388.8 百万美元；国会拨款 15 百万美元
2010	0	
2011	180	国会拨款
2012	275	国会拨款
总　计	858.8	

资料来源：Sam Wurzelmann, Advanced Reesearch Projects Agency - Energy (ARPA - E): Innovation through U. S. Department of Energy, Center for Climate and Energy Solutions, 2012 (4)：2。

三　清洁交通与建筑

（一）清洁高效的交通

在美国交通部门温室气体排放量约占温室气体排放总量的 27%，是继电力部门后第二大排放源。奥巴马政府对美国交通行业采取了很大举措，以推广更先进、更省油的汽车及更低碳、更环保的燃料。

1. 车辆标准

2009 年 3 月奥巴马声明："具有里程碑意义的协议将被创造——21 世纪的汽车产业，此产业将创造新的就业机会，创造出新的省油的汽车和卡车，将带我们走向能源独立的未来。"事实也是如此，任期内奥巴马政府先后对汽车和轻型卡车、中型和重型车辆的能效标准进行了多次的制定与修订。

在汽车和轻型卡车方面，较为重大的标准制定分别为 2010 年和 2012 年两次。2010 年 5 月，奥巴马政府颁布了《2012～2016 年燃油经济性和二氧化碳排放标准》，这在 20 年来尚属首次。不但要求制造商的燃油标准在 2016 年达到 35.5 英里/加仑汽油的国家标准，而且规定 2016 年度车型必须满足 250 克二氧化碳/公里的平均气体排放标准。2012 年 8 月 28 日美国政府发布新的汽车能效标准，这是美国能源部与国家环保局敲定的最新标准，要求在 2017～2025 年，汽车与轻型卡车的能效标准将提高近 1 倍，至 54.5MPG（每加仑汽油可供车辆行驶英里数）。美国国家环保局表示，这两个汽车能效计划总计将为美国节省超过 1.7 万亿美元的燃油开支，并将美国石油消费减少 120 亿桶。

在中型和重型车辆方面，美国提出了 2011 年能效标准。美国国家环保局和交通部下的国家高速公路交通安全管理局采纳了最终的减少重型车温室气体排放、提高燃油效率的法规。该法规适用于 2014 ~ 2018 年的中型和重型车辆：从半挂牵引车到大型皮卡和面包车，包括此间所有类型和大小的作业货车和客车。两部门针对三个主要类型的车辆制定了 CO_2 排放和燃料消耗量标准：列车牵引车的最终标准目标是在 2010 年基础上降低 9% ~ 23% 的温室气体排放和燃料消耗量、柴油车平均燃料消耗量比基准车型降低 15%、汽油车降低 10%、作业车辆降低 6% ~ 9%。这些要求将在 2017 年完全导入。

此外，实施"现金换旧车计划"，提高车辆的燃油效率，降低温室气体排放。2009 年奥巴马政府的"现金换旧车计划"旨在激励车主们将旧的、耗油的汽车换成新的、节油的汽车。该方案不但增加了新车的销售量，而且减少了汽油的使用和污染，对经济和环境具有双重好处。交通报告指出，该计划在 2009 年下半年挽救了 42000 个汽车行业相关的工作。[1]

2. 低碳燃料

在交通领域，美国政府除了制定《2012 ~ 2016 燃油经济性和二氧化碳排放标准》外，还积极推进汽车燃料的改进，其中包括先进汽车电池的研发和清洁燃料的利用。

2009 年，美国生产的先进的汽车电池只占全球市场的 2%。然而，先进的电池在国内和国外汽车公司的清洁汽车生产中是必不可少的。同年，作为《2009 美国复苏与再投资法案》的一部分，联邦政府拨款 24 亿美元用于先进电池的制造。这些投资创造了数以万计的就业机会，而且据能源部估计，到 2016 年美国先进的电池生产份额可以达到世界总量的 40%。[2] 2012 年，能源部宣布推出两款新的创新项目。美国先进能

---

[1]　http://www.americanprogress.org/issues/green/report/2012/08/27/34054/5-ways-the-obama-administration-revived-the-auto-industry-by-reducing-oil-use/.

[2]　http://www.americanprogress.org/issues/green/report/2012/08/27/34054/5-ways-the-obama-administration-revived-the-auto-industry-by-reducing-oil-use/.

源研究计划署计划于 2012 年 8 月 2 日宣布, 启动 19 个投资额高达 4300 万美元的 R&D 项目。它们计划改善现有的电池、降低成本、提高下一代存储技术, 最终将以上技术应用于插电式电动车和混合动力电动汽车。8 月 13 日能源部提出汽车和卡车的轻型材料计划, 用于奖励可提高车辆的使用效率的轻型材料的研发。根据能源部统计, 降低车辆重量的 10% 便可提高 5% ~ 8% 的燃油效率。[①]

（二） 低碳绿色建筑

据统计, 在美国建筑消耗占能源使用的 39% 、电力使用的 74% 、二氧化碳排放的 38% 。因此, 奥巴马政府也在加大力度制定措施, 以减少住宅的能耗和商业建筑的空间。美国能源部能源效率和可再生能源办公室提出建筑物管理项目 （Buildings Regulatory Program, BRP） 并建立建筑物能源效益 "模型" 标准。此模型标准的基础由美国供暖、制冷和空调学会 （American Society of Heating, Refrigerating, and Air-Conditioning Engineers, ASHRAE） 及国际节能规范 （International Energy Conservation Code, IECC） 的商业和居民建筑规范构成。当 ASHRAE 或 IECC 发布新版商业和住宅建筑规范时, BRP 根据 《能源政策和节约法案》 第 304 部分 （Section 304 of the Energy Policy and Conservation Act）, 判断新版规范能否符合美国建筑环境的能源利用效率标准。如果答案是肯定的, BRP 修改相应的商业和建筑标准。最近采用的模型标准是 ASHRAE 有关商业建筑的 90.1 ~ 2010 标准代码 （2011 年 10 月） 和 IECC 有关住宅建筑的 2009 年标准 （2011 年 7 月）。

然而, BRP 的国家示范建筑规范不具有法律约束力。相反, 长期以来美国各州和直辖市的建筑规范政策直接影响到新的和现有的建筑。因此, 美国各州的商业和住宅建筑规范有很大的差别, 并且在州和地方一级的遵守程度是不确定的和不均衡的。

为了提高国家建筑规范, 《2009 美国复苏与再投资法案》 提供给各州基金以使各州的商业建筑符合 90.1 ~ 2007 标准, 新民用住宅符

---

① http：//www. americanprogress. org/issues/green/report/2012/08/27/34054/5-ways-the-obama-administration-revived-the-auto-industry-by-reducing-oil-use/.

合 IECC 的 2009 年标准，并在 2017 年使 90％的建筑达标。一些州已经开始采用这些标准。随着日益严格的商业和住宅建筑规范的出台，美国建筑行业发展报告估计到 2020 年可减少 11.3 百万吨二氧化碳的排放。

四　应对气候变化

面对极端气候天气的侵袭，奥巴马总统积极应对，第一时间组建了一个跨部门应对气候变化的联邦机构，以便制定相关政策方案，以减少气候变化给美国带来的风险。目前，该机构正在积极地制订史无前例的应对气候变化计划以确保美国政府作出正确的选择，从而保障经济、能源与健康的安全。此外奥巴马政府还积极鼓励气候、能源、环境等跨领域交叉型研究，全方位提升美国极端气候变化的应对能力。

（一）气候变化工作组

在美国气候变化已经影响到了民众的生产、生活和环境。在 2009 年，奥巴马政府召集了机构间气候变化应对特别工作组（Interagency Climate Change Adaptation Task Force）。工作组由环境质量委员会（CEQ）、科学和技术政策办公室（OSTP）、美国国家海洋和大气管理局（NOAA）联合主持，成员包括来自 20 多个联邦机构的代表。2009 年 10 月 5 日，美国总统奥巴马签署了一项行政命令，指示工作组制定一份报告，使联邦政府能够制定更加有效的政策措施以应对气候变化。

2011 年 10 月 28 日特别工作组公布了 2011 年间气候变化应对特别工作组的进展报告（见表 7-4），概述联邦政府在理解、准备和应对极端气候变化方面取得的进步。该报告提供了几个联邦政府的提升领域，其中包括提升当地社区建筑的抗灾能力，保障重要的天然资源，并提供便利的气候信息和工具以帮助决策者管理气候风险。

（二）跨领域战略规划

目前在美国有 17 个政府机构及其下设分支机构涉及应对气候变化的工作，不利于应对工作的统筹规划（见表 7-5）。2010 年 10 月机构间气候变化应对特别工作组提出政府应利用协调的方式解决应对气候变化的交叉性问题。工作组努力推进各个联邦机构间工作进度报告的协作与整合，以

表7-4　奥巴马时期美国特别工作组关于应对气候
变化的政策目标与内容提案

目标	具体内容
在联邦政府各机构间鼓励采取应对计划	气候变化涉及大部分联邦机构的方案。确保联邦机构有能力应对各种变化
进行跨学科、跨领域科学研究	强调跨领域、跨学科的科学对于应对气候变化的政策制定、实施和评价的重要性
解决关键的交叉问题	气候变化的影响涉及多个区域和多个政府机构,因此需要地方、州、部落和地区层面的协调与合作
加强领导和支持国际应对	气候变化涉及美国政府的国际发展、安全和外交,因此应加强国际合作
增强联邦政府的协调能力	联邦政府应该改善其科学、服务和评估,以便更好地支持利益相关者

资料来源:美国白宫(Whitehouse),http://www.whitehouse.gov/sites/default/files/microsites/ceq/Inter agency-Climate-Change-Adaptation-Progress-Report.pdf。

表7-5　美国应对气候变化的政府机构联盟

农业部(全球气候变化项目办公室)	内政部(三角洲研究与全球观测网)
商务部(国家海洋和大气管理局)	国家湿地研究中心
商务部(气候变化项目办公室)	内政部(全球气候变化办公室)
商务部(国际法律总顾问办公室)	司法部(环境管理体系)
能源信息管理局	外交部(气候变化)
能源部(气候变化研究计划)	外交部(亚太清洁发展和气候伙伴计划)
卫生及公共服务部(疾病控制和预防中心)	交通部(联邦公路管理局)
住房与城市发展部	交通部(运输和气候变化问题交换中心)
内政部(美国地质调查局)	

资料来源:美国地质调查局(U.S. Geological Survey, USGS),http://www.pwrc.usgs.gov/CCWG/Resource_USag.htm。

解决公共卫生、社区、海洋和野生动物方面的交叉问题。其中包括:①联邦机构与利益相关者合作,制定一个关于气候变化的淡水资源管理办法,以保证足够的供水并确保良好的水质及水生生态系统。②作为奥巴马总统"海洋、海岸和五大湖区的监管政策"中的一部分,2012年1月,国家海洋委员会发布了一项名为"国家海洋政策的实施计划"(National Ocean

Policy Implementation Plan）的草案，其中包括一系列应对气候变化和海洋酸化的行动和目标。③2012 年 1 月，联邦机构与州政府、部落和地方代表联合发布名为"国家的鱼类，野生动物和植物的气候应对策略"（National Fish，Wildlife and Plants Climate Adaptation Strategy）的战略草案，以维护国家物种和自然资源的可持续性。

五　碳排放权交易

"总量控制与交易计划"的提出可谓一波三折，在艰难中爬行。最早，该计划因在《2009 美国清洁能源与安全法案》及奥巴马总统的呼吁和演讲中多次出现而备受关注，随着《2009 美国清洁能源与安全法案》在众议院的通过而越发吸引人眼球。但是，2009 年 7 月，其以在参议院的最终搁浅而告终。然而，2010 年 2 月 2 日，奥巴马总统指出，"美国的总量控制与交易计划将会区别于参议院的其他能源法案"。① 2012 年 2 月奥巴马新一轮的国情咨文中又一次强调"总量控制与交易计划"，这次虽没有对其做特殊标注，但他描述如下："我期望国会能通过类似于《麦凯恩和利伯曼法案》中的市场手段解决气候问题的政策。如果国会尽快采取行动，我将领导我的内阁制定相应的措施，减少污染、应对气候变化、保持能源的可持续性发展。"②

（一）目标与参与者

《2009 美国清洁能源与安全法案》即《麦凯恩和利伯曼法案》，提出了美国温室气体排放的总体目标：较 2005 年，2012 年减少 3% 排放，2020 年减少 17%，2030 年减少 42%，2050 年减少 83%。其中减排气体包括二氧化碳（CO_2）、甲烷（CH_4）、一氧化二氮（N_2O）、氢氟碳化物（HFCs）、全氟碳化（PFCs）、六氟化硫（SF_6）和三氟化氮（NF_3）。此外，法案明确规定了此计划的参与者，分别是年度排放大于 25000 吨的大型固定污染源，石油燃料的生产商（炼油厂）和进口商，为住宅、商业、小工业用户提供天然气的分销商，"F－气体"的生产商和其他指定污染源。

---

① http://www.reuters.com/article/2010/02/02/us-obama-energy-idUSTRE6115V820100202.

② http://www.weeklystandard.com/blogs/obama-proposes-cap-and-trade_ 701169.html.

表7-6　《2009 美国清洁能源与安全法案》的减排目标

单位：%

年度	较 2005 年水平减少率	年度	较 2005 年水平减少率
2012	3	2030	42
2020	17	2050	83

资料来源：气候和能源解决方案中心（Center for Climate and Energy Solution，CCES）。

（二）配额的分配

《2009 美国清洁能源与安全法案》要求政府根据总体减排目标，制定每年配额分配的数量。初始阶段，配额的分配多以免费发放的形式存在，初始配额拍卖数量较少。具体表现为：有关部门根据各参与者历年排放记录，决定各单位免费发放的数量。随着排放权交易体系的日渐成熟，政府将逐步减少免费发放的数量，并增加初始拍卖的数量。具体情况如表7-7所示。

表7-7　"总量控制与交易计划"中配额发放数量

单位：百万份

年份	排放配额	年份	排放配额	年份	排放配额
2012	4627	2025	4294	2038	2534
2013	4544	2026	4142	2039	2409
2014	5099	2027	3990	2040	2284
2015	5003	2028	3837	2041	2159
2016	5482	2029	3685	2042	2034
2017	5375	2030	3533	2043	1910
2018	5269	2031	3408	2044	1785
2019	5162	2032	3283	2045	1660
2020	5056	2033	3158	2046	1535
2021	4903	2034	3033	2047	1410
2022	4751	2035	2908	2048	1285
2023	4599	2036	2784	2049	1160
2024	4446	2037	2659	2050 年及以后	1035

资料来源：气候和能源解决方案中心（Center for Climate and Energy Solution，CCES）。

法案中政府向企业和消费者发放的配额，实际上相当于通过某些途径对相关企业和消费者进行了资助和补偿。配额的发放不但帮助企业完成向低碳技术和清洁能源技术过渡，支持相关技术的开发和部署，支持一切应对气候变化的社区建设，而且还有利于补偿消费者和工人在碳减排过程中所付出的成本。

在消费者保护方面，法案规定对消费者进行援助，使消费者免遭能源价格上升的影响。具体做法为：政府向当地电力和天然气公司提供一定数量的配额，并严格要求企业将这一部分配额用于对消费者良好的服务。此外，法案针对保护低收入消费做出了规定，即低收入和中等收入家庭可以通过税收优惠和能源退税等方式获得政府的保护。一般情况下，这一部分占总配额分配数量的15%。

此外，法案规定拿出配额的15%用于对传统能源行业的保护，以弥补传统能源企业在国际竞争中的损失。其余的配额将被用在节能减排项目上，例如低碳技术、碳捕捉与封存技术、清洁能源汽车、节能建筑的研发等。

总之，政府进行配额的发放主要出于多方面考量：减少消费者在方案实施中受到的冲击、帮助企业向清洁能源技术过渡及支持清洁能源技术的开发和利用等，但重点将放在保护消费者和支持技术进步方面。

（三）成本控制措施

《2009美国清洁能源与安全法案》纳入了诸多减少实现减排目标所需成本的措施。法案为污染源提供了20亿吨的二氧化碳抵消排放，其中10亿吨来自国内污染源，10亿吨来自国际污染源。倘若国内的抵消排放供应不足，美国国家环保局可以将国际限制提高至15亿吨，但20亿吨的总量仍然不变。只有总统可以向国会建议增加或减少抵消限制。从2018年开始，企业可以通过1.25吨的国际减排换取1吨的国内排放。在这一比例之下，二氧化碳总量得以减少。

法案还规定了其他的成本控制措施。例如，以两年为一个周期，一个周期内完成减排任务的企业，接下来的一年内可享受无条件借款、无利息借款的优惠。而对于借款率达到15%的企业，在接下来的2～5年内可享受8%的贷款利息。此外，法案还制订了战略配额储备计划，即从未来各年的配额中取出一小部分用于保留拍卖。2012年拍卖价格最低，为28美元；2013～2014年拍卖价格增加5%，2015年后拍卖价格不得少于之前3

年周期内平均拍卖价格的 1.6 倍。

　　美国国会预算办公室分析认为，法案每年将会为每个家庭带来 175 美元的成本增量，而低收入家庭则每年可以获得 40 美元的净利益。据美国国家环保局估计，每个家庭每年将会花费 80 ~ 111 美元在碳减排行动上。

表 7 – 8　"总量控制与交易计划"的核心内容

减排目标与限额	与 2005 年排放水平相比,2020 年减排 17%,2030 年减排 42%,2050 年减排 83%
减排实体	发电企业、原油或燃油生产和进口企业、天然气生产和进口企业等
配额分配	2012 ~ 2025 年,排放权配额免费分配的比例高达 70% ~ 80%。其中,电力、天然气配售商和取暖用原油企业约 45%,中低收入家庭 15%,能源密集型或易受贸易影响的行业和"气候变化消费者返还账户"15%
配额的介入与存储	如当年排放实体排放总量超出排放限额,则可以提前借入该实体在未来 1 ~ 5 年的排放权配额。但总额不能超过当年排放实体排放限额的 15%;如排放实体当年尚有排放权配额剩余,可以储存以备企业在未来使用,或进行交易
排放抵消	排放实体在总量控制与交易制度实施初期,可以使用不超过 20 亿吨的排放抵消。但排放实体在美国境内实现的减排量要达到一半以上

　　资料来源：气候和能源解决方案中心（Center for Climate and Energy Solution, CCES）。

第八章　奥巴马时期美国低碳经济政策的经济绩效

2009 年初，美国总统奥巴马表示："我的任期将标志着美国在引领全球迎接气候变化上揭开新篇章，在迎接挑战的过程中加强能源安全，创造数百万个就业机会。这一切将从联邦政府总量控制与排放交易体制开始。我们将制定严格的年度目标，敦促我们到 2020 年将温室气体排放量减少到 1990 年的水平，到 2050 年再减少 80%。此外，我们每年将投资 150 亿美元刺激私营部门为发展清洁能源进行技术创新。我们将投资太阳能、风能和新一代生物燃料。我们将开发核能，并确保它安全可靠。此外，我们还将开发清洁煤技术。"[1] 4 年已经过去，虽然"总量控制与交易计划"没有得以实施，但是奥巴马第一任期内，美国在减排、能源消费、低碳技术、新能源产业、碳市场、能源独立、绿色就业方面取得了一定进展。虽然表面上风平浪静，但是从各种数据指标来看，奥巴马在一一兑现其承诺，并且效果已经凸显。

第一节　低碳经济政策的直接效果

一　对碳排放总量和行业碳排放量的影响

（一）二氧化碳总量排放趋势

长期以来美国都是二氧化碳排放大国。从总体趋势来看，纵向比较，

---

[1]　蔡林海：《低碳经济大格局：绿色革命与全球创新竞争》，经济科学出版社，2011，第 132 页。

美国来自能源消费的二氧化碳排放量呈"山"字形趋势，并具有明显的"三阶段"特征：1973～1989年段，1990～2007年段，2008～2012年段。首先，第一阶段，自1973年起美国来自能源消费的二氧化碳排放逐年上升。1973年为4735百万吨，此后数年一直在4500百万吨左右的水平浮动。第二阶段为高排放量阶段，1990年开始出现大幅上涨趋势，一跃上升到5039百万吨。1991～2006年总体呈逐年上升趋势。2007年达到峰值，为6023百万吨。第三阶段从2008年开始，首现10多年来的下降趋势，而且此后4年一直保持。美国官方数据显示，2011年美国与能源相关的碳排放比2010年减少了2.4%。上次美国二氧化碳排放减少是在2009年经济紧缩时。2011年，美国总发电量的43%来自燃煤火力发电，而在2005年时该比例为51%。因此，奥巴马的第一任期内美国二氧化碳排放量呈现明显的下降趋势。

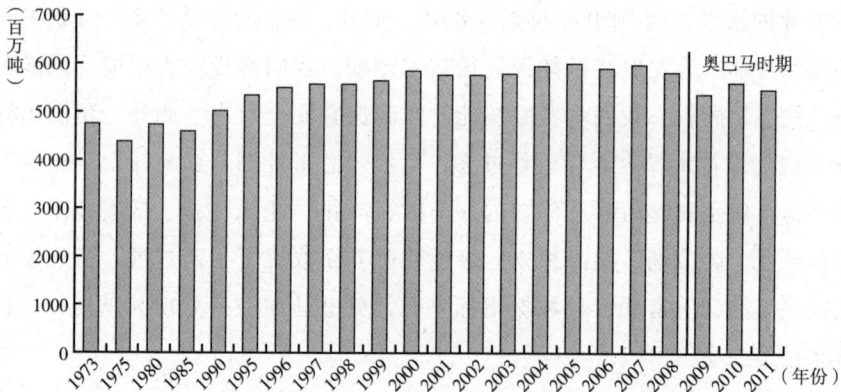

图8-1　2009～2011年奥巴马时期美国能源消费中总
二氧化碳排放量趋势（兼与以往比较）

资料来源：美国能源信息管理局，2013年1月能源月度回顾。

根据美国能源信息管理局2013年2月公布的最新数据，美国2012年前10个月能源消费排放的二氧化碳量创近几年同期排放量的新低。前10个月的排放量为4386百万吨，较2011年同期降低了4.3%。其中，2012年一季度的二氧化碳排放量为11.34亿吨，较2011年同期降低了8%，创20年来同期的新低。其中美国政府部门认为，通常冬季供暖需要消耗大量的能源，然而美国经历了暖冬，这是导致 2012 年碳排放减少的部分原因。此外，天然气价格的下降引发的燃煤发电的减少、汽油需求的减少及可再生能源使用的增加构成二氧化碳排放减少的另一原因。

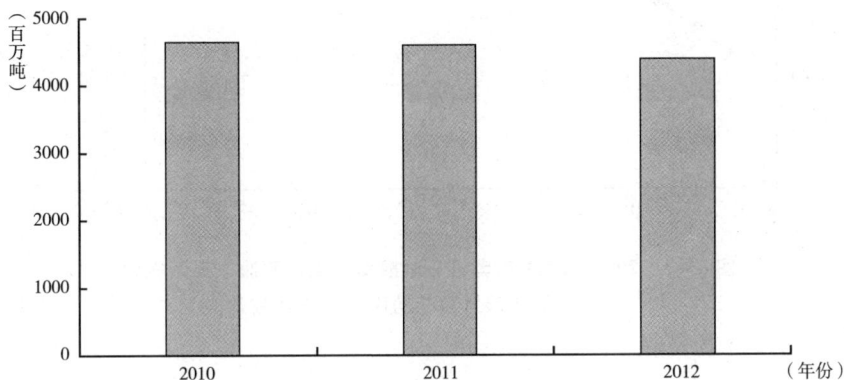

图 8 - 2　2010 ~ 2012 年美国二氧化碳排放量比较图

资料来源：美国能源信息管理局，2013 年 1 月能源月度回顾。

（二）各能源二氧化碳排放趋势

从排放来源看，来自煤、石油的二氧化碳排放量波动较大，而天然气的二氧化碳排放量相对平稳。首先，在煤炭方面，1973 ~ 2011 年源于煤的二氧化碳排放量呈上突形曲线分布。1973 ~ 1996 年逐年上升，1997 ~ 2008 年处于相对平稳阶段，2009 年以后（即奥巴马第一任期内）呈现阶段性下降趋势。在石油方面，与煤的二氧化碳排放趋势具有相似性，2007 年达到峰值，2008 年突降，2009 年继续下降，2010 年和 2011 年与 2009 年相对持平。在天然气方面，除了 1985 年略微降低外，1973 年以来的几十年里二氧化碳的排放量基本保持平稳；2009 年后奥巴马执政的近几年里略有上升，但不十分明显。总之，奥巴马总统的第一任期内，美国源于煤和石油的二氧化碳排放量呈明显的下降趋势，并在下降后保持平稳；源于天然气的二氧化碳排放量呈略呈上升趋势，但幅度不大。

美国官方 2013 年 2 月的最新数据显示，根据 2010 年、2011 年、2012 年前 10 个月的同期比较，源于煤和石油的二氧化碳排放量呈递减趋势，源于天然气的二氧化碳排放量呈递增趋势。其中，煤炭方面的下降趋势最为

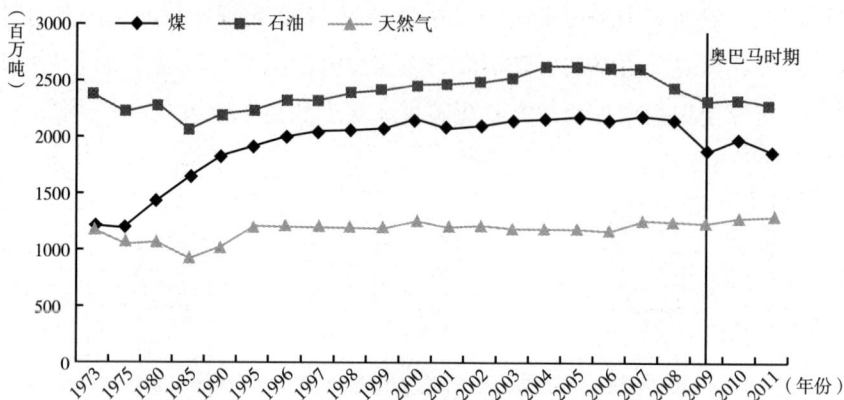

图 8 - 3   2009 ~ 2011 年奥巴马时期美国煤、石油、天然气的
二氧化碳排放趋势图（兼与以往比较）

资料来源：美国能源信息管理局，2013 年 1 月能源月度回顾。

明显，二氧化碳排放由 2010 年前 10 个月的 1655 百万吨下降至 2011 年前 10
个月的 1592 百万吨，直至 2012 年前 10 个月的 1378 百万吨。2012 年与 2011
年同期相比，下降率达到 13.4%。在石油方面，3 年前 10 个月的二氧化碳排
放量有下降趋势，但程度微小。其中，2010 年、2011 年、2012 年前 10 个月的
二氧化碳排放量分别为 1944、1921 及 1883 百万吨，下降率为 1.2%、2.0%。
在天然气方面，3 年中前 10 个月的二氧化碳排放量呈略有上升趋势，分别为
2010 年的 1039 百万吨、2011 年的 1063 百万吨及 2012 年的 1116 百万吨。

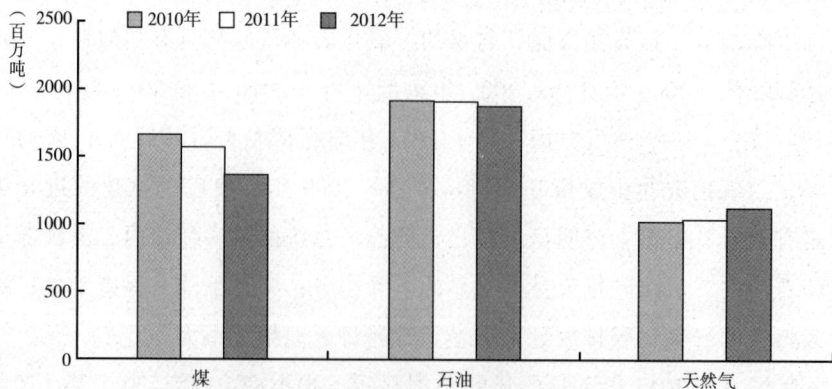

图 8 - 4   2010 ~ 2012 年美国前 10 个月二氧化碳排放对比图

资料来源：美国能源信息管理局，2013 年 1 月能源月度回顾。

（三）部门二氧化碳排放趋势

一般情况下，如果按部门分类，美国的二氧化碳排放可分为居民二氧化碳排放、商业部门二氧化碳排放、工业部门二氧化碳排放及交通部门二氧化碳排放。在美国，工业和交通部门二氧化碳的排放占比较大，居民和商业部门二氧化碳的排放占比相对较小。从总体趋势上看，居民、商业部门、交通部门的二氧化碳排放趋势具有相似性，即从1973年开始这三个部门的二氧化碳排放均趋于上升；1995～2007年呈现平稳中略带上升的趋势。此后都出现突降，但略有区别：交通部门2007年出现二氧化碳排放的降低趋势，此后逐年降低，2009年以后平稳中略有降低。居民和商业部门比较相似，两部门2009年开始出现骤降，此后基本与2009年水平持平。此外，工业部门的二氧化碳排放趋势大体呈现三段式：1973～1985年急剧下降，1986年后保持平稳，直至2009年出现骤降。因此，奥巴马总统任职的第一阶段美国居民、商业、工业、交通四大部门的二氧化碳排放均出现下降趋势。

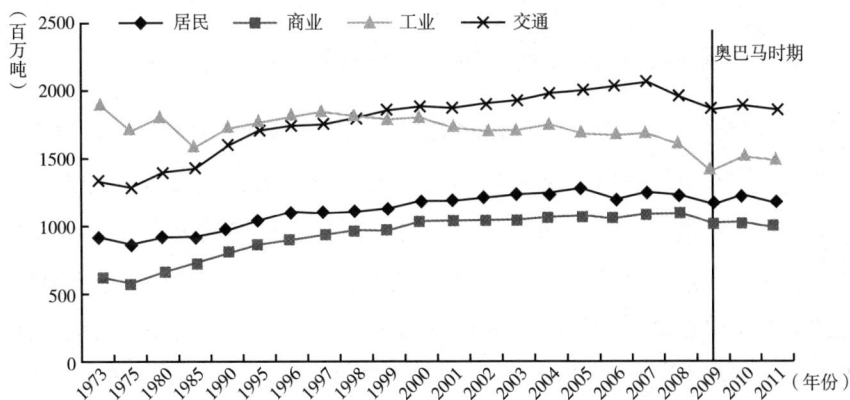

图8-5　2009～2011年奥巴马时期美国各个部门
二氧化碳排放趋势（兼与以往比较）

资料来源：美国能源信息管理局，2013年1月能源月度回顾。

2012年前10个月的数据显示，无论是居民、商业部门、工业部门还是交通部门，二氧化碳排放均少于2011年及2010年同期排放水平。其中，居民2012年较2011年的同期下降率为9.5%；2011年较2010年的同期下降率为 2.5%。商业部门 2012 年较 2011 年、2011 年较 2010 年的下降率分别为 5.9% 和 2.0%。工业部门的下降率为 3% 和 0%。交通部门两年的下降率均为 1.4%。

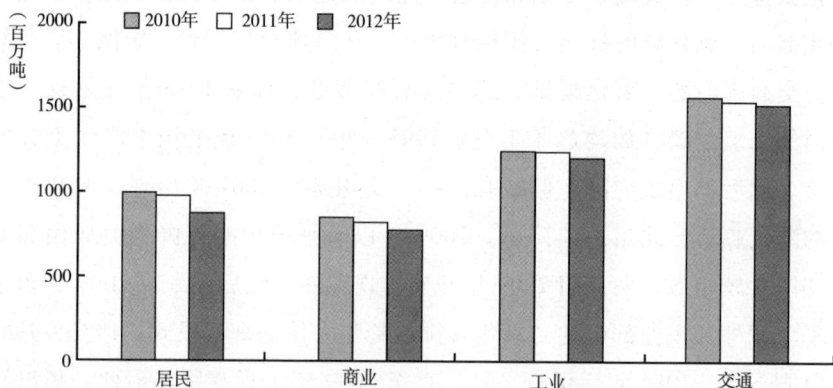

图 8-6　2010~2012 年美国各个部门前 10 个月二氧化碳排放趋势图

资料来源：美国能源信息管理局，2013 年 1 月能源月度回顾。

二　对可再生能源发展及能源结构的影响

"内部化"和"清洁化"构成奥巴马政府低碳经济政策在能源方面的主要特点。美国一方面增加国内石油的产量，加大页岩气的开发，提高能源效率；另一方面积极推进太阳能、风能、生物质能和核能等新能源的开发和利用，加大新能源技术的研发投入。在奥巴马第一任期内，通过发展低碳经济，美国的能源结构得到很大提升，能源进口呈逐渐降低趋势。能源自给率逐渐提高，2011 年美国能源自给率上升至近 20 年来最高水平，达到 81.4%。这不仅归功于新能源的发展，还归功于其"页岩气革命"。

（一）能源消费：旧减

美国白宫 2012 年 3 月 12 日发布的名为《安全能源未来蓝图：年度进展》的报告说，过去 3 年来美国能源安全有效增强。事实也是如此，2009~2012 年的 4 年间美国三大传统能源中石油、煤的消费量逐年降低，天然气的消费量呈上升趋势。

石油的消费量降低十分明显，在 2005 年达到顶峰 40.388 千兆英热单位，2008 年开始有明显下降趋势，为 37.280 千兆英热单位，2009 年下降到 35.403 千兆英热单位，直至 2011 年的 35.283 千兆英热单位。煤的消费量也呈明显下降趋势，在 1996~2008 年的 13 年间美国煤炭的消费量均在 21 千兆英热单位左右的水平，2008 年达到 22.385 千兆英热单位，从 2009 年开始呈现明显下降趋势，降至 19.692 千兆英热单位，2010 年稍有回升至 20.850 千兆英热单位，2011 年继续降低至 19.643 千兆英热单位。此外，由于页岩气的大力开发，天然气的消费量呈略微上升趋势。

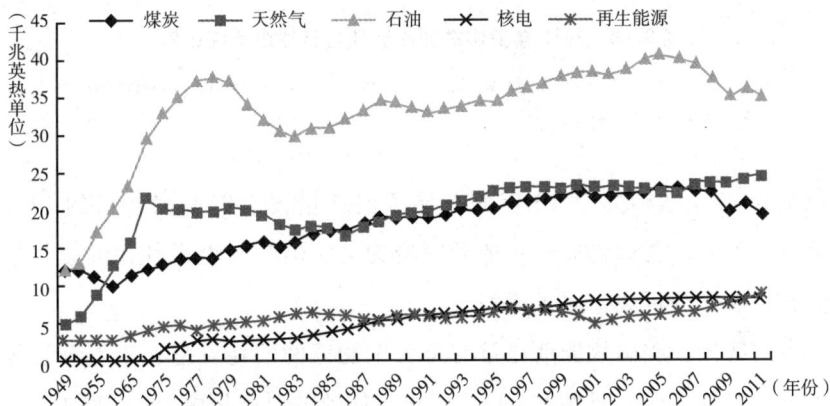

图 8-7 2009~2011 年奥巴马时期美国各能源
消费量变化趋势（兼与以往比较）

资料来源：美国能源信息管理局，2012 能源年度回顾。

（二）能源消费：新增

在政府的鼓励和扶持下，美国新能源发展迅速。现阶段其核心部分是核能，而太阳能、风能、生物质能、地热能、海洋能等的开发也在齐头并进。此外，作为对新能源开发的补充，美国还在大力发展各种节能技术。

横向统计，美国能源结构为煤、石油、天然气、核能及可再生能源。根据 2011 年最新统计，2010 年美国能源消耗总量为 98.003 千兆英热单位，其中化石能源消耗量为 81.425 千兆英热单位，核电能消耗量为 8.441 千兆英热单位，可再生能源消耗量为 8.049 千兆英热单位。如图 8-8 所示，2010 年，核能消耗量占总能源消耗量的 9%，可再生能源消耗量占总能源

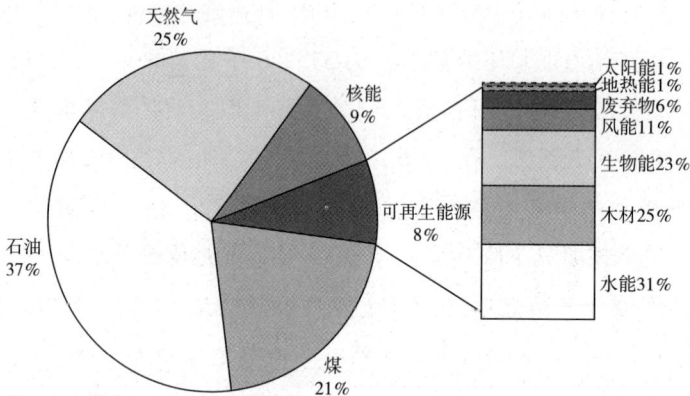

图 8 - 8　2010 年美国总能源消耗与新能源消耗比例

资料来源：美国能源信息管理局（U. S. Energy Information Administration，EIA）。

消耗量的 8%。因此，2010 年的新能源消耗量占总能源消耗量的 17%。比例看似不大，美国仍以石化能源消费为主，但是与世界其他国家相比，新能源发展十分可观，居于前列。

　　纵向统计，美国核能消耗量与可再生能源的消耗量呈逐年上升趋势。以可再生能源为例（见图 8 - 9），可再生能源的总产量由 2001 年的 5.164千兆英热单位上升到 2005 年的 6.229 千兆英热单位，2010 年还在上升，

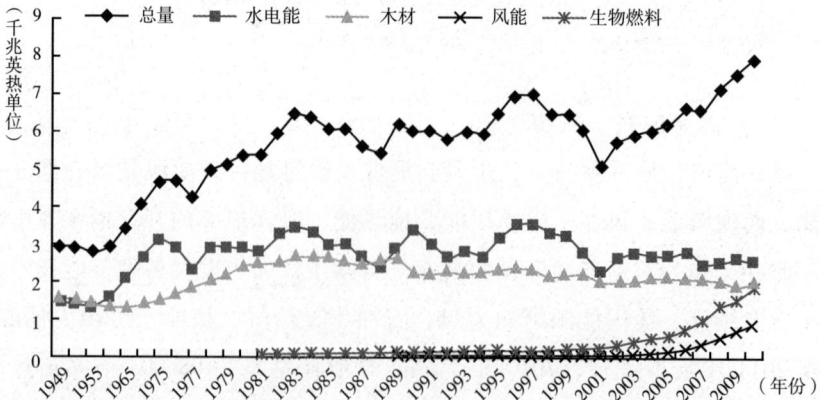

图 8 - 9　1949 ~ 2010 年美国可再生能源及其组成年消耗量趋势图

资料来源：美国能源信息管理局（U. S. Energy Information Administration，EIA）。

为 8.064 千兆英热单位。可再生能源的消耗也是如此，由 2001 年的 5.163
千兆英热单位上升到 2005 年的 6.242 千兆英热单位，再到 2010 年的
8.049 千兆英热单位。可以说，无论从产出还是消耗角度，美国的可再生
能源一直呈上升趋势。

（三）页岩气革命

页岩气是一种非常规天然气，近些年发展十分迅速。对于页岩气在碳
减排方面的作用可谓众说纷纭。一方面，一些环保人士认为页岩气的大力
开发及其相对低廉的价格会对新能源的开发和利用形成冲击。另一方面，
有人认为页岩气作为一种廉价且能快速应用的替代燃料取代煤炭，其使用
将会为地球争取到宝贵的时间，用以开发其他可再生能源，以便进一步降
低二氧化碳排放，成为低碳经济发展的推动力，否则要安全地控制世界范
围内不断上升的二氧化碳水平几乎是不可能的。

美国是世界上最早对页岩气进行勘探和开发的国家，其对页岩气的开
发和生产可追溯到 20 世纪 20 年代。从 70 年代开始，加大投资和研发力
度，并在吸附机理方面取得突破，页岩气产量开始出现爆发式增长。目
前，美国的页岩气开发主要集中在密歇根州的 Antrim 页岩区、得克萨斯
州的 Barnett 页岩区、俄克拉荷马州的 Caney 页岩区和 Woodford 页岩区、
亚拉巴马州的 Conesauga 页岩区和 Floyd 页岩区、阿肯色州的 Fayetteville
页岩区等。

数据显示，美国的页岩气繁荣表现于其产量飙升，价格呈 10 年低位。
根据美国能源信息管理局的最新数据，截至 2010 年美国探明的页岩气储
量已经达到 974490 亿立方英尺。页岩气的产量由 2007 年的 12930 亿立方
英尺上升到 2008 年的 21160 亿立方英尺、2009 年的 31100 亿立方英尺、
2010 年的 53360 亿立方英尺。其中（见图 8 - 10），从页岩气中提取出的
天然气数量由 2007 年的 19901 亿立方英尺增加至 2011 年的 85009 亿立方
英尺，增长率达到 327%，增长迅速。根据美国能源信息管理局的预测，
2035 年美国页岩气提取的天然气占总天然气的比例将从 2010 年的 23% 增
至 49%。奥巴马总统认为，页岩气的发展有利于美国的二氧化碳减排。
事实也是如此，页岩气的迅速发展不但促进了美国能源格局的改变，而且
使美国碳排放大幅下降。国际能源署（IEA）的数据显示，美国能源主要

温室气体排放在过去5年里减少4.5亿吨，在调查覆盖的国家中减排量最大。当然，页岩气的发展只能作为美国碳排放量减少的部分原因，但是必须承认大范围兴起对美国意义非凡。

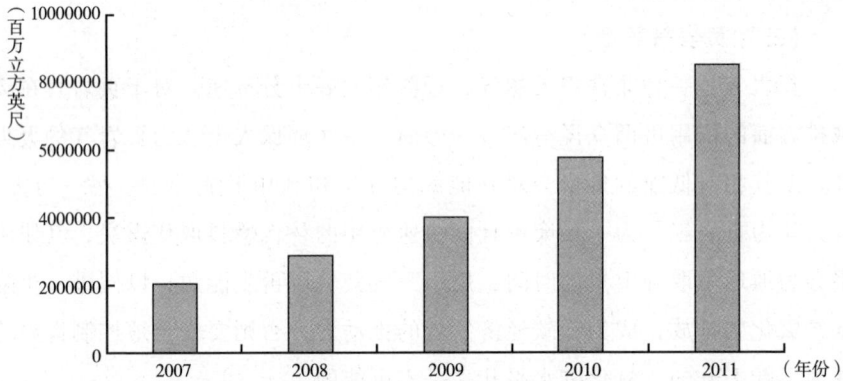

图 8-10　2007~2012 年美国页岩气中提取的天然气数量趋势图

资料来源：美国能源信息管理局 （U. S. Energy Information Administration，EIA）。

三　低碳技术创新和产业发展与创新情况

（一）清洁能源专利激增

得益于清洁能源刺激计划数十亿美元的清洁技术研发投入，奥巴马总统第一任期内美国在清洁能源专利方面取得了丰硕的成果。

2009 年美国清洁能源专利申请量比 2008 年增长了近 200 项。专利增长主要集中在燃料电池、混合电动车、太阳能、生物质能方面。其中，燃料电池、混合电动车方面的专利申请量比 2008 年增长了 20%，太阳能方面的专利增长了 60%，生物质能方面的专利更是增长了 260%，创出历史新高。与之相比，水能、潮汐能、地热能上升较少，甚至略有下降。

2010 年可谓美国清洁能源技术专利的转折年，在这一年美国清洁能源专利数有了质的飞跃，将美国清洁能源技术带到了一个新的、更高的层级上。2010 年总申请量为 1881 项，较 2009 年增长 67%。风能专利、太阳能专利、燃料电池专利、混合电动车专利、潮汐能专利分别增长 57%、

134%、57%、60%和54%，此外生物质能专利、地热能专利、水能专利也略有增加。

2011年是美国清洁能源技术专利的第二个跳跃年，申请专利数达到2331项，较2010年增加450项专利。其中，风能专利增长85%，太阳能专利增长50%，混合电动车专利增长20%，潮汐能和生物质能专利分别增长50%和65%。燃料电池专利在2011年虽然下降了44项，但仍然是总专利数的最大组成部分，达到952项。水电专利略有减少，较2010年减少4项。

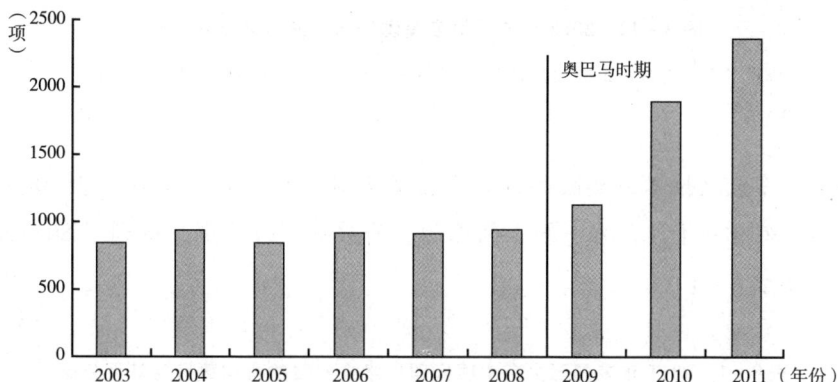

图 8 - 11　2009～2011 年奥巴马时期美国清洁能源
专利变化趋势（兼与以往比较）

资料来源：美国知识产权法律事务所 Heslin Rothenberg Farley&Mesiti，Clean Tech Group。

根据2012年12月最新的统计数据来看，2012年第一季度专利数目为694项，较2011年第一度增长154项。2012年第二季度的专利数上升至786项，第三季度更是上升至798项，创下"清洁能源专利增长指数"的季度新高。前三季度总的专利数目已达到2278项，接近2011年全年的专利数目（见图8-12）。

（二）低碳技术利用率较高

在美国低碳技术利用率已经达到较高水平，根据美国劳工部2013年1月的最新数据统计，在美国至少有1项低碳技术或实践的机构已经达到4933500个，占总机构数目的74.5%。从行业分布来看，绝大多数行业至

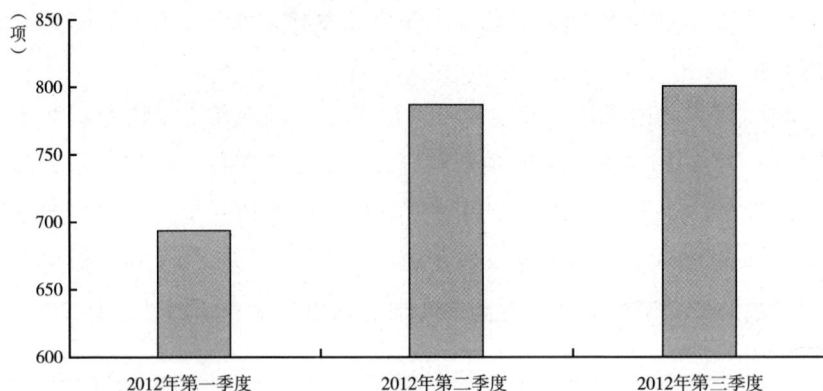

图 8 - 12　2012 年前三季度美国清洁能源专利变化趋势

资料来源：美国知识产权法律事务所 Heslin Rothenberg Farley & Mesiti, Clean Tech Group。

少有 1 个低碳技术或实践的百分比已经达到 70% 左右，其中信息、教育服务、农林牧渔、艺术、娱乐和休闲、公共管理行业更是达到了 80% 左右（见表 8 - 1）。

表 8 - 1　2011 年美国至少有 1 项低碳技术或实践的机构数目及其百分比

行业	至少有 1 项低碳技术或实践的机构数目（个）	总的机构数目（个）	至少有 1 项低碳技术或实践的机构所占百分比（%）
农业、林业、渔业和狩猎	64600	81900	78.9
采矿、采石、石油和天然气开采	13400	27100	49.4
实用工具	16900	23800	71.1
工程	403200	570200	70.7
制造业	221700	295200	75.1
批发贸易	302400	422700	71.5
零售贸易	712900	916500	77.8
交通运输、仓储	126800	209200	60.6
信息	94600	112800	83.9
金融、保险业	294700	389300	75.7
不动产及租赁业	206700	281500	73.4
专业、科学及技术服务	540200	742600	72.8
公司、企业的管理	29500	41500	71.1
行政和垃圾服务	252100	359900	70.0

续表

行业	至少有1项低碳技术或实践的机构数目(个)	总的机构数目(个)	至少有1项低碳技术或实践的机构所占百分比(%)
教育服务	114300	142100	80.5
卫生保健和社会援助	560800	736900	76.1
艺术、娱乐和休闲	80200	102200	78.5
住宿和餐饮业	439900	564100	78.0
其他服务(公共管理除外)	360200	480400	75.0
公共管理	98300	124700	78.8
总　计*	4933500	6624600	74.5

*由于四舍五入（取整数），可能导致表内数据加总不等于总计。
资料来源：美国劳工部2011年8月最新统计数据。

　　细化可知，低碳技术数目与机构的数量呈反向变化关系。在美国有1项、2项和3项低碳技术和实践的机构很多，分别为1646700个、1721800个和976100个，占机构总数目的24.9%、26.0%和14.7%，有4项及以上的机构占比较小。

表8－2　截至2011年8月美国有1项或多项低碳技术或实践的机构数目

低碳技术或实践的数量	机构数目(个)	机构占比(%)
没有低碳技术或实践的机构	1691100	25.5
至少有1项低碳技术或实践的机构	4933500	74.5
有1项低碳技术或实践的机构	1646700	24.9
有2项低碳技术或实践的机构	1721800	26.0
有3项低碳技术或实践的机构	976100	14.7
有4项低碳技术或实践的机构	421600	6.4
有5项低碳技术或实践的机构	136400	2.1
有6项低碳技术或实践的机构	30900	0.5
总计(所有机构)	6624600	100.0

资料来源：美国劳工部（U. S. Department of Labor, DOL）。

（三）新能源产业强劲发展

1. 核能

美国核能的发展始于20世纪50年代，于20世纪60～70年代达到高峰，核反应堆急剧扩张，10 年间由 1960 年的 3 座核反应堆急速增长至 1979 年的 69 座反应堆。但是，由于 1979 年 3 月发生了三里岛核电站事故，政府放缓了发展核电的速度。反应堆数量平稳增长，到 1998 年发展到 104 个，此后一直保持此数量，至今未变。2010 年，美国总发电量为 4.12 万亿千瓦时，其中核能发电 0.807 万亿千瓦时，占总发电量的 19.59%。

2. 风能

在美国，风能是处于成长期的产业。目前，美国风能的装机容量为 43460 兆瓦，占美国总供电量的 3%。发展最快的州是得克萨斯州，紧随其后的是爱荷华州和加利福尼亚州。2008 年末美国的风能发电量居世界第一。美国能源局预测，2030 年美国风能发电量将占全美总发电量的 20%。

3. 水电能

美国目前是世界水电能利用第四大国，排在前三位的分别是中国、加拿大和巴西。一直以来，水电能在美国可再生能源中占比最大。2010 年水电能消耗量占可再生能源消耗量的 31%。但实际上美国水电能利用的高峰时期是 1997 年，其年消耗量为 3.640 千兆英热单位。此后一直保持缓慢下降趋势，直至 2010 年，其年消费量下降为 2.509 千兆英热单位。

4. 太阳能

尽管美国光伏企业部分倒闭，但是美国还在大力发展太阳能产业。目前，美国正在向北非学习，期望在西部沙漠地区大力发展太阳能。2009～2010 年，全美太阳能电池板安装量增长了 102%，是 5 年以来的最大增幅，并且预计 2011 还将再翻一番。此外，从 2008 年起光伏组件价格急剧下降，太阳能电池板的价格已经下降了 2/3。

5. 生物能、地热能、潮汐能等

美国的生物能、地热能及潮汐能发展迅速。以生物能为例，美国一直在大力推广混合动力车。目前混合动力车中使用的是乙醇占 10% 的动力燃料，同时高于此比例的动力燃料正在研发中，不久将会投入使用。此外，在地热能方面，美国具有得天独厚的自然条件，美国任一地区的地下温度均保持在 7.22℃～23.89℃。据美国地热能源协会 2010 年发布的数据，地热发电已使美国总装机能力达到 3.15 吉瓦，使美国成为世界最大地热发电国。在潮汐能方面，美国利用率不高，2011 年初美国第一个潮汐电站建设项目已提交申请，标志着美国潮汐能利用方面的一大进步。

（四）硅谷向产业低碳化转型

硅谷是世界科技的心脏，很多企业都在这里孕育、繁荣。然而，随着世界低碳经济大趋势的日渐明朗，硅谷也开始向绿色科技和可持续发展转型。

可再生能源产业与 IT 产业的结合是低碳型产业创新的一大特点。由于可再生能源的基础设施建设离不开 IT 产业，可再生能源利用的管理控制系统离不开 IT 产业，智能电网的配线网和高压线的送电系统离不开 IT 产业，能源效率的提高和现代化离不开 IT 产业，因此，美国 IT 产业瞄准了低碳产业，并开始向低碳转型。

美国以硅谷为核心的 IT 产业低碳转型主要体现在区域内的绿色科技使用上。美国硅谷已建成大型科技园区，园区内汇集了包括生物科技和信息科技在内的多家技术企业。目前，园区已成为清洁科技工业园区。例如，特斯拉电动车公司于 2011 年展出 Model X 的电动样车，因电动传动系统更为小巧，该款 SUV 将获得比同类汽油引擎 SUV 更大的内部空间。硅谷还重视发明新的绿色基础设施。目前在硅谷很多条公路上都已经安装与广播相关的传感器，以便提供实时路况信息，从而节省能源。

美国 IT 产业的转型还体现在绿色投资方面。以谷歌为例，目前谷歌协议购买的风电及太阳能电力约占其全部电力消耗的 12%，而两年前只有 4%（如果算上已投入使用的现有清洁能源，该数据高达 27%）。谷歌还直接投资于风力及太阳能发电项目，投资规模达到 9.15 亿美元。在 2008 年金融危机冻结金融市场之后，谷歌向位于北达科他州和俄勒冈州的多家急需资金的风电厂注入资金。随着风电项目投入运营并开始向大型公用事业企业销售电力，谷歌也开始参与分享源源不断的现金流。美国 SUN 公司的创始人约翰·盖奇从 SUN 公司辞职后于 2008 年 5 月转入投资低碳技术的风险资金企业，该企业的合伙人之一是美国前副总统戈尔。①

---

① 蔡林海：《低碳经济大格局：绿色革命与全球创新竞争》，经济科学出版社，2011，第216 页。

美国英特尔公司出资 5000 万美元设立生产制造太阳能电池的新企业，2009 年下半年已经投产。[①]

美国 IT 产业转型的第三个方面是智能电网。在奥巴马总统的经济振兴计划中，有 110 亿美元划拨给智能电网项目。项目的重点与难点体现在真正的智能化及与可再生能源的成功对接上，因此，可以说智能电网的建设为美国信息产业带来了新的机遇。2008 年 8 月，AT&T 与 Itron（智能电表制造商）宣布联合市场协议，并于 2009 年 3 月，与 SmartSynch 宣布联合开发解决方案 AMI（自动查表设施），该方案包含有智能电表、无线通信网络和系统应用管理平台。[②] 2009 年 6 月，AT&T 与 Cooper（电力系统公司）签署了智能电网传感器合作协议。[③] 2009 年 3 月和 4 月，Verizon 与 Ambient、Itron 分别宣布签署了联合市场协议；而 T‐Mobile 也与 Echelon（基础硬件和软件的提供商）签署了 AMI 合作协议。[④] 美国的 ICT 企业，从思科公司到惠普集团均为项目献计献策。互联网巨头谷歌推出新型软件，用于帮助电力公司监测用户的电力使用量。IBM 推出全面电力一体化 IT 解决方案便于电力企业自动监控电网，优化电网性能、防止断电、更快地恢复供电等。此外，还有不少为迎合智能电网这一概念而诞生的创业型新兴信息通信企业，例如红杉市的 Silver Spring 网络公司和圣弗朗西斯科市的智能电表软件公司 Grid Net。

除了 IT 产业的低碳转型外，硅谷的汽车制造商也在为环保汽车时代做着准备。奥巴马总统访问加州南爱迪生公司时承诺向环保汽车领域投资 24 亿美元，加之后来奥巴马总统的一系列激励政策，硅谷的汽车企业开始涉足这一领域。其中，通用汽车公司表现最为活跃。雪佛兰沃蓝达于 2010 年开始销售，主打绿色节能科技理念，并将雪佛兰品牌带入混合动

① 蔡林海：《低碳经济大格局：绿色革命与全球创新竞争》，经济科学出版社，2011，第 216 页。

② 史琳：《美国启动智能电网建设 电信企业迎来行业应用新机遇》，《世界电信》2010 年 Z1 期。

③ 史琳：《美国启动智能电网建设 电信企业迎来行业应用新机遇》，《世界电信》2010 年 Z1 期。

④ 史琳：《美国启动智能电网建设 电信企业迎来行业应用新机遇》，《世界电信》2010 年 Z1 期。

力汽车市场前列。2011 年，沃蓝达被评为当年北美年度车型。在售后调查中，92％的车主表示将继续支持雪佛兰，支持沃蓝达车型。在混合动力车市场上，通用正在奋起直追，大有与领头羊丰田普锐斯一较高下的意味。通用在 2012 年共销售 30000 辆插电式混合动力车，包括雪佛兰沃蓝达和欧宝。此外，凯迪拉克 ELR 插电式混合动力车型将于 2013 年末开始在美国本土生产，并于 2014 年初在北美上市。此外，2009 年，日产美国公司也推出了第一款电动汽车原型车，并致力于为大规模生产做好准备。

可再生能源深入硅谷的各个领域，最主要表现在太阳能方面。奥巴马推出的相关政策为美国太阳能市场注入了新的活力。五个全球最大的投资者洛克波特资本（Rockpot Capital）、谷歌（Google）、先进技术风险投资公司（Advanced Technology Ventures）、凯鹏华盈风险投资公司和科斯拉风险投资公司（Khosla Ventures）均涉足这一领域，并为此投资设立转型基金。在硅谷的太阳能行业中，美国太阳能公司（SunPower）是领头羊，销售额从 2004 年的 1100 万美元到 2008 年的 14 亿美元，再到 2010 年的 22 亿美元。2010 年 6 月经美国能源部国家再生能源实验室证实，SunPower 公司在其菲律宾工厂生产的太阳能电池转换效率已达 24.2％。

四　碳市场和碳交易的发展与最新进展

自 2005 年《京都议定书》正式生效以来，全球碳交易市场逐渐步入正轨。美国不但建立起了自愿交易市场，而且也建立起了成熟和完善的区域碳交易体系。

（一）碳交易所稳健发展

近年来，随着碳交易机制的完善和交易工具的丰富，美国在碳交易市场上已经实现新的突破。

1. 芝加哥气候交易所

芝加哥气候交易所（Chicago Climate Exchange，CCX）成立于 2003 年，是美国自愿减排市场的先行者，也是北美唯一自愿参与且具有法律约束力的温室气体交易机构。此后，分别在 2004 年、2005 年、2008 年建立欧洲气候交易所、加拿大蒙特利尔气候交易所、中国天津排放权交易所等分支机构。2010 年，与美国洲际交易所（Intercontinental Exchange，ICE）

合并。

CCX 是全世界第二大温室气体交易市场，同时是世界唯一一个开展 6 种温室气体减排交易的市场。交易所建立的目标是证明北美各产业组成部门可以通过市场激励手段达成自愿减排的承诺，建立价格发现机制并传播市场信息，降低温室气体减排的成本，鼓励排放管理措施的改进，协调其他国际或国家排放权交易机制，最终实现温室气体的全面减排。

CCX 的交易分为两个阶段：第一阶段会员单位作出具有法律约束力的承诺，2003 ~ 2006 年每年减少或交易 1%，总计为基线以下 4%。第二阶段为 2007 ~ 2010 年，会员单位作出具有约束力的承诺，到 2010 年减至基线以下 6%。

CCX 目前已经拥有包括航空航天及设备、农产品、汽车行业、饮料制造业、化学、采矿业、商业室内设计、郡县及州政府部门、电子行业、环境服务行业、电力行业、金融机构、食品加工、森林产品、制造业、市政、石油化工行业、制药行业、娱乐行业、技术行业、运输行业、大学等行业在内的 400 多家会员。会员单位通过许多途径进行减排。例如，在提高能源效率方面，改进照明系统与电机、改造电厂、采用"能源与环境设计先锋"（LEED）建筑物标准；在可再生能源方面，回收甲烷、生物质燃料；在发电方面，延伸使用天然气、水电和核能；在碳的封存方面，进行森林再造、森林管理、农业的最佳管理实践；在高威力的温室气体方面，证明温室气体的热破坏效应同样能耗尽臭氧层；在制造业方面，减少半导体生产厂中氟碳气体的使用和化学厂中的氧化亚氮的使用；在管理战略方面，使建筑物的供热/制冷与使用空间相匹配。

芝加哥气候交易所除了具有涵盖范围广、会员数量多等特点外，其具有法律约束力的二氧化碳排放权交易量也远高于世界其他同类交易所。

2. 绿色交易所

绿色交易所（Green Exchange）由纽约商品交易所（NYMEX）、进化市场公司（Evolution Markets Inc.）、摩根士丹利资本集团、瑞士信贷集团和其他合作者共同设立，其中 NYMEX 拥有绿色交易所 25% 的股权。绿色交易所于 2008 年 3 月 16 日正式进行交易，由 NYMEX 来做清算，其产品目录包括 EUAs 和 CERs 的期货和期权交易产品，以及符合自愿减排标准

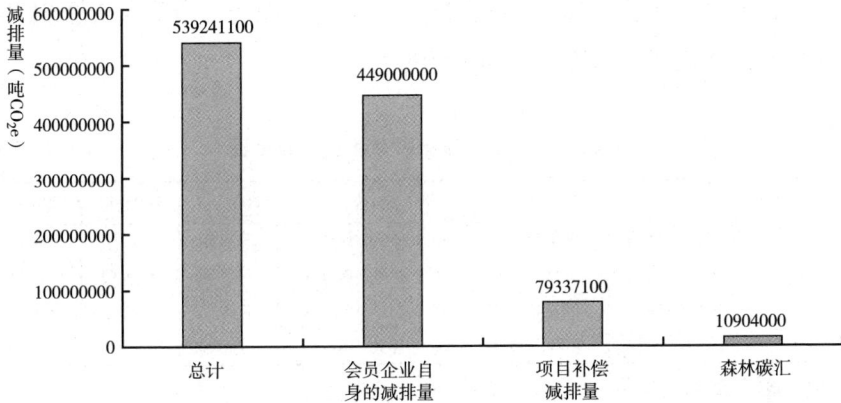

图 8 - 13　2003 ~ 2008 年芝加哥气候交易所会员单位温室气体缓解构成

资料来源：美国洲际交易所（Intercontinental Exchange，ICE）。

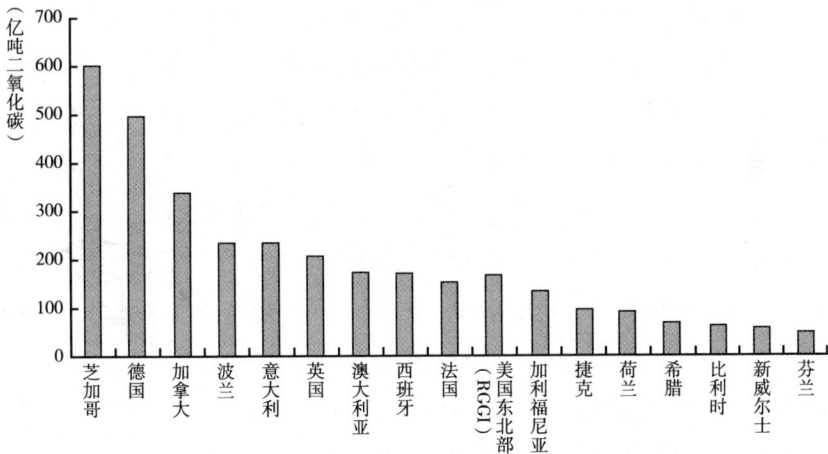

图 8 - 14　世界各交易所具有法律约束力的行业排放权交易量对比图

资料来源：美国洲际交易所（Intercontinental Exchange，ICE）。

的经核查的温室气体减排量。此外，绿色交易所还将为美国的二氧化硫和氮氧化物排放配额计划，以及全美 Green - e（TM）认证的自愿性可再生能源证书提供合约。

由于该交易市场是基于自愿原则，它的建立被认为是环境商业领域的一个里程碑，截至 2008 年年底，绿色交易所已经进行了 5066 份 EUAs 期货合约、2000 份 EUAs 期权合约、25083 份 CERs 期货合约及 320 份 CERs 期权合约，总交易量达到了 3000 多万吨。

表 8-3　绿色交易所交易产品及交易量

交易所	产品	推出日期	单位	2006 年	2007 年	2008 年
绿色交易所	EUAs 期货	2008 年 3 月	每个合约 1000 吨	不适用	不适用	5066
	EUAs 期权	2008 年 3 月	每个合约 1000 吨	不适用	不适用	2000
	CERs 期货	2008 年 3 月	每个合约 1000 吨	不适用	不适用	25083
	CERs 期权	2008 年 4 月	每个合约 1000 吨	不适用	不适用	3200

资料来源：绿色交易所（Green Exchange, GE）。

（二）区域碳交易成果显著

奥巴马第一任期内，美国区域性碳交易蓬勃发展。除了原有的"西部气候行动""东北部区域温室气体计划""中西部温室气体减排协定"在按部就班地进行着各自的碳减排活动外，名为"北美 2050"和"交通与气候协议"的区域性碳交易组织也在默默地筹划与组建。

1. 西部气候行动

西部气候行动（WCI）是一个旨在建立统一排放权交易目标和体系的地区性温室气体减排组织。组织成立于 2007 年 2 月 26 日，成员由美国的 7 个州——亚利桑那、加利福尼亚、新墨西哥、俄勒冈、华盛顿、犹他、蒙大拿和加拿大的 4 个省——马尼托巴、不列颠哥伦比亚、安大略和魁北克，及美国的阿拉斯加、科罗拉多、爱达荷、堪萨斯、内华达、怀俄明州，加拿大的萨斯喀彻温省及新斯科舍省，以及墨西哥边界州加利福尼亚半岛、奇瓦瓦、科阿韦拉、新莱昂、索诺拉、塔毛利帕斯等 14 个观察员组成。WCI 伙伴同意共同设置一个地区性排放目标，并建立一个以市场为基础的总量管制与排放交易计划，并均为此目标不懈努力（见表 8-4）。

2. 东北部区域温室气体计划

东北部区域温室气体计划（RGGI）成立于 2005 年 12 月 20 日，是第一个强制性的二氧化碳总量管制与排放交易计划。其主要成员为东北部及大西洋沿岸 10 个州：康涅狄格、特拉华、缅因、马里兰、马萨诸塞、新罕布什尔、新泽西、纽约、罗得岛和佛蒙特。此外，安大略、魁北克、新

表 8 - 4　西部气候行动减排活动列表

时间	行动内容
2007 年 8 月	2020 年整个经济的温室气体排放低于 2005 年的 15%
2008 年 9 月	发布名为"总量管制与排放交易设计建议"的项目。项目计划始于 2012 年，覆盖电力、大型工业和商业部门，并将于 2015 年将项目范围扩大至运输、住宅及其他商业和工业部门
2010 年 7 月	WCI 伙伴发布了一个有关 WCI 地区全面减排的战略性项目:刺激发展清洁能源技术,创造绿色就业岗位,增强能源安全,保护公众健康
2011 年 11 月	WCI 成立"西部气候倡议公司",一个非营利组织,提供管理和技术服务,以支持实施国家和省级温室气体排放贸易计划。WCI 辖区开始实施总量管制与排放交易计划。近日,公司将开发一种合规跟踪系统,追踪津贴和抵消证书;管理津贴拍卖;开展市场监测津贴拍卖和津贴抵消证书交易。为了完成 2013 年的计划目标,加利福尼亚和魁北克在 2012 年已经推进总量管制与排放交易。安大略省、不列颠哥伦比亚省、马尼托巴省在不久也将加入该计划

资料来源: 气候和能源解决方案中心（Center for Climate and Energy Solutions, CCES）。

不伦瑞克、宾夕法尼亚州和哥伦比亚特区以观察员身份加入 RGGI。RGGI 设定发电厂的二氧化碳排放量，并允许各排放源之间进行排放权交易。该计划要求签约成员在 2009 ~ 2014 年把能源部门的二氧化碳排放稳定在 2009 年的水平。2015 ~ 2018 年每年削减 2.5%，由此使 2018 年的碳排放水平较 2009 年降低 10%（见表 8 - 5）。[①] RGGI 自 2008 年开始运营。2011 年 11 月公布的一项研究显示，由于提高了能源效率，RGGI 已经为各成员带来了净经济收益。[②]

表 8 - 5　美国东北部 10 个州碳排放限额计划

年份	区域年度二氧化碳排放预算 (吨)	年份	区域年度二氧化碳排放预算 (吨)
2009	170620563	2014	170620563
2010	170620563	2015	166355049
2011	170620563	2016	162089534
2012	170620563	2017	157824021
2013	170620563	2018	153558506

资料来源: RGGI Lnc, http: //www. rggi. org/。

---

① About RGGI, http: //rggi. org. about.

② Analysis Group, The Economic Impacts of the Regional Greenhouse Gas Initiative on Ten Northeast and Mid-Atlantic States, http: //www. analysisgroup. com/rggi. aspx.

3. 中西部温室气体减排协定

中西部地区温室气体减排协定（MGGRA）是由美国 6 个州和加拿大的 1 个省组成的旨在通过总量控制与排放权交易计划等相关措施减少温室气体排放的组织。2007 年 11 月 15 日，艾奥瓦州、伊利诺伊州、堪萨斯州、密歇根州、明尼苏达州、威斯康星州以及马尼托巴省作为完整参与方签署了协议。此外，印第安纳州、俄亥俄州、南达科他州、安大略省作为观察员加入该协议。根据协议，成员方同意建立区域温室气体减排目标，包括一个低于 2007 年 60% ~ 80% 排放水平的长期目标，并开发跨部门的总量管制与排放交易系统，以帮助实现这一目标。参与者还同意制定其他政策以促进碳减排，如区域基金、激励项目和低碳燃料标准等。

表 8 - 6　中西部温室气体减排协定进程列表

时间	进程
2007 年 11 月 15 日	协议签署
2008 年 11 月 27 日	加拿大安大略省以观察员身份加入该协议
2008 年 9 月 15、16 日	拟订计划的时间进程
2009 年 1 月	发布总量管制与排放交易计划草案建议
2010 年 4 月	最终设计方案及相关模型发布

资料来源：气候和能源解决方案中心（Center for Climate and Energy Solutions，CCES）。

4. 北美 2050

北美 2050 是一个更广泛的、更多样的区域减排联盟，成立于 2012 年 3 月，目前由美国、加拿大、墨西哥的 20 个州（省）组成。其前身是"3 - 地区行动计划（3-Regions Initiative）"，即"中西部温室气体减排协定"、"区域温室气体行动"和"西部气候行动"成员间的协作与联盟。北美 2050 致力于制定相关政策以便创造更多就业、提高能源独立性与安全性、保护公众健康与环境、促进向低碳经济的转变。因此，北美 2050 是一个由多个州和多个地区组成的旨在解决气候变化和清洁能源问题的组织。北美 2050 拟定的工作内容为：①探讨并评估低碳经济的优点；②影响和满足美国清洁法案中有关电力和工业部门的要求；③鼓励制定工业能源效率基准；④鼓励二氧化碳的封存和再利用；⑤寻找生物质能的最佳使用途径；⑥发展高质量的抵消交易；⑦探索现存项目中的更多联系。①

5. 交通与气候协议

交通与气候协议（TCI）成立于 2010 年 6 月 16 日，是一个由 12 个东北和大西洋中部辖区（康涅狄格、特拉华、缅因、马里兰、马萨诸塞、新罕布什尔、新泽西、纽约、宾夕法尼亚、罗得岛、佛蒙特州和哥伦比亚特区）组成的区域协作组织，旨在发展交通部门的清洁能源经济和减少温室气体排放。具体包括：增强交通方式的安全性，吸引联邦投资，降低运输成本，提高整体空气质量和公共卫生，并缓解交通部门对气候变化的影响。由于目前交通领域温室气体排放量占大西洋和美国东北部温室气体排放量的 30%，所以 TCI 显得尤为重要。

第二节　低碳经济政策的间接效果

一　能源独立性与安全性首现增强

奥巴马总统上任以来，美国对外国石油的依赖逐年弱化。2010 年美国对外国石油的依赖度 13 年来首次降到 50% 以下，精炼石油产品净进口更是降至 37 年来最低水平。2010 年美国进口的原油和汽油占美国石油总需求量的 49.3%，比 2005 年 60.3% 的高位减少了 11 个百分点（见图 8 - 15）。而此种趋势在 2011 年和 2012 年仍在延续，除了 2008 年金融危机后经济衰退能源需求缩减的原因外，美国国内能源产量增加、汽油中混合酒精和生物燃料的推广，以及消费者购买节能汽车的增多也构成此种趋势的另一原因。据美国能源部能源信息管理局预测，因为能效的提高和更高的能源经济标准，美国对外国石油依赖缓和的趋势可望延续到下一个 10 年。

从石油进口的变化趋势来看，近些年美国石油的净进口量逐年降低。自 1973 年至今，美国的石油净进口量在 2005 年达到峰值，为 1254.89 万桶/日。此后逐年降低，但不十分明显，到了 2009 年降低到 1000 万桶/日以下，2012 年降至近些年的最低水平，为 765.68 万桶/日。美国能源信

---

① North America 2050, http: //na2050. org/north-american-partnership-launched/.

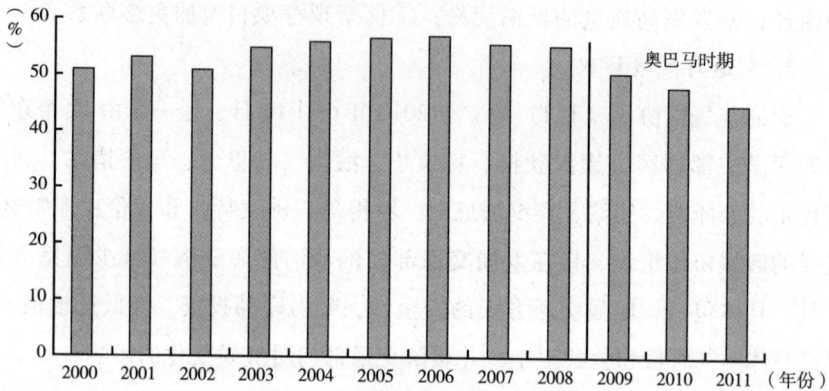

图 8 - 15　2009 ~ 2011 年奥巴马时期美国石油进口依赖比例（兼与以往比较）

资料来源：美国能源信息管理局（U. S. Energy Information Administration，EIA）。

息管理局预计，包括原油和石油产品在内的液态燃料净进口 2014 年将跌至 600 万桶/日，为 1987 年来最低水平，只有 2004 年 7 月高峰时期的一半（见图 8 - 16）。

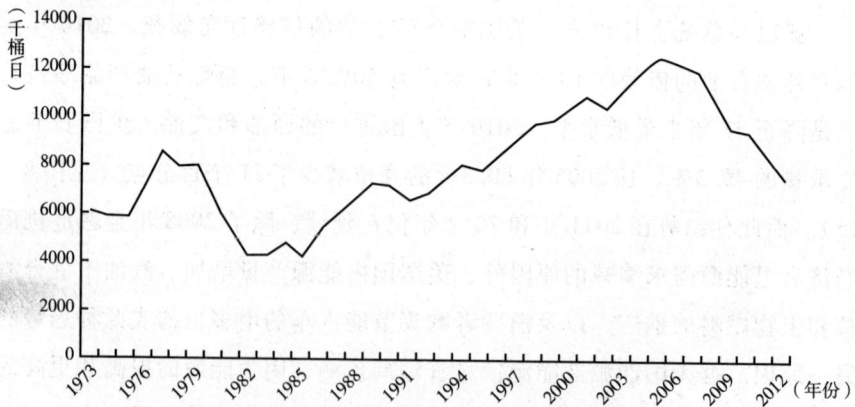

图 8 - 16　1973 ~ 2012 年美国石油净出口量趋势

注：1973 ~ 2011 为年平均数据，2012 年为前 11 个月的平均数据。

资料来源：美国能源信息管理局（U. S. Energy Information Administration，EIA）。

二　清洁能源行业就业呈上升趋势

2011 年 7 月，布鲁金斯学会（Brookings Institution）和巴特尔技术合

作实践（Battelle's Technology Partnership Practice）联合推出的名为
"Sizing the Clean Economy"的报告指出，新兴的清洁能源行业在最近几年
经历了爆炸式的增长。其中，风能、太阳能、燃料电池、智能电网、生物
燃料以及电池行业的增长迅速。行业的发展必然带来相应的就业的增加，
这种增加某种意义上归功于美国政府的相关政策倾斜，当然奥巴马政府功
不可没。

2003~2010年，美国清洁能源产业就业呈显著增长趋势（见图8-
17）。其中，增长最快的行业为波浪与海洋能产业，其增长速度达到
20.9%；排名第二的为太阳能产业，就业增长速度为18.4%；此外，风
能、碳储存与管理、太阳能光伏、燃料电池、生物质能、智能电网、资源
保护和专业能源服务等产业的就业也增速较快，分别为14.9%、13.3%、
10.7%、10.3%、8.9%、8.6%、7.2%和6.9%。

从产业就业的绝对变化量上看，资源保护产业的就业增长量最大，7
年中增长121147个岗位；其次为大众运输，增长82601个岗位；此后分
别为垃圾处理、专业环保服务、监管与合规、循环再利用等领域（见图
8-18）。

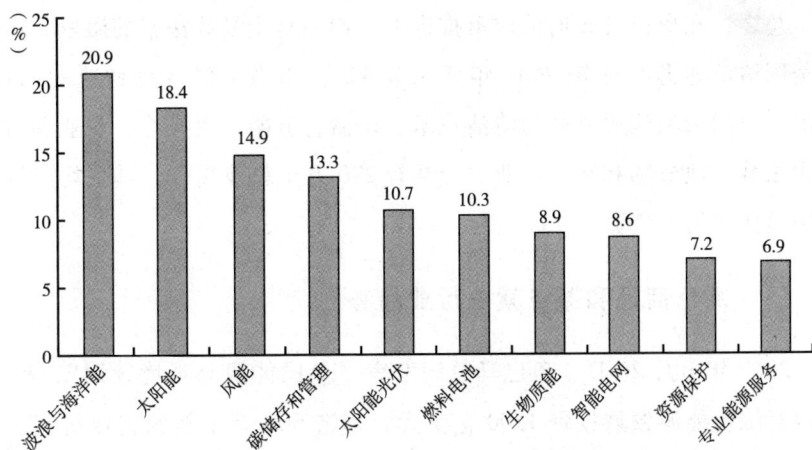

图8-17　2003~2010年美国平均每年清洁能源行业就业变化

资料来源：Brooldings institution and battells technology partnership practice "sizing the
clean economy"。

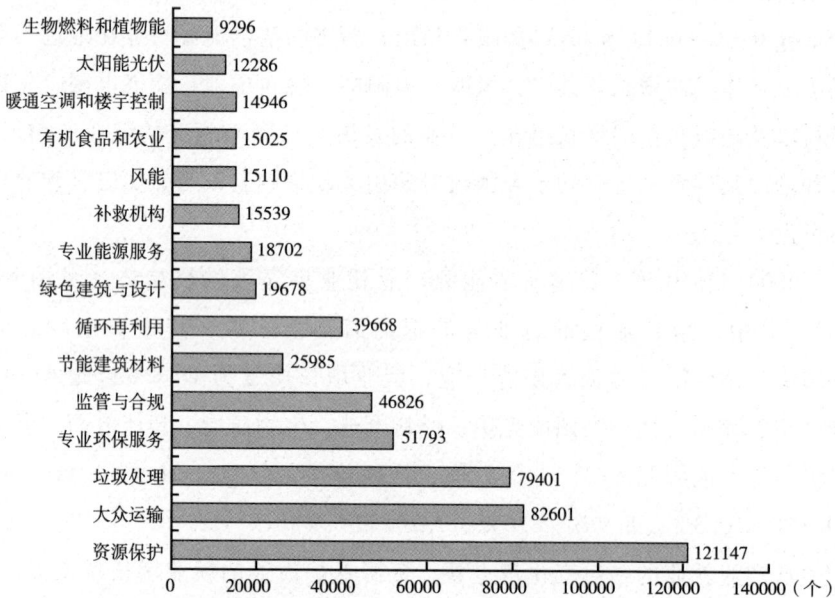

图 8-18 2003~2010 年美国十五大环保行业绝对就业增长情况

资料来源：Brooldings institution and battells technology partnership practice "sizing the clean economy"。

总之，在奥巴马政府的政策推进下，特别是受复苏法案的激励，2009年美国清洁能源行业较 2008 年增长 8.3%，相当于经济总增速的两倍。目前，美国清洁能源领域的清洁技术、运输、节能、废弃物、农业和清洁能源领域其他成熟和新兴产业中，共有 270 万个就业岗位，其平均工资较美国整体平均工资高出 13%。

三 绿色商品和服务就业行业趋势

2009 年 1 月 20 日，奥巴马总统发表"美国能源与环境计划"，称 10年内对绿色能源领域投资 1500 亿美元，创造 500 万个新的就业机会。当然，500 万个新增就业机会一定不只包括绿色行业的就业，还包括由绿色行业衍生出的其他行业的就业。4 年已经过去，虽无法计算由低碳带来的其他行业就业增加量，但是可以看到美国的绿色就业已经取得了一定的进展。美国劳工部从 2010 年起对美国的绿色就业进行统计，并更新至 2011

年第三季度。从数据可知，2010 年美国绿色商品与服务就业岗位达到 313 万个，其中私人行业中占比较大，为 72.5%。其中，制造业，建筑业，专业、科学和技术服务，行政和废物处理服务，运输和仓储业，贸易行业的绿色岗位较多，分别达到 46 万个、37 万个、35 万个、32 万个、25 万个和 20 万个。

表 8 – 7　2010 年美国绿色商品与服务就业数量列表

行业	GGS 就业（个）	行业就业比例（%）
总　计*	3129112	100.0
私人行业总计	2268824	72.5
自然资源与采矿业	65050	2.1
公用事业	65664	2.1
建筑业	372077	11.9
制造业	461847	14.8
贸易业	202370	6.5
运输和仓储业	245057	7.8
信息业	37163	1.2
金融业	190	0.0
专业、科学和技术服务	349024	11.2
企业管理	34711	1.1
行政和废物处理服务	319915	10.2
教育和医疗服务	37069	1.2
休闲及住宿服务	22510	0.7
公共管理外的其他服务	56174	1.8
联邦政府	156707	5.0
州政府	227103	7.3
地方政府	476479	15.2

＊由于四舍五入（取整数），可能导致表内数据加总不等于总计。
资料来源：美国劳工部 2012 年 12 月最新统计数据。

2011 年前三季度的绿色就业数量与 2010 年的水平基本持平，约占总就业量的 2.4%。其中，私人部门中的公用事业行业的总就业量中，绿色就业比例最大，达到 11.9%。此外，建筑业，运输和仓储业，行政和废物处理服务，专业、科学和技术服务，以及地方政府、联邦政府、州政府的绿色就业比例相对较大。

表 8 - 8　2011 年前三季度美国绿色商品与服务就业数量列表

行业	2011 第一季度		2011 第二季度		2011 第三季度	
	GGS 就业	%	CCS 就业	%	CCS 就业	%
总　计	3143299	2.5	3136249	2.4	3138357	2.4
私人行业总计	2285783	2.1	2296219	2.1	2305056	2.1
自然资源与采矿业	65787	3.6	65424	3.6	65490	3.5
公用事业	65614	11.9	65576	11.9	65330	11.9
建筑业	374971	6.9	372508	6.8	371828	6.8
制造业	464883	4.0	467812	4.0	471021	4.0
贸易业	206540	1.0	210468	1.0	214810	1.1
运输和仓储业	247690	6.2	248234	6.2	248938	6.2
信息业	36994	1.4	36713	1.4	36505	1.4
金融业	220	0.0	235	0.0	231	0.0
专业、科学和技术服务	346588	4.6	348909	4.6	347796	4.6
企业管理	36774	2.0	37333	2.0	38001	2.0
行政和废物处理服务	322882	4.3	325564	4.3	327159	4.3
教育和医疗服务	36731	0.2	36952	0.2	37081	0.2
休闲及住宿服务	22925	0.2	23303	0.2	23384	0.2
公共管理外的其他服务	57183	1.3	57188	1.3	57482	1.3
联邦政府	156205	5.2	152396	5.3	151464	5.3
州政府	227298	4.9	219510	4.8	214394	4.7
地方政府	474014	3.4	468124	3.4	467443	3.4

注：GGS 就业——美国绿色商品与服务就业数量;%——美国各行业中绿色商品服务就业占行业就业的百分比。

资料来源：美国劳工部 2012 年 12 月最新统计数据。

四　绿色行业个人收入与非绿色行业持平

从个人年平均收入角度看，美国绿色商品和服务岗位的年个人平均收入基本达到非绿色行业的职位收入水平。一般情况下，非绿色职位年平均工资为 58130 美元，而绿色岗位的年平均工资已达到 48210 美元，其中建筑和工程，社区和社会服务，医疗支持，保护服务，食品及相关服务，生产，农业、渔业和林业，建筑及采掘，安装、维护和修理，建筑和地面的清洁和维护等行业岗位的年平均收入已经超出非绿色岗位的年工资水平。

表 8 - 9　截至 2011 年 8 月美国绿色商品和服务岗位的年个人平均收入

行业	绿色职位		半绿色职位		非绿色职位	
	职位数量（个）	年平均工资（美元）	职位数量（个）	年平均工资（美元）	职位数量（个）	年平均工资（美元）
所有行业	1949520	48210	6110380	54440	18267090	58130
管理	95360	10220	428390	108450	1428280	124230
业务及财务运作	83740	71250	279960	64750	1216160	69530
计算机与数学	25540	77270	196340	68280	1422100	78940
建筑和工程	105670	77130	404910	70900	822600	75920
生命、物理和社会科学	174930	57660	185160	57510	324850	68670
社区和社会服务	3030	47170	44870	45780	75790	44500
法律	6670	115150	39350	144720	562080	116020
教育、培训和图书馆	13090	53440	941770	66810	918970	58650
艺术、设计、娱乐、体育和媒体	22200	50750	155910	52520	647880	73260
医疗从业人员和技术	7900	66640	57830	57740	113510	67310
医疗支持	70	35260	9270	31760	26400	34350
保护服务	26320	44090	54190	40350	106880	39930
食品及相关服务	2160	27190	26790	27620	27550	25040
建筑和地面的清洁和维护	35620	29080	186050	28900	627090	27520
个人护理用品及服务	18780	24320	45730	27130	71440	31210
销售及相关	84560	38020	180010	46920	629940	61200
办公室和行政支持	194440	37260	877470	35970	2918530	37850
农业、渔业和林业	29260	25670	86420	25150	625000	23690
建筑及采掘	137060	44910	895310	47000	2539890	45270
安装、维护和修理	135470	49140	278480	44580	1000620	42210
生产	208180	39240	462710	36780	1520970	36150
交通运输及物料搬运	539470	35390	273450	34570	640560	36720

资料来源：美国劳工部 2012 年 12 月最新统计数据。

第九章　美国低碳经济政策的
展望与中国的应对

在奥巴马第一任期内，美国的低碳经济效果已经开始显现，碳减排取得进展，排放量逐年降低，新能源产业和低碳技术投入加大，页岩气产量革命性地增加，能源对外依赖首现降低趋势，等等。虽然仍有国会分歧、利益集团等阻碍因素，但是可以看出在气候变化背景下美国对于低碳经济的国际态度不会重回消极和强硬，国内政策只会更加深入。因此，中国应该未雨绸缪，在不严重影响传统产业和经济发展的前提下，稳步地向低碳经济转型。

第一节　美国低碳经济政策未来可能面临的阻力

一　美国低碳经济将很难在立法上取得突破

2010 年 10 月 24 日，奥巴马总统在接受美国《国家杂志》（*National Journal*）专访时表示："完整的能源方案立法将不太可能成为现实。"因为，美国独特的政治体制决定了联邦政府很难在能源立法中发挥很大的作用。这与美国行政和立法的关系，以及联邦和州之间的关系紧密相连，泾渭分明的分权体系导致各利益集团之间观点对立，直接的结果就是美国在低碳立法中始终无法获得实质性进展。即使出台较为有效的节能减排措施或方案，一旦进入国内立法程序，难以突破石油、电力等寡头企业以及钢铁、汽车等行业利益集团设置的重重障碍，这也是《2009 美国清洁能源与安全法案》难产，国家层面全局性、综合性减排方案缺失的重要原因。

虽然面临重重阻力，但是奥巴马总统多次暗示，将采取与共和党合作的路径，并乐观地表示他总能在清洁能源问题上找到与共和党的共同点。虽然不能制定根本性的综合性法案，但他会从细节部分进行突破，并主要体现在汽车的燃油效率标准、建筑的能源效率提高、可再生能源标准等方面。因此，立法仍是美国减排政策的一大难题，但是并不是其发展低碳经济的绝对阻力。

二　国会中共和党人数增加带来了不确定性

党派斗争和复杂的选举政治使得美国的碳减排政策阻力重重。奥巴马总统执政不久呈现强烈的党派对立色彩。奥巴马政府予以高度重视并引以为傲的立法成就，诸如经济刺激法案、医疗保险改革法案和金融改革法案，在表决时无一例外遭到了共和党参议员几乎一致的反对。共和党参议员的举动除了出于政治理念分歧外，更多的是出于经济利益的需要。因为碳减排政策将会触犯共和党代表的富人利益，因此共和党一直是美国推行低碳经济的重要反对力量。在奥巴马总统的第一任期内的两届国会中，民主党和共和党的席位逐渐变化。在参议院中，2009～2010年民主党席位远远多于共和党席位。其中参议院中，民主党与共和党席位对比是57∶40和57∶41。2011年起有所变化，2011年和2012年的比例均是51∶47。可见在参议院中，民主党的席位数量减少，共和党的席位数量增加，但是总体来看民主党席位还是多于共和党席位。在众议院中，变化较大。在2009～2010年美国众议院议员中民主党与共和党席位对比是256∶178和255∶178，2011～2012年众议院议员中民主党与共和党席位对比分别变为192∶242和191∶241。可见，在奥巴马执政的4年内，众议院中前两年民主党占据席位较多，而后两年共和党开始占据较多席位。众所周知，民主党在碳减排中态度较为积极，而共和党是碳减排的反对派。那么，参议院和众议院中共和党议员比例的增加将会为美国碳减排带来更大的阻力，并为美国碳减排及其相关政策的推行带来更多的不确定性。

三　商业利益集团仍将成为减排的巨大阻力

美国存在众多的商业利益集团，其中包括以能源产业为主营业务的集团，如果石油和煤炭产业做出重大改革，必然要冲击到这些商业利益集团的自身利益，通过游说政府、发表抗议等方式来阻止制度变迁，就成为这些商业利益集团的必然选择。在美国减排政策通过增加温室气体减排成本对那些面临国际竞争的制造业和能源在产品生产中所占比重高的产业产生负面影响。其中，各种金属行业（包括黑色金属、有色金属行业），以及非金属矿产品、造纸业等，都会受到节能减排政策的影响，直接制约其生产能力。这些产业自然会强烈地反对联邦政府所推出的减排政策。不仅如此，汽车产业是美国重要的支柱产业，如果上游能源产业、汽车原材料产业压缩生产，导致成本上升，也会影响到美国汽车产业的全球竞争能力。如此众多的商业利益集团联合起来，向国会施加压力，无疑会极大地阻挠节能减排政策的出台。金融危机后，美国汽车产业受到冲击，在向美国政府寻求帮助的过程中，已经形成了较为便利的讨价还价渠道。因此，也将成为美国碳减排政策推行的一大阻力。

四　地方利益分化加剧民主党内部矛盾

美国各州存在巨大的经济差异，导致即使在民主党内部也有反对低碳政策的观点。当前，减排立法和低碳发展模式主要面临来自三个方面的反对意见，即以煤电生产为主的州、农业生产为主的州和以制造业生产为主的州。《2009 美国清洁能源与安全法案》认为，煤炭生产州是各种低碳立法的最大阻挠力量。例如，蒙大拿州是美国的主要产煤州，而这些州中的煤电厂则是减排立法中的重点对象。因此该州参议院在决策中就对减排立法投了反对票，理由是该法案 2020 年的温室气体减排目标太高。不仅在该州，在主要的煤炭生产州，其产生的政治议员都会站在减排立法的对立面，例如，西弗吉尼亚州、俄亥俄州和宾夕法尼亚州。减排法案的另一反对力量则来自农业生产为主的州。美国农业具有非常重要的特征，就是几乎都是以机械化作为生产方式，这就决定了柴油、化肥等生产要素价格将会极大地影响生产成本。如果实施减排法案，税收的增加会显著提高生产要素价格，农场主和农民都会为此增加负担。因此，地方政府的利益分化所导致的民主党内部矛盾将会成为美国推行低碳经济政策的阻力。

第二节　奥巴马连任后美国低碳经济行为预判

一　国际上不会重回消极与强硬态度

多种因素决定了美国低碳经济对外政策问题上的立场不能再重回《京都议定书》时代的消极和强硬。首先，美国希望在国际方面发挥很强大的领导作用，尽可能地在国际环境领域充当领导者。当年，美国在拒绝签署《京都议定书》后，国内官方和主流学者纷纷质疑美国，认为其开始丧失全球环境安全方面的主导权。面临来自国际和国内的双重压力，美国将失去国际气候合作舞台上领导者的角色和话语霸权。其次，奥巴马政府所代表的美国中小资产阶级和劳工集团必将促使其采取更积极的低碳经济政策，华尔街金融巨头也会为了自身利益推动联邦政府采取更积极的立场。学者、企业家和社会组织负责人越来越活跃在减排机制研究方面，认为必须对传统的机制进行修订或创新。最后，从长远来看，严重依赖石油的能源结构既不能支撑美国经济的可持续发展，也不利于美国的国家安全利益，因此，美国在国际上的态度不会重回消极和强硬。

二　国际上不会采取新的颠覆性举措

自奥巴马上任以来，基本采取应对气候变化的正面态度，以改善美国在世界环境问题上的形象。近年来，经济形势不甚乐观，虽然美国在减排立法和发展低碳经济方面采取了诸多措施，但仍然缺乏更具革新性的全新改革。尽管如此，美国仍然致力于塑造积极变革的良好世界形象。回顾几届国际气候大会，奥巴马在上任后的第一次世界气候大会上显得极为积极，也是近些年最为积极的一次。首先是宣布积极参加哥本哈根峰会，称要为缔结新的气候变化国际公约发挥"领袖"作用。2009 年 6 月，美国众议院宣布了 2020 年使美国碳排放较 2005 年减少 17% 的法案。此后的 2010 年坎昆气候大会、2011 年德班气候大会和 2012 年多哈气候大会，奥巴马总统都没有之前那么积极。虽然国际上有所降温，但是在美国国内，仍然存在各种限制，例如美国国家环保局在 2007 年就曾经依据法院的判决开始着手限制温室气体排放。2009 年，正式将二氧化碳认定为《清洁空气法》的管制对象。不久的将来，美国将会继续发挥国家环保局的作用，运用气候政治杠杆，但是真正实行《联合国气候变化框架公约》下的资金和技术机制，仍然存在很多困难和障碍。

三 很有可能利用经济手段限制排放

未来美国的气候变暖应对政策必然会通过构建气候法案的方式，利用市场中各种经济激励机制，加上各种行政手段，创造出"混合型"的路径。一方面，美国在排放权交易方面有成功的经验，即二氧化硫的排放权交易。目前，国际上和国内都公认美国二氧化硫排污权交易是一个比较成功的机制。最终，美国的二氧化硫排放权交易取得了很好的效果，不但二氧化硫排放量逐年下降，而且市场表现活跃。此外，也带动了世界上其他国家的效仿。另一方面，奥巴马总统在此方面也一直在做努力。例如，2010 年 2 月，美国总统奥巴马就提出将众议院通过的气候法案提交国会审批，这项法案将争议最大的温室气体"总量限制与排放权交易制度"排除在外，而是将清洁能源开发作为该法案的基础，这种相对中立的态度使得国内关于减排措施的各种矛盾暂时得到缓和。此外，在 2012 年末奥巴马总统的连任演讲上，他呼吁美国用市场的手段推动碳减排，并称，如果国会再不采取行动，他会利用其权力鼓励实行。总之，美国国内各种环境立法非常复杂，但是这种多样化的发展模式给未来美国出台全新法案创造了条件，有利于综合各方面意见和态度，也有利于进行各种试点工作。从当前美国联邦行政机构的强硬态度看，美国很有可能采取排放权交易制度。

四 将低碳政策与能源独立联系起来

从长期发展趋势看，美国气候政策中正在把减缓气候变暖和保证能源安全有机地结合起来，特别强调各种可再生能源开发，着力培养各种低碳环保的绿色经济增长点。从短期目标看，这些新的增长点将会为美国创造良好的就业机会，推进产业结构调整。从中长期看，这些举措将会显著提升美国在世界范围内的竞争优势，使美国重新占领石油经济时代的战略制高点，这与美国在国际社会追求利益最大化的原则完全相符。

五　新能源和节能减排仍是发展重点

长期以来，国际上认为美国在国际气候舞台上没有起到世界领导者的作用。虽然从奥巴马总统开始美国在国际减排方面做出了努力，但是美国在国际上的表现还不尽如人意。然而，回顾历届总统的政策主张，不难发现美国从没有放弃过对新能源发展的重视。从新能源的年度财政支出，到新能源的开发利用，再到新能源领域的技术创新，都一直深受美国政府的重视。例如，克林顿政府对新能源采取的是积极的态度，鼓励使用可再生能源，强调提高能源的利用效率，倡导开发替代燃料汽车，并号召在发电和交通方面多利用天然气。小布什执政期间，美国已经开始展现出了对新能源的重视，先后签署并通过了《2005国家能源政策法》及《2007美国能源独立及安全法案》等。众所周知，奥巴马总统可谓历届政府中最重视新能源的一个。因此，此趋势一定会继续下去，不会有巨大回落。

除了极力发展新能源之外，美国还特别注意各种先进技术的开发和应用，尤其对提高能源利用效率方面的技术革新更加重视。从当前的发展态势看，美国能源利用效率具有继续提升的空间。因此，美国未来的气候政策必然是能有效促进能源效率提高的方案。在汽车领域这种发展方向尤为重要，汽车企业也必然会增加对节约能源、提高效率的研发投入。同时，美国的各级政府也必然会增加投入，为购买新型的高能效汽车产品的顾客提供税收方面的优惠。这些行动在奥巴马总统的新型汽车标准、"旧车换现金"措施中已初现端倪。

第三节　中国应对美国低碳战略的对策建议

工业革命以来，可耗竭资源消费总量的快速增长、化石能源燃烧和人类生产活动产生的温室气体排放问题逐渐引起学术界和政府部门的关注，尤其是进入21世纪后，气候问题和能源困境问题已被推升至世界范围内的风口浪尖。当前，在气候变暖、极端天气频发、化石能源资源基础储量有限、人类生存环境恶化等诸多事实面前，发达国家和发展中国家都有责任承担节能减排的艰巨任务，积极应对全人类所面临的生存问题。

在全球国际政治、经济体系大变革、大转型、大发展的背景下，在气候博弈这场持久的、没有硝烟的战争中，各经济体都在力争立于不败之地，寻求节能减排目标实现和经济快速发展的双赢之路。作为新兴大国代表的发展中国家，中国的行动吸引着全球的目光，更是牵动着国际体系霸权国的神经。美国奥巴马政府指出气候变化不仅是环境问题，也不仅是经济发展问题，还是重大的安全问题，明确气候议题在政策议程中的核心定位，认为美国是唯一的超级大国，理应获取气候变化领导权，并力图通过新能源战略、低碳技术创新以及法律制度安排来提升国家核心竞争力，进而巩固其霸权地位。

中国正处于经济崛起的进程中，已经成为世界上能耗大国，也是世界上二氧化碳排放大国，这是我们应该正视的客观事实。然而，从历史排放量的累积情况看，美国世界资源研究所的数据表明，大气中存在的二氧化碳主要来自发达国家，占了80%的比重。其中美国的碳排放占世界总量的25%以上，1850～2005年中国人均温室气体排放量仅为71吨，仅为世界平均水平的41%。因此，中国应坚定地持承担"共同但有区别"的历史责任的立场，并在此基础上主动承压，正确应对来自各方的压力，科学估量美国低碳战略带来的冲击，理性借鉴美国低碳经济发展中的成功经验，积极行动起来，有序推进节能减排目标的实现和经济的可持续发展。

一　在国际上明确立场，勇担"共同但有区别"的责任

应对气候变化必须在可持续发展的目标下尽量协调各方利益，而不应当成为抑制贫穷和落后国家的条件，由于经济发展水平不同，应对气候变化应当是共同的责任，但必须有所区别。

中国正处于工业化、城市化、现代化进程中的加速期，能源消费需求和二氧化碳的排放需求迅速扩张，作为能源消耗和二氧化碳排放大国，我们绝不逃避责任，将在未来的发展进程中展现大国风范，积极践行节能减排的承诺；与此同时，中国是一个发展中的人口大国，步入工业化进程只有短短几十年，相比基本完成工业化的发达国家，温室气体的累积排放量是微不足道的，人均温室气体排放量更是远低于世界平均水平，所以我们承担的是"共同但有区别"的责任。

节能减排的承诺意味着对经济发展空间的硬性约束。美国以及其他发达国家已经步入后工业化和后城市化阶段，高消费、高排放的生活方式已经持续了相当长的一段时间，其增长和发展所带来的环境后果已被全球埋单，或者相当于提前透支了未来的排放权。因此，发达国家无权强行限制发展中国家能源消费需求增长和温室气体排放，应当率先带头实行减排措施，并为后发国家提供及时有效的减排资金和技术支持，这应当是发达国家的责任，也是其在应对气候变化中所应尽到的责任。

二　完善各项法律法规，为低碳经济发展提供制度保证

在美国，气候立法方面的工作进展缓慢，既有来自国际社会的压力，也有国内环保组织的动力，但仍然面临一些阻力。尽管有些方面的立法存在问题而引致争议，但是，显而易见的是，很多气候法案都对企业形成了实质性的约束，无论是减排的程序，还是减排的奖惩条件，都已经越发清晰和明确。美国相对成熟和完善的法律体系，有利于继续出台减排法案，也有利于形成整体有效的应对气候变化的法律法规体系。

反观中国，改革开放以来，在能源、交通、化工等生产领域已经形成了很多利益集团，在市场优势和各种资源的支撑下，利益集团也能够左右国家环保政策的制定和出台。例如，尽管近年来在国家层面不断地催促各省、自治区、直辖市按照《节能减排统计监测及考核实施方案和方法》的要求，对重点企业的能源消耗及环境污染水平进行统计和测量，但由于地方层面的配套措施不完善，制度层面仍然需要企业和行业协会的协调和配合，导致数据搜集滞后，无法进行彻底有效的监管和防护。

为了扭转节能减排、应对气候变化方面的法律法规不健全和覆盖范围不全面的现状，中国应根据经济发展实践，以能源的可持续发展战略为核心，充分借鉴国外成功经验，抓紧出台中国的能源法案，并研究相关配套法律法规，尤其注重可操作性，加强节能减排法规的实施力度。同时，还要对各种能源高消耗产品进行限制，提高相关产品生产的准入标准，例如能源限额标准、建筑节能标准、汽车燃油标准，等等。

三　国内行动与国际形势接轨，积极参与国际低碳经济合作

随着气候变化问题越来越受到国际社会的重视，世界各国都开始在按照国际公约的要求，向发达国家提出要求和兑现承诺，其中最主要的就是向发展中国家提供资金和技术支持，这些举措将有力地促进全世界节能减排。因此，低碳经济大潮中蕴藏着巨大机遇，中国应该审时度势，抓住机遇参与国际低碳经济合作，树立新兴大国的良好形象，营造稳定的国际政治环境，为推进中国社会、经济的全面转型争取时间与空间。

奥巴马政府上台后一改气候变化领域布什政府的消极做派，国内国际同时出击，打出组合拳，力图重新主导应对气候变化的国际格局。但我们能清晰地看到，无论美国的哪一届政府，无论是积极还是消极地应对气候问题，其战略安排均体现了美国利益至上的原则。奥巴马政府态度转变的主要原因依然是针对气候变化问题的国际呼声不断高涨，继续消极应对将会进一步动摇美国的霸权地位，因此，奥巴马政府适时地与国际形势接轨，加快了其气候变化立法进程和低碳战略的推行。

在应对气候变化的国际格局中，中国行动也是各方关注的焦点，各国行动间的相互影响与冲击决定着国际政治、经济利益的重新配置。因此，在应对气候问题的全球深度治理进程中，中国也应该立足本国的长远发展，高瞻远瞩，充分预判国内国际形势，国内行动与国际形势要充分契合，节能减排与低碳经济推进的步伐亦要急缓适度，气候变化立法、节能减排目标的制定与落实均应以本国能源可持续发展为根本。

同时，中国也应该清醒地认识到，气候问题为全人类所共同面对，全球治理过程中，国家间的协作将是解决气候问题的前提和基础。在美国低碳政策加快推行的背景下，中国既面临着挑战也面临着机遇，应恰当地利用这一机遇与美国在新能源和低碳技术领域展开深层次合作，弥补中国在清洁能源技术上的短板。

四　以低碳技术开发为主线，突破能源困境与气候变化的合围

在能源链的竞争中，立于不败之地的关键是占有能源链或在原有链条上进行新能源开发的制度与技术创新。在世界和平发展的背景下，在区域

资源禀赋条件的刚性约束下，能源链的扩张易引起政治经济冲突，因此能源链的竞争集中在新能源领域，清洁能源技术创新已经成为实现能源替代、摆脱化石能源依赖症的关键。

当前，应对世界气候变化，发展能源节约型经济，必须要有前沿的技术水平。技术创新是提高国际竞争能力的基础，也是未来低碳经济的核心竞争力。尽管中国已经实行了多年的资源节约型经济政策，科技创新也取得了较大进展，然而实现节能减排目标、推进低碳经济发展所需专门技术和通用技术设计领域广泛，中国目前在 CCS、燃料电池汽车、高效蓄能、智能电网等项目上的核心技术标准还没有达到世界领先水平。

在低碳技术方面，中国面临着人才短缺、资金不足、关键技术不领先等问题，尤其是技术创新已经成为制约中国低碳经济发展的重要瓶颈。我国应不断加大科技投入，充分利用自身科技资源，依托现有的高科技产业基础，建立由政府、企业、科研院所、市场关联与互动的低碳技术开发社会支撑体系，并加大政策倾斜、着力高技术人才的培养、加快人才技术双重引进、加强技术人才储备，然后依靠市场的力量促进该体系的高效运转，形成技术创新内聚力，为大力发展新能源产业、优化能源结构和推动低碳经济发展置入"永动机"。

另外，当前中国的国家技术创新体系仍待完善，在低碳技术和环保技术方面，迫切需要国家财政予以支持，通过各种手段和方法，例如财税优惠、政府采购等方式，扶持相关领域的技术创新，加速推进低碳核心技术的研发、示范和扩散。

五　建立健全低碳政策体系，为推进低碳经济发展保驾护航

发展低碳经济符合中国的长远利益，是实现中国可持续发展的内在要求，有利于在国际上树立负责任的大国形象，有利于在未来全球气候深度治理格局中占据制高点。但是低碳经济的推进是一项长期的、系统的、复杂的工程，必须有完善的低碳政策体系为其保驾护航。

建立动态、长效的低碳政策机制，一是提高政策的持久性和长效性；二是能够不断进行政策的动态优化和调整，使政策与经济发展现实相吻合；三是适应客观实际和不断纵深发展的政策安排，从而有利于各类经济

活动主体调整生产、生活中的资源配置，有助于保证政策执行的时效性。完善的低碳政策机制应该具有系统性、自组织性、相对稳定性和可操作性。能源结构调整目标将通过强制性机制置入低碳减排框架，然后通过激励机制、压力机制和支持性机制来保障节能、减排、结构升级目标的整体实现；相关的政府组织机构则是低碳减排框架下的信息搜集者，是激励与约束政策制定者、执行者、参与者、服务者，是保障低碳政策长效机制高效运行的保障者。

另外，低碳政策的贯彻落实需要相关部门形成合力，清晰地划分责任、权利和义务，并辅以强有力的监管，提高机构运行效率。当前，中国应当不断强化政府在节能减排方面的作用，尤其是各级地方政府的高效运作，形成中央部署、地方执行、部门落实的良好格局，对原有责权不分的地方予以纠正，形成跨部门的监管合力。同时，还要引入第三方评估机构，调动各种行业协会、民间研究机构、志愿者队伍等的积极性，健全低碳经济的社会监督机制，加强公众的参与和监督，以进一步完善政府的节能减排管理工作。

最后，加快推进资源领域的定价机制改革。中国能源价格总体水平相对较低，很难准确反映市场供求格局，更无法充分体现出资源的稀缺程度，即使在资源税、环境税方面，也很难准确反映出社会成本和社会收益。因此，必须抓紧落实资源领域价格改革，深化能源税费调整职能，使得市场机制在节能环保领域发挥更大的功能和作用。

六 大力发展新能源产业，突破能源对经济发展的硬约束

伴随着经济的快速增长，中国能源消费量尤其是传统一次能源消费量迅速增长，石油和天然气的消耗中有相当一部分是依赖进口。中国高度依赖低效率煤炭的能源消费结构也已成为节能减排目标实现的制约因素之一。中国所拥有的自然资源、经济发展水平、产业结构等因素决定了中国的能源消费结构和消费总量，这又直接决定了中国的环境承受压力，即碳排放规模和碳排放强度。当前，能源消费总量已经很难改变，容易做到的方面应当是改善能源消费结构，即实现能源低投入、高产出、低排放、高效率，这种低碳经济发展模式是当前最为有效的路径。因此，中国最应当

做的是进行结构调整，包括调整落后产能、防治部分行业产能过剩、促进环保产业发展，等等。

中国能源消费有明显的行业集中性，能源消费尤其是煤炭消费主要集中于第二产业。产业结构及其变动与能源消费结构及其演进有着直接的相关性。在工业化中后期，第一产业产值比重不断下降，第三产业产值比重将快速提高，第二产业产值比重会经历中期稳中有降、后期较快下降的调整过程，在产业结构正态演进的过程中，能源的消费结构将逐渐随之优化。因此，能源结构调整应与产业结构的调整挂钩，通过产业结构的快速升级带动能源消费结构的演进。

除了通过产业结构升级带动能源消费结构优化，进而改善能源消费需求状况外，突破能源硬约束的另一个途径是煤炭清洁利用和新能源产业的扩张，进而从能源供给角度打破能源对经济发展的瓶颈约束。中国是新能源利用规模增长最快的国家，各种可再生能源的开发与利用也成效显著，水电、风电、太阳能、地热等资源开发增长迅速，相关总量指标已经位居世界领先水平。大力推进清洁能源发展，促进整体能源供应结构的改善，既解决了低碳能源的供给短板，又能在保护环境的同时推动资金、人才、技术的集聚，为中国经济的崛起找到新的增长点。

七　充分利用市场激励机制，化解气候变化的潜在影响

未来气候变化的全球治理制度需要建立在灵活的、有活力的市场机制的基础上。中国积极应对气候变化问题的过程中，积极尝试用市场机制来解决环境问题。在发达国家节能减排交易市场纷纷建立的背景下，中国也相继成立了北京环境交易所、上海能源环境交易所、天津排放权交易所等排放权（或环境产权）交易专业机构。通过这些交易所进行碳交易，降低温室气体排放，同时还能取得明显的经济效益。在建立健全排放权交易体系的过程中，中国应注意以下几点。首先，积极扩大参加者范围。在中国目前特定的转型条件下，实施碳排放权交易需要扩大参加者范围，但不能一蹴而就。首先应该提高全民自发地减少碳排放的意愿，然后在保证法定单位积极参与的基础上，逐渐培育市场，直至投资者的出现。其次，配额分配实现从短期无偿到长期拍卖的过渡。中国碳排放权的初始分配最好

经过一个短期以无偿分配为主到长期以拍卖为主的平稳过渡。因为在短期内，中国经济尚处于转型与赶超发展阶段，拍卖方式会给企业造成成本压力。而在长期内，随着经济的发展和结构的转变，需要更具公平和效率的分配方式。最后，制定有效的监管体系，维护市场的良性运行。中国的碳排放权交易应避免盲目性和滞后性，避免地方政府为追求 GDP 增长而睁一只眼闭一只眼的行为，杜绝企业为获得较多排放权的"寻租"行为，有效地规避监管机构与企业间的信息不对称问题，建立起一套有效的事前审核、事后监督的排放权调控机制。

参考文献

英文文献

[1] Abdeen Mustafa Omer, "Focus on Low Carbon Technologies: The Positive Solution," *Renewable and Sustainable Energy Reviews*, June 18, 2007.

[2] Abraham, S., "The Bush Administration's Approach to Climate Change," *Science*, 2004 (305): 616 – 617.

[3] Adam B. Smith & Richard W. Katz, US billion-dollar Weather and Climate Disasters: Data Sources, Trends, Accuracy and Biases, Accepted: U. S. NOAA, 2013 (1): 2 – 5.

[4] Alexandre Kossoy & Philippe Ambrosi, State and Trends of the Carbon Market 2010, World Bank, 2010 (5): 1 – 89.

[5] Alexandre Kossoy & Pierre Guigon, State and Trends of the Carbon Market 2012, World Bank, 2012 (5): 1 – 138.

[6] Andrea Baranzini, Jos Goldemberg & Stefan Speck, "A future for Carbon Taxes," *Ecological Economics*, 2009 (32): 395 – 412.

[7] Andreas Missbach, "Regulation Theory and Climate Change Policy," in Paul G. Harris ed., *Climate Change and American Foreign Policy*, New York: St. Martinps Press, 2000: 131 – 150.

[8] Arjun Makhijani, "Carbon-Free and Nuclear-Free: A Roadmap for U. S. Energy Policy," RDR Books, June 1, 2007.

[9] Barry G. Rabe, "Race to the Top: The Expanding Role of U. S. State Renewable Portfolio Standards," Pew Center on Global Climate Change,

June 2006.

[10] Bella Center, Remarks by the President during the Press Availability in Copenhagen, The White House, http：//www. whitehouse. gov/the-press-office/remarks-president-during-press-availability-copenhagen.

[11] Bracken Hendricks, Sean Pool & Lisbeth Kaufman, Low-carbon Innovation: A Uniquely American Strategy for Industrial Renewal, Report of Center for American Progress, http：//scienceprogress. org/ 2011/05/low-carbon-innovation/.

[12] Byron W. Daynes & Glen Sussman, "Economic Hard Times and Environmental Policy: President Barack Obama and Global Climate Change," *APSA 2010 Annual Meeting Paper*, 2010 (9): 1 – 52.

[13] Centerfor Climate and Energy Solutions, About U. S. States & Regions, http：//www. c2es. org/us-states-regions/about.

[14] Centerfor Climate and Energy Solutions. Multi-State Climate Initiatives, http：//www. c2es. org/us-states-regions/regional-climate-initiatives.

[15] Charles Levy, "A 2020 Low Carbon Economy & A Knowledge Economy Programme Report," The Work Foundation, June 2010.

[16] Cleantech Group-Heslin Rothenberg Farley & Mesiti P. C. , Clean Energy Patent Growth Index, http：//cepgi. typepad. com/heslin _ rothenberg_ farley_ /.

[17] Daniel J. Weiss, Cooperation or Confrontation on Clean Energy? A Proposed Agenda for the New Congress and the President, http：// www. americanprogress. org/issues/.

[18] Daniel J. Weiss & Jackie Weidman, Building on President Obama's Clean Energy Successes, *Report of Center for American Progress*, 2013 (1): 1 – 10.

[19] Daniel J. Weiss & Jackie Weidman, 5 Ways the Obama Administration Revived the Auto Industry by Reducing Oil Use, *Report of Center for American Progress*, 2012 (8): 1 – 8.

[20] Daniel J. Weiss, President Obama's Clean Energy Progress: How the

Top 10 Energy Priorities Fared during His First Term, *Report of Center for American Progress*, 2013 (1): 1 – 11.

[21] David Broder, "Senate Poses Obstacles to Obama Pledge on Climate," *New York Times*, December 13, 2009, http: //livingstories. googlelabs. com/lsps/ climatechange.

[22] David McCollum & Christopher Yang, "Achieving Deep Reductions in US Transport Greenhouse Gas Emissions - Scenario Analysis and Policy Implications," *Energy Policy*, 2009 (37): 5580 – 5596.

[23] David Montgomery, Robert Baron, Paul Bernstein, Scott Bloomberg, Kenneth Ditzel, Lee Lane, Anne Smith, Sugandha Tuladhar & Mei Yuan, Impact on the Economy of the American Clean Energy and Security Act of 2009 (H. R. 2454), CRA International, August 2009.

[24] DTI, EnergyWhite Paper: Our Energy Future- Create a Low Carbon Economy, London: TSO, 2003.

[25] Editorial, "Beyond Copenhagen," *New York Times*, December 7, 2009, http: //www. nytimes. com/2009/12/07/ opinion/07mon1. html? ref = opinion&pagewanted = print.

[26] EIA, AEO 2013 Early Release Overview, http: //www. eia. gov/ forecasts/aeo/er/index. cfm.

[27] EIA, International Energy Outlook 2010, July 27, 2010, http: // www. eia. doe. gov/oiaf/ieo/.

[28] EIA, Monthly Energy Review January 2013, http: //www. eia. gov/ totalenergy/data/monthly/.

[29] EIA, Renewable & Alternative Fuels, http: //www. eia. gov/ renewable/data. cfm.

[30] ElizabethWilliamson, "Obama Retreats from Goal of Cap-Trade Bill," *Wall Street Journal*, 2010 (3), http: //online. wsj. com/article/ SB10001424052748704022804575041632860721438. html.

[31] EPA, CleanEnergy, http: //www. epa. gov/cleanenergy/.

[32] EPA, Legislative Analyses, http: //www. epa. gov/climatechange/

EPAactivities/economics/legislativeanalyses. html.

[33] EPA, Local Governments, http：//www. epa. gov/region9/climatechange/localgovernment/.

[34] Ernst & Young, "Business Opportunities in a low carbon economy, Final Report Industry and Investment NSW," September 17, 2010.

[35] Frank, N. L, & Christoph, S. , "The Diverging Paths of German and United States Policies for Renewable Energy: Sources of Difference," *Energy Policy*, 2009, 37 (7): 2619 – 2629.

[36] Gary Bryner, "Congress and the Politics of Climate Change," in Paul G. Harris ed. , *Climate Change and American Foreign Policy*, New York: St . Martinps Press, 2000: 111 – 130.

[37] Gilbert E. Metcalf, Aparna Mathur, Kevin A. Hassett, Distributional Impacts in a Comprehensive Climate Policy Package, NBER, Working Paper, June 2010, http：//www. nber. org/papers/w16101.

[38] Gilbert E. Metcalf, "Designing a Carbon Tax to Reduce U. S. Greenhouse Gas Emissions," NBER Working Paper, No. 14375, October 2008.

[39] Gilbert E. Metcalf, Sergey Paltsev, John M. Reilly, Henry D. Jacoby& Jennifer Holak, "Analysis of a Carbon Tax to Reduce U. S. Greenhouse Gas Emissions," Cambridge, MA: MIT Joint Program on the Science and Policy of Global Change, 2008.

[40] Gilbert E. Metcalf & Sergey Paltsev & John Reilly &Henry Jacoby & Jennifer F. Holak, "Analysis of U. S. Greenhouse Gas Tax Proposals," NBER Working Paper, No. 13980, May 2008.

[41] Glen Sussman & Byron W. Daynes, *An Early Assessment of George W. Bush and the Environment in George W. Bush: Evaluating the President as Midterm, eds*, Albany: State University of New York Press, 2004: 59. green/news/2010/11/03/8613/cooperation-or-confrontation-on-clean-energy/.

[42] Guri Bang, Camilla Bretteville Froyn, Jon Hovi & Fredric C. Menz,

The United States and International Climate Cooperation: International 'Pull' Versus Domestic 'Push'," *Energy Policy*, 2007 (35): 1282 – 1291.

[43] Jacob Park, "Governing Climate Change Policy: From Scientific Obscurity to Foreign Policy Prominence," in Paul G. Harris ed. , *Climate Change and American Foreign Policy*, New York: St . Martinps Press, 2000: 73 – 88.

[44] Jeffrey Frankel, Global Environmental Policy and Global Trade Policy, Harvard Kennedy School, Discussion Paper, October 2008.

[45] John A. Turner, "A Realizable Renewable Energy Future," *Science*, 1999 (30): 687 – 689.

[46] John Larsen & James Bradbury, Summary of the Carbon Limits and Energy for America's Renewal Act, World Resources Institute, February 17, 2010.

[47] John M. Broder, " 'Cap and Trade' loses Its Standing as Energy Policy of Choice," *New York Times*, March 26, 2010.

[48] Kate Gordon, Matt Kasper & Susan Lyon, Green Jobs by the Numbers: Top Clean Tech Sectors Saw Explosive Growth in 2003 – 2010 Despite the Great Recession, http: //www. americanprogress. org/issues/green/ news/2011/10/03/10523/green-jobs-by-the-numbers-2/.

[49] Lawrence H. Goulder & Robert N. Stavins, "Interactions between State and Federal Climate Change Policies," NBER, 2010 (6): 1 – 25.

[50] M. A. Wise, S. J. Smith, P. Sinha, J. P. Lurz, Long-Term US Industrial Energy Use and CO_2 Emissions [PNNL-17149], http: // www. pnl. gov/main/publications/ external/ technical_ reports/PNNL- 17149. pdf.

[51] Melanie Hart, Shining a Light on U. S. – China Clean Energy Cooperation, http: //www. americanprogress. org/issues/china/report/ 2012/02/09/11030/shining-a-light-on-u-s-china-clean-energy-cooperation/.

[52] Meredith Fowlie, "Updating the Allocation of Greenhouse Gas Emissions

Permits in a Federal Cap-and-Trade Program," NBER Working Paper, No. 16307, August 2010.

[53] Michele M & Bet Sill, "The United States and t he Evolution of International Climate Change Norms," in Paul G. Harris ed. , *Climate Change and American Foreign Policy*, New York: St . Martinps Press, 2000: 205 – 224.

[54] Miguel, M. , Stephen, L. & Frede, H. , "Stability, Participation and Transparency in Renewable Energy Policy: Lessons from Denmark and the United States," *Policy and Society*, 2009, 27 (4): 379 – 398.

[55] Miguel, M. , & Stephen, L. , Frede, H. , "Stability, Participation and Transparency in Renewable Energy Policy: Lessons from Denmark and the United States," *Policy and Society*, 2009, 27 (4): 379 – 398.

[56] Nathaniel O. Keohane, "Cap and Trade, Rehabilitated: Using Tradable Permits to Control U. S. Greenhouse Gases," *Review of Environmental Economics and Policy Advance Access published*, 2009 (3): 42 – 62.

[57] Nicholas Lutsey & Daniel Sperling, "America's Bottom-up Climate Change Mitigation Policy," *Energy Policy*, 2007 (11): 673 – 685.

[58] Nicholas B. , Franz L. , Kristin M. & Rebecca G. , "Can the U. S. Get There from here? Using Existing Federal Laws and State Action to Reduce Greenhouse Gas Emissions," WRI Report, 2013 (2): 1 – 92.

[59] Nicholas M. & Franz T. , "Reducing Greenhouse Gas Emissions in the United States: Using Existing Federal Authorities and State Action," WRI Report, 2010 (7): 1 – 60.

[60] Paul G. Harris ed. , *Climate Change and American Foreign Policy*, New York: St. Martinps Press, 2000.

[61] Paul G. Harris, "International Norms of Responsibility and U. S. Climate Change Policy," in Paul G. Harris ed. , *Climate Change and American Foreign Policy*, New York: St . Martinps Press, 2000: 225 – 239.

[62] Paul, G. H., "Beyond Bush: Environmental Politics and Prospects for US Climate Policy," *Energy Policy*, 2009, 37 (3): 966 – 971.

[63] Paul R. Brewer, "Symposium Polarisation in the USA: Climate Change, Party Politics, and Public Opinion in the Obama Era," *European Political Science*, 2012 (11): 7 – 17.

[64] Paul R. Epstein, William Moomaw, Christopher Walker, Archie Kasnet & Mary B. Rice, *Healthy Solutions for the Low Carbon Economy*, The Center for Health and the Global Environment, Harvard University, July 2008.

[65] Perry, B., Robert, K. & Judith, K, "United States Policy for Mitigating Global Climate Change," *Waste Management*, 1997, 17 (5/6): 309 – 314.

[66] Philip Mundo, Interest Groups and the Prospects for Energy Policy in the United States, Paper for Anneal Meeting of the Western Political Science Association, Mar. 20, 2008.

[67] Pricewaterhouse Coopers LLP, Low Carbon Economy Index, 2009 (12): 1 – 66.

[68] Rachel Cleetus, Steven Clemmer & David Friedman, Climate 2030: A National Blueprint for a Clean Energy Economy, Union of Concerned Scientists, May 2009.

[69] Raphael Calel, "Climate Change and Carbon Markets: a Panoramic History," Centre for Climate Change Economics and Policy Working Paper No. 62, Grantham Research Institute on Climate Change and the Environment Working Paper No. 52, 2011 (7): 1 – 28.

[70] Rebecca Lefton, Andrew Light, What to Expect in Doha: An Overview of the 2012 U. N. Climate Change Negotiations, http: // www. americanprogress. org/issues/green/news/2012/11/27/46139/what-to -expect-in -doha -an -overview -of-the -2012 -u -n -climate -change - negotiations/.

[71] RGGI (Regional Greenhouse Gas Initiative), About RGGI, http: //

www. rggi. org/about. htm (Accessed December 9, 2006).

[72] Richard Lotspeich, "Comparative Environmental Policy: Market-type Instruments in Industrialized Capitalist Countries," *Policy Studies Journal*, 1998, 26 (1): 85 – 103.

[73] Richmond A. K. & Kaufmann R. K. , "Is There a Turning Point in the Relationship between Income and Energy Use and/or Carbon Emissions?" *Ecological Economics*, 2006, 56 (2): 176 – 189.

[74] Riley E. Dunlap, "Climate-Change Views: Republican-Democratic Gaps Expand," Gallup, 2008 (5): 8.

[75] Robert D. Putnam, "Diplomacy and Domestic Politics: The Logic of Two-Level Games," Iiternational Organization Published by The MIT Press, 1998 (42): 427- 460.

[76] Robert N. Stavins, *A U. S. Cap-and-Trade System to Address Global Climate Change*, Cambridge, MA: Regulatory Policy Program of John F. Kennedy School of Government.

[77] Sandra T. Marquart-Pyatt, Rachael L. Shwom, Thomas Dietz, Riley E. Dunlap, Stan A. Kaplowitz, Aaron M. McCright & Sammy Zahran, "Understanding Public Opinion on Climate Change: A Call for Research," *Environment: Science and Policy for Sustainable Development*, 2011 (4): 38 – 42.

[78] Scott Horsley & Robert Siegel, In Canada, Obama Pledges Stronger Ties, National Public Radio. http://www. npr. org/templates/story. php? storyId = 100885544&ft = 1003.

[79] Senate Energy and Natural Resources Committee, American Energy Innovation Council (AEIC) Report, 2012.

[80] Sergey Paltsev, John M. Reilly, Henry D. Jacoby, Angelo C. Gurgel, Gilbert E. Metcalf, Andrei P. Sokolov, & Jennifer F. Holak, Assessment of U. S. Cap-and-Trade Proposals, Cambridge, MA: MIT Joint Program on the Science and Policy of Global Change, 2007: 1 – 20.

[81] Sheila M. Olmstead & Robert N. Stavins, "Three Key Elements of Post-

2012 International Climate Policy Architecture," Harvard Kennedy School, Discussion Paper 10 – 37, June 2010.

[82] Stefan Hock, Jeremy Oppenheim & Dickon Pinner, "The US Low Carbon Economics Tool," McKinsey & Company, March 2010.

[83] Thomas Damassa, Nicholas Bianco & Taryn, "GHG Mitigation in the United States: An Overview of the Current Policy Landscape. World Resources Institute Working Paper," 2012 (11): 1 – 24.

[84] Thomas L. Friedman Hot, Flat, & Crowded, *Why We Need a Green Revolution: and How It Can Renew America*, Newyork: Farrar, Straus & Giroux, 2008.

[85] Thomas R. Caster, "Turning of f the Heat: Why America Must Double Energy Efficiency to Save Money and Reduce Global Warming," New York: Prometheus Books, 1998.

[86] Tora Skodvin & Steinar Andresen, "An Agenda for Change in U. S. Climate Policies? Presidential Ambitions and Congressional Powers," *International Environment Agreements: Politics, Law and Economics*, 2009 (9): 263 – 280.

[87] Toshi H. Arimura, Dallas Burtraw, Alan Krupnick & Karen Palmer, "U. S. Climate Policy Developments," Discussion Paper for RFF, October 2007.

[88] Ugur Soytas, Ramazan Sari, Bradley T. Ewing, "Energy Consumption, Income, and Carbon Emissions in the United States," *Ecological Economics*, 2007 (62): 482 – 489.

[89] U. S. Department of Labor, Employment in Green Goods and Servies – 2010, 2012 (3), http: //www. bls. gov/ news. release/ pdf/ ggqcew. pdf.

[90] U. S. Department of State, US Climate Finance: Meeting the Fast Start Commitment 2012 Full Report, http: //www. state. gov/e/oes/ climate/ faststart/ index. htm.

[91] U. S. EPA, U. S. Climate Policy and Actions, http: //www. epa. gov/ climatechange/ policy/ index. html.

[92] USGS, U. S. Government Agencies: Climate Change Programs, http://www. pwrc. usgs. gov/CCWG/Resource_ USag. htm.

[93] U. S. Whitehouse, Climate Change, http://www. whitehouse. gov/energy/climate-change.

[94] U. S. Whitehouse, Develop and Secure America's Energy Resources, http://www. whitehouse. gov/energy/securing-american-energy.

[95] Waxman, Rep. Henry and Markey, Rep. Edward, H. R. 2454, "American Clean Energy and Security Act of 2009," released May 15, 2009.

[96] Wei Ming Huang, Grace W. M. Lee & Chih Cheng Wu, "GHG Emissions, GDP Growth and the Kyoto Protocol: A Revisit of Environmental Kuznets Curve Hypothesis," *Energy Policy*, 2008 (36): 239 - 247.

[97] William D. Nordhaus, "To Tax or Not to Tax: Alternative Approaches to Slowing Global Warming," Review of Environmental Economics and Policy. 2007 (1): 26 - 44.

[98] William Sweet, *Kicking the Carbon Habit: Global Warming and the Case for Renewable and Nuclear Energy*, New York: Columbia University Press, 2006.

[99] World Resources Institute in Collaboration with the United Nations Environment Program, *The United Nations Development Program, and the World Bank, World Resources 1996 - 1997*, New York: Oxford University Press, 1996: 328 - 330.

[100] WRI, US Climate & Energy Legislation, http://www. wri. org/project/us-climate-action/us-climate-and-energy-legislation.

中文文献

[101] 爱德华·B. 巴比尔：《低碳革命——全球绿色新政》，彭文兵、杨俊保译，上海财经大学出版社，2011。

[102] 鲍健强、苗阳、陈锋：《低碳经济：人类经济发展方式的新变革》，

《中国工业经济》2008 年第 4 期。

[103] 蔡林海：《低碳经济大格局》，经济科学出版社，2009。

[104] 陈端计、杭丽：《低碳经济理论研究的文献回顾与展望》，《生态经济》2010 年第 11 期。

[105] 陈柳钦：《低碳经济：国外发展的动向及中国的选择》，《甘肃行政学院学报》2009 年第 6 期。

[106] 陈文颖、吴宗鑫：《碳排放权分配与碳排放权交易》，《清华大学学报》（自然科学版）1998 年第 12 期。

[107] 陈晓进：《国外二氧化碳减排研究及对我国的启示》，《国际技术经济研究》2006 年第 3 期。

[108] 陈岩、王亚杰：《发展低碳经济的国际经验及启示》，《经济纵横》2010 年第 4 期。

[109] 程伟：《美国单极思维与世界多极化诉求之博弈》，商务印书馆，2012。

[110] 陈怀连：《中美碳排放权交易机制比较研究》，华东师范大学硕士论文，2011。

[111] 单宝：《欧洲、美国、日本推进低碳经济的新动向及其启示》，《国际经贸探索》2011 年第 1 期。

[112] 邓光奇：《低碳战争：第四次产业革命的谋变》，中国经济出版社,2011。

[113] 董勤：《美国气候变化政策分析》，《现代国际关系》2007 年第 11 期。

[114] 段红霞：《低碳经济发展的驱动机制探析》，《当代经济研究》2010 年第 2 期。

[115] 段红霞：《国际低碳发展的趋势和中国气候政策的选择》，《国际问题研究》2010 年第 1 期。

[116] 杜放、Hongli Hennessey、Daniel Otto：《美国解决全球气候变化政策解析》，《深圳职业技术学院学报》2010 年第 2 期。

[117] 樊纲：《走向低碳发展：中国与世界》，中国经济出版社，2010。

[118] 樊瑛、樊慧：《美国 2007 新能源法案的政治经济学分析》，《亚太经济》2008 年第 3 期。

[119] 弗雷德·克鲁普、米利亚姆·霍恩：《决战新能源：一场影响国家兴衰的产业革命》，陈茂云等译，东方出版社，2010。

[120] 付加锋、庄贵阳、高庆先：《低碳经济的概念辨识及评价指标体系构建》，《中国人口·资源与环境》2010 年第 8 期。

[121] 付允、马永欢、刘怡君、牛文元：《低碳经济的发展模式研究》，《中国人口·资源与环境》2008 年第 3 期。

[122] 方时姣：《也谈发展低碳经济》，《光明日报》2009 年 5 月 19 日。

[123] 高建、董秀成、杨丹：《奥巴马政府能源政策特点及对我国的影响》，《亚太经济》2010 年第 3 期。

[124] 郭印、王敏洁：《国际低碳经济发展经验及对中国的启示》，《改革与战略》2009 年第 10 期。

[125] 高静：《美国新能源政策分析及我国的应对策略》，《世界经济与政治论坛》2009 年第 6 期。

[126] 龚伟：《奥巴马政府气候变化与能源政策评析——兼论其对中国的启示》，《中共杭州市委党校学报》2009 年第 2 期。

[127] 哈伯德、纳瓦罗：《毁灭的种子：美国经济的兴衰成败》，刘寅龙译，机械工业出版社，2011。

[128] 何建坤：《低碳发展——应对气候变化的必由之路》，学苑出版社，2010。

[129] 胡鞍钢：《"绿猫"模式的新内涵——低碳经济》，《世界环境》2008 年第 2 期。

[130] 胡荣、徐岭：《浅析美国碳排放权制度及其交易体系》，《内蒙古大学学报》（哲学社会科学版）2010 年第 3 期。

[131] 胡振宇：《低碳经济的全球博弈和中国的政策演化》，《开放导报》2009 年第 5 期。

[132] 黄海：《发达国家发展低碳经济的政策导向及启示》，《环境经济》2009 年第 11 期。

[133] 黄平、倪峰：《2012 美国问题研究报告》，社会科学文献出版社，2012。

[134] 韩鑫韬：《美国碳交易市场发展的经验及启示》，《中国金融》2010 年第 24 期。

[135] 何建坤、陈文颖、滕飞、刘滨：《全球长期减排目标与碳排放权分配原则》，《气候变化研究进展》2009 年第 6 期。

[136] 何建坤：《发展低碳经济，关键在于低碳技术创新》，《绿叶》2009
　　　 年第 1 期。

[137] 贺庆棠：《低碳经济是绿色生态经济》，《中国绿色时报》2009 年 8
　　　 月 4 日。

[138] 杰费里·法兰克尔、彼得·奥萨格编《美国 90 年代的经济政策》，
　　　 徐卫宁译，中信出版社，2004。

[139] 李飞、庄贵阳、付加锋、宋玉祥：《低碳经济转型：政策、趋势与
　　　 启示》，《经济问题探索》2010 年第 2 期。

[140] 李海东：《从边缘到中心：美国气候变化政策的演变》，《美国研
　　　 究》2009 年第 2 期。

[141] 林伯强：《温室气体减排目标、国际制度框架和碳交易市场》，《金
　　　 融发展评论》2010 年第 1 期。

[142] 林伯强、姚昕、刘希颖：《节能和碳排放约束下的中国能源结构战
　　　 略调整》，《中国社会科学》2010 年第 1 期。

[143] 刘兰翠等：《温室气体减排政策问题研究综述》，《管理评论》2005
　　　 年第 10 期。

[144] 刘卿：《论利益集团对美国气候政策制定的影响》，《国际问题研
　　　 究》2010 年第 3 期。

[145] 骆华、费方域：《英国和美国发展低碳经济的策略及其启示》，《软
　　　 科学》2011 年第 11 期。

[146] 马建英：《美国气候变化研究述评》，《美国研究》2010 年第 1 期。

[147] 牛文元：《低碳经济是落实科学发展观的重要突破口》，《中国报
　　　 道》2009 年 3 月 19 日。

[148] 潘家华、庄贵阳、陈迎：《气候变化：20 国领导人会议模式与发展
　　　 中国家的参与》，《世界经济与政治》2005 年第 10 期。

[149] 潘家华、庄贵阳、郑艳等：《低碳经济的概念辨识及核心要素分
　　　 析》，《国际经济评论》2010 年第 4 期。

[150] 潘家华、陈迎：《碳预算方案：一个公平、可持续的国际气候制度
　　　 框架》，《中国社会科学》2009 年第 5 期。

[151] 潘家华、郑艳：《基于人际公平的碳排放概念及其理论含义》，《世

界经济与政治》2009 年第 10 期。

[152] 齐晔、李惠民、徐明：《中国进出口贸易中的隐含能估算》，《中国人口·资源与环境》2008 年第 3 期。

[153] 全球变化与经济发展项目课题组：《美国温室气体减排方案及其影响》，《世界经济与政治》2002 年第 8 期。

[154] 任奔、凌芳：《国际低碳经济发展经济与启示》，《上海节能》2009 年第 4 期。

[155] 任力：《国外发展低碳经济的政策及启示》，《发展研究》2009 年第 2 期。

[156] 萨拉·拉迪斯洛、凯兰·冉拉和乔内森·培辛等：《美国的安全低碳能源经济路径图——能源安全与气候变化的平衡之道》，《海外智库》，第 66~71 页。

[157] 孙桂娟、殷晓彦、孙相云：《低碳经济概论》，山东人民出版社，2010。

[158] 苏明、傅志华、许文、王志刚、李欣、梁强：《我国开征碳税问题研究》，《经济研究参考》2009 年第 72 期。

[159] 特雷弗·豪瑟、罗布·布拉德利等：《碳博弈：国际竞争力与美国气候政策》，朱光耀、焦小平译，经济科学出版社，2009。

[160] 滕海键：《简论 20 世纪 80 年代初里根政府的"反环境"政策》，《西南大学学报》（社会科学版）2007 年第 11 期。

[161] 王金南、曹东：《减排温室气体的经济手段：许可证交易和税收政策》，《中国环境科学》1998 年第 1 期。

[162] 王伟光主编《应对气候变化报告（2010）：坎昆的挑战与中国的行动》，社会科学文献出版社，2010。

[163] 王岩、李武：《低碳经济研究综述》，《内蒙古大学学报》（哲学社会科学版）2010 年第 5 期。

[164] 王彬：《发达国家低碳经济转型的实践及其对中国的启示》，吉林大学硕士论文，2010。

[165] 王彬辉：《美国碳税历程、实践及对中国的启示》，《湖南师范大学社会科学学报》2012 年第 2 期。

[166] 王维、周睿：《美国气候政策的演进及其析因》，《国际观察》2010

年第 5 期。

[167] 吴巧生:《突破能源约束的国际比较及对中国的启示》,《宏观经济研究》2008 年第 4 期。

[168] 肖逊、李梦遥、石艾:《低碳"虚拟经济品"对美国经济的影响》,《广义虚拟经济研究》2010 年第 4 期。

[169] 邢继俊、黄栋、赵刚:《低碳经济报告》,电子工业出版社,2010。

[170] 熊焰:《低碳之路——重新定义世界和我们的生活》,中国经济出版社,2010。

[171] 薛进军:《低碳经济学》,社会科学文献出版社,2011。

[172] 杨荣海:《美国碳排放量和经济增长的政策效应分析》,《国际经贸探索》2010 年第 7 期。

[173] 尹希果、霍婷:《国外低碳经济研究综述》,《中国人口·资源与环境》2010 年第 9 期。

[174] 于欣佳:《奥巴马的困境——美国在世界气候变化问题面前的选择》,《世界经济与政治论坛》2010 年第 2 期。

[175] 杨玉峰:《奥巴马政府能源新政及潜在影响》,《中国能源》2009 年第 6 期。

[176] 袁男优:《低碳经济的概念内涵》,《城市环境与城市生态》2010 年第 1 期。

[177] 曾刚、万志宏:《国际碳交易市场:机制、现状与前景》,《中国金融》2009 年第 24 期。

[178] 曾刚、万志宏:《碳排放权交易:理论及应用研究综述》,《金融评论》2010 年第 4 期。

[179] 张焕波:《中国、美国和欧盟气候政策分析》,社会科学文献出版社,2010。

[180] 张健华:《低碳金融》,上海交通大学出版社,2011。

[181] 张坤民、潘家华、崔大鹏:《低碳经济论》,中国环境科学出版社,2008。

[182] 张所续:《发达国家发展低碳经济对我国的借鉴》,《中国国土资源经济》2010 年第 4 期。

[183] 赵行姝：《美国气候政策转向的政治经济学解释》，《当代亚太》
2008 年第 6 期。

[184] 中国人民大学气候变化与低碳经济研究所编著《中国低碳经济年
度发展报告》，石油工业出版社，2011。

[185] 朱守先：《世界各国低碳发展水平比较分析》，《开放导报》2010
年第 6 期。

[186] 朱新佳：《美国先进能源研究计划署及其项目规划》，《中国电力》
2012 年第 3 期。

[187] 庄贵阳：《低碳经济引领世界经济发展方向》，《世界环境》2008
年第 3 期。

[188] 庄贵阳：《中国低碳经济发展的途径和潜力分析》，《国际技术经济
研究》2005 年第 3 期。

[189] 张慧明、周德群、曹杰：《气候变化视角下的美国能源战略演变特
征分析及启示》，《管理评论》2010 年第 6 期。

[190] 中国环境与发展国际合作委员会：《低碳经济的国际经验和中国实
践》研究报告，2008。

后　记

　　书稿的写作过程是苦涩与甜蜜的，书稿完成的一刻心情是澎湃与平静的。书稿的写作是很好的修行过程，它教会我学会享受孤独，又教会了我适时地合作与探讨；它教会了我困难时的"宠辱不惊"，又教会了我成功时的"戒骄戒躁"；它教会了我接受帮助时的"感恩"，又教会了我别人有难时的"付出"；它教会了我不是所有的困难都能逾越，又教会了我遇到困难时的"最后坚持"；它教会了我"细节决定成败"，又教会了我做人做事要"思路宽阔"。

　　此时此刻，头脑中浮现的画面是打开窗接受"阳光雨露"，重新回到大自然的怀抱。转过头，看到的是曾经帮助和鼓励我的每一个人。感谢我的博士导师徐坡岭教授、硕士导师邢源源教授对我在本书选题、资料收集与最终写作方面孜孜不倦、不厌其烦的指导。本书的最终完成，凝聚着恩师的心血和汗水。同时，感谢程伟教授、徐平教授、刘洪钟教授、曲文轶教授、李晓教授、贺力平教授、崔日明教授、王厚双教授对本书写作过程中的指导与修改；感谢王志远、徐雷、牛晓耕、曲晓华、王维芒、勾秀伟等同学、朋友的支持和帮助，你们的宝贵建议使我的研究更趋完善。

　　感谢南昌大学经济与管理学院及国际经济与贸易系的领导对我到该院系工作的热情与真诚。很荣幸加入这个温暖的大家庭，感受这里的学术氛围。我于领导、同事们的关心中成长和成熟，你们的关心使得我在这个陌生的城市从未感觉孤独，你们的关心永远值得我感恩，激励我不断前行。

　　此外，我想借此机会感谢我的家人。感谢父母长期以来对我的无私奉献，是你们的含辛茹苦让我勤奋上进，是你们给予我精神上的最大支持和生活中的无私关爱。当我最困难的时候，你们用无私的爱做我的坚强后盾，催我奋进。

感谢身边所有一直在鼓励和关心我的人，你们也许不是我的亲人、老师、朋友或同事，然而我能够走到今天，与你们的关爱是分不开的，在这里一并表示衷心的感谢！

最后，特别感谢江西省社会科学界联合会设立"江西省哲学社会科学成果资助出版项目"，全额资助本书的出版，并将之列入"江西省哲学社会科学成果文库"。感谢社会科学文献出版社，感谢素未谋面的出版社编辑。正是你们的高效决策、精心策划和快速运作，才使得本书得以如此迅速面世。

本书一定存在诸多疏漏与不足，敬请专家和读者批评指正。

门　丹

2014 年 7 月

图书在版编目（CIP）数据

美国低碳经济政策转向研究/门丹著. —北京：社会科学文献
出版社，2014.11
（江西省哲学社会科学成果文库）
ISBN 978 - 7 - 5097 - 6674 - 3

Ⅰ.①美…　Ⅱ.①门…　Ⅲ.①经济政策 - 研究 - 美国
Ⅳ.①F171.20

中国版本图书馆 CIP 数据核字（2014）第 241858 号

·江西省哲学社会科学成果文库·
美国低碳经济政策转向研究

著　　者／门　丹

出 版 人／谢寿光

项目统筹／王　绯　周　琼

责任编辑／单远举　关晶焱

出　　版／社会科学文献出版社·社会政法分社（010）59367156
　　　　　　地址：北京市北三环中路甲 29 号院华龙大厦　邮编：100029
　　　　　　网址：www.ssap.com.cn
发　　行／市场营销中心（010）59367081　59367090
　　　　　　读者服务中心（010）59367028
印　　装／三河市尚艺印装有限公司

规　　格／开本：787mm × 1092mm　1/16
　　　　　　印张：15　字数：235 千字
版　　次／2014 年 11 月第 1 版　2014 年 11 月第 1 次印刷
书　　号／ISBN 978 - 7 - 5097 - 6674 - 3
定　　价／59.00 元